Knowledge BASE系列

一冊通曉 分配群體利益與資源的權力學

圖解 政治學 修訂版

賴映潔 等著　王業立 審訂
台灣大學政治學系教授

學習政治學，
了解政治的運作與保障群己利益的方法

文◎王業立（台灣大學政治學系教授）

我必須探究政治與戰爭，我的孩子才得以自由自在地研習數學和哲學……並使後代子孫有權學習繪畫、詩詞、音樂和建築。

—約翰‧亞當斯（John Adams）
美國第二任總統

政治攸關人群福祉

　　二千三百多年前古希臘時期的哲學家亞里斯多德曾經指出：「政治是『首要科學』」（politics is "the master science"）」。這句話在二十一世紀的今天來看，同樣成立。人是群居的動物，我們生活在人與人互動頻繁的社會中，在密切的人際互動下，涉及合作分享、資源配置、利益分配、觀念磨合、說服溝通、價值衝突的事務無所不在；而這些事務的本質，就是政治。事實上，在群體生活中，我們日常生活所面對的大小事情，幾乎都是在政治脈絡中發生。只要是涉及公共事務的層面，都脫離不了政治。其影響既寬廣又深遠，觸及人類群體生活所有的領域；不僅影響著這一世代人們的生活，甚至會影響到下一世代子孫的福祉。例如全民健保政策的改革、石化工廠興建的決策、基因改造食品的立法、水災過後重建預算的編列、兩岸經貿往來的進程等等，最終都是政治衝突、妥協、分配、決策後的產物。

　　然而，面對這樣一門「首要科學」，多年來在台灣，許多人的態度卻是冷漠的、輕視的、迴避的、甚至是負面的。這當然和台灣過去的歷史經驗、政治文化、甚至政治人物的言行表現有關。而其所產生的影響，便是許多優秀學生不願意選讀政治科系、許多頂尖學者不願意從事政治學的研究、許多一流人才不願投身政治工作。如此產生「劣幣逐良幣」的效果，致使更多人對政治感到失望與冷漠，最終全體人民都可能因此受到傷害。事實上，不管我們喜不喜歡、了不了解政治，政治都深深影響著我們的生活。如果台灣的政治永遠被三流的政客所操控，則不僅我們的權益會受到傷害，甚至下一代的福祉都會

受到影響。即使沒有時間與興趣去實際從事政治工作，但多了解政治、多關心政治、多知道些政治運作應該是如何進行的、多理解政治決策可能產生的影響，我們就不會再被政客牽著鼻子走，而一個更健全、多元、活潑的「公民社會」，亦即公民對政治議題感興趣、願意投身於公共活動，並試圖通過積極的政治參與來維護自身權益的社會，在台灣也才更有可能早日出現。

政治學是公民的基本素養

政治既然是我們日常生活中不可或缺的要素，那麼對於這門「首要科學」有著基本的了解與認識，便成為現代公民的基本素養。然而在緊張忙碌的現代生活中，一般人不太可能有許多時間與興趣去研讀厚重、艱澀的政治學教科書，而坊間能提供讀者對於政治有基本認識的書籍也的確並不多見。在這樣的背景下，《圖解政治學》可說是提供讀者輕鬆了解政治基本原理的一個不錯的選擇。《圖解政治學》的主要特色，在於幫助讀者能利用有限的時間，輕易理解政治學中最重要的一些概念與理論；透過深入淺出的書寫方式與大量圖表的運用，將原本可能略顯枯燥的專業知識活潑地呈現出來，相信對於許多讀者來說，將會有耳目一新的閱讀感受。

亞里斯多德也曾經說過：「人是天生的政治動物（man is by nature a political animal）」。但是在台灣，長久以來對於這門與每個人關係密切學科的了解與研究，並沒有受到應有的重視，一般民眾對於政治更是有著很深的負面刻板印象。希望《圖解政治學》的出版，能幫助讀者更容易、更輕鬆地了解這門「首要科學」，並且有助於台灣「公民社會」更進一步地深化。

目錄 CONTENTS

民主與獨裁

政治團體：政黨與利益團體

目錄 CONTENTS

Chapter 01

什麼是政治？
什麼是政治學？

　　「政治」就是「管理眾人」之事，人生活在群體中，既要與眾人共處，又要滿足個人的需求，難免會出現各種利益、權力的衝突，因而藉由有權者的介入來進行分配與管理，使群體生活能維持一定的秩序。而與其相關的諸如如何決定有權者、群眾的利益如何分配……等重要議題，除了是政治事務運作的核心內容外；長久以來，更在學者們多方探討之下，亦成為一門涵蓋思考、理論、實務的「政治學」。

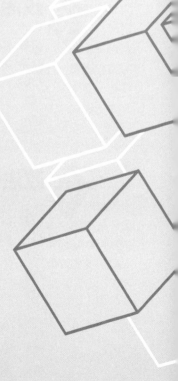

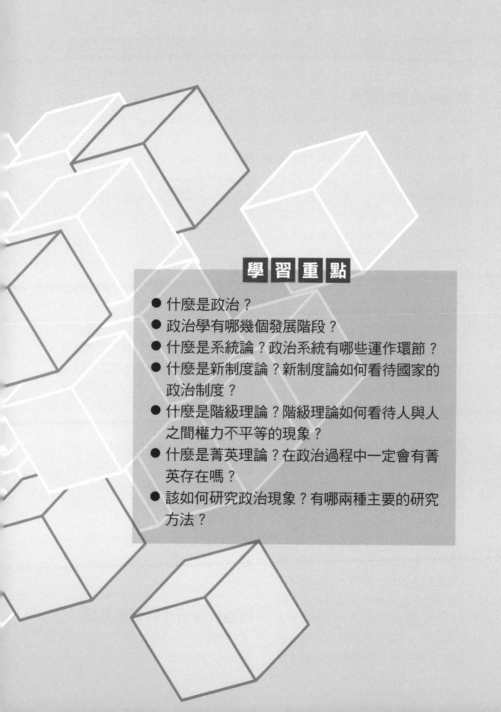

學習重點

- 什麼是政治？
- 政治學有哪幾個發展階段？
- 什麼是系統論？政治系統有哪些運作環節？
- 什麼是新制度論？新制度論如何看待國家的政治制度？
- 什麼是階級理論？階級理論如何看待人與人之間權力不平等的現象？
- 什麼是菁英理論？在政治過程中一定會有菁英存在嗎？
- 該如何研究政治現象？有哪兩種主要的研究方法？

政治是什麼？

政治是統治、管理眾人之事。歷來學者嘗試從不同角度定義政治的意涵，除了著眼於國家政府的傳統觀點外，亦擴及從一般群體的權力關係、運作過程所發生的衝突，或是社會資源的分配等，其中尤以主張政治為權威性的價值分配這種定義最為廣泛採用。

政治＝國家的統治

政治學在十九世紀末葉正式成為一門學科，當時原本林立的歐洲小邦紛紛統一為民族國家，如德國、義大利等，吸引了許多學者投入研究一個國家政府體制如何設計、規範、運作、以及政府各個部門間的互動關係。此時大部分學者認為，政治就是國家的統治，政治學就是研究國家的科學，如美籍政治學者加納所言「國家現象就是政治學的主題」。然而，這樣偏向靜態、國家學的解釋並無法說明外在於國家或政府制度的政治活動與行為，例如國內的革命、示威暴動，或國際間的外交媾和等。因此，後來學者對政治的定義有了各種解釋與修正。

政治＝權力

一九二○年代，經過一次大戰洗禮，侷限於國家制度的研究已不足以理解國內社會的紛亂與外部戰爭的發生，學者於是轉而注意政治運作的過程與作用，提出了「權力」此一樞紐性概念。權力是指得以控制、指揮他人從事所欲執行的行為，而政治就等同於權力，政治的過程就是權力的形成、分配與運作，其代表為美國學者拉斯威爾。然而，此觀點將政治的範圍擴充到政府以外群體的權力關係，而有泛政治化之嫌。例如，搶匪脅迫超商店員從收銀機拿出所有現金，是不是也算是政治的範疇呢？因此，權力應視做政治的手段而非目的，政治的目的應是國家安全、公平正義、人民自由等。政治權力的運作應以政治相關的建制，諸如政府、政黨、利益團體等為限。

政治＝衝突

早在十九世紀，德籍社會學家馬克思的階級衝突理論就曾提出，握有生產工具的資產階級會以低劣的薪資、勞動條件壓迫做為勞工的無產階級，而資產階級與無產階級的對立則會形成政治的衝突。當代政治學者延續此觀點提出「政治就是衝突」，並認為政治是要在社會的眾多利益衝突中尋求解決之道。在社會分歧、有較多族群的國家，讓各族群都有公平的發聲管道，避免人民走向體制外的暴力衝突，拉美籍學者阿姆斯特茲便是其中代表。然而，政治不全是衝突，也會有整合，像是政黨聯盟、聯合內閣、或利益團體結盟等難免被忽略不察。

政治＝權威性的價值分配

流傳最廣、最常採用的定義，則是加拿大籍學者伊斯頓所提出的「政

治即權威性的價值分配」。相較於其他主張，此說涵蓋了政治現象皆牽涉的三個基本概念：權威、價值與分配。權威點出政治可以拘束、管制眾人的行為，且需經由政府等有權威的機構來進行；價值則點出了政治的目的性，例如社會福利政策的目的是追求公平正義、推行民營化的目的在於追求自由市場與經濟效率；分配則是指在資源有限、欲望無窮之下，有權者不能滿足所有人的價值需求，因此進行分配時有先後順序、所獲得的資源有大有小。在此定義中，政治學的研究重點集中在政府制定公共政策的過程，例如僅是有價值的資源如一片熱帶雨林不足以構成政治，但談到如何管理熱帶雨林，應進行保育或加以開發，就牽涉價值判斷以及分配，這就是政治了。

政治的四種定義

政治定義	政治＝國家的統治	政治＝權力	政治＝衝突	政治＝權威性的價值分配
時期	19世紀末葉～1920年	1920～1940年代	1950、60年代	1950年代至今
代表學者	美籍加納	美籍拉斯威爾	拉美籍阿姆斯特茲	加拿大籍伊斯頓
研究重點與特色	●專注於國家統治的表現。 ●研究政府體制、正式組織結構與作用。	●重視權力的形成、分配與運作。 ●將群體內的權力關係納入研究範圍。	●在社會眾多利益衝突中，如何建立衝突管理的規則。	●研究政府制定政策的過程。 ●為當代政治學最通行的定義。
研究舉例	比較英美法憲法的異同。	研究有權者如何主導群體的意見。	研究憲法修訂過程的談判、爭辯等。	探討醫療保險政策制定的過程。
不足之處	無法解釋國內社會的政治行為，如暴動、革命；亦無法解釋國際的政治行為，如戰爭。	將一切與權力有關的場合與情勢視為政治，範圍太廣，有泛政治化之虞。	忽略政治中整合與和諧的一面，例如聯合內閣、國際合作等現象。	過於集中於政府的運作，窄化了政治的視野。

政治學的發展與演進

傳統政治學側重於對規範或制度的思考，提出諸多強調倫理與價值判斷的理論；近代則受到自然科學影響，從政治的現象與事實著手，提出可客觀分析的研究方法，讓政治學成為可被驗證的一門學問。這兩種不同的研究取向成為當代學者爭論的焦點，也使政治學的研究主題與視野愈形寬廣。

傳統的政治學：研究思想、制度

傳統政治學透過思辨的方式，以建立政治的思想基礎、合理制度為研究重點，側重於倫理及價值判斷等應然面的思考，包括了討論何謂公平、正義，以及什麼樣的政治制度能達到公平、正義等議題。

公元前四世紀的希臘古典時期，哲學家師徒柏拉圖、亞里斯多德皆提出各自的政治見解。柏拉圖主張建立一個最完美、最符合公平正義狀態的理想國，要達到此標必須透過哲學家君王的治理，因為只有哲君知道何為理性、至善，並能夠培育人民的美德、引導其向善。不同於其師，亞里斯多德相信「人是政治的動物」，亦即人人皆具有理性的潛能，只要充分地給予人民參與政治的機會與空間，透過公民輪流執政的政治制度，就能達到最理想的政治狀態。兩位哲學家皆強調政治對人性道德啟發的一面。

希臘時期以降至十九世紀的近代，西方對政治學的探討一直是以透過哲學思辨形成個人思想的模式為主，因此各家說法旨趣甚遠，且思想缺乏經驗實證、也未論及方法，因此很難在現實中實際運作。例如十六世紀的思想家霍布斯面對英國內戰頻仍、社會緊張的環境，寫下《利維坦》一書，提出在危險、衝突的情境裡，人類應互相簽訂契約，將自身權力授予一個眾人服從的公共權威，由其保障秩序與維護和平。雖然霍布斯的看法啟發了世人對國家主權的思考，但終究僅是個人對於人類本質與政治的理解與想法，無法被落實運用。

至十九世紀中葉，德、義由分散的小邦統一為單一主權的民族國家。國家、政府及政治制度遂成為許多學者的研究主題，例如源於德國的「國家學」，專注在國家的本質、主權理論、國家的功能與組織等領域，提出國家主要由領土、人民、主權及政府四大要素所組成的理論。

二十世紀中期：行為主義

到了一九五〇年代左右，傳統政治學不足之處逐漸出現，無法因應時代需求。當時社會歷經工業化帶來的社會失序、貧窮等問題，並非僅以哲學思維來研究國家、政府制度即能解決。另外，政治學也受到其他學科如心理學、經濟學及社會學等革新研究方法的影響，開始透過科學方法，以可觀察和直接測量的現象、行為為研究焦點，客觀地歸納分析經驗，進而建立可被驗證的理論。由加拿大學者伊斯頓等人倡導的「行為主義」即是

政治學的發展過程

傳統時期　公元前4世紀～19世紀

- ●注重應然面，討論何謂公平、正義等議題。
- ●研究政治制度的設計，以達到政治理想狀態。
- ●偏向哲學性思考，帶個人思維色彩。

代表人物：
公元前4世紀古希臘柏拉圖及亞里斯多德、15世紀義大利馬基維利、16世紀英國霍布斯、17世紀英國洛克、18世紀法國盧梭、18世紀英國彌勒等。

研究舉例：
- ●一個政治領袖應具備什麼樣的人格特質？
- ●什麼樣的國家是正義的？

不足之處
- ●各家說法不一。
- ●出於主觀判斷，缺乏實證基礎。
- ●結論難以落實在現實層面。

行為主義時期　1950年代

- ●注重實然面，研究可觀察、驗證的人類行為。
- ●期許政治學向自然科學邁進，建立可預測的模型。
- ●強調價值中立，不應參雜研究者的主觀判斷。
- ●進行經濟學、社會學、統計學等學科的科際整合。
- ●研究方法以量化為主，將政治現象化約為數值以進行統計分析。

代表人物：
加拿大伊斯頓、美國阿蒙

研究舉例：
以「政治系統」代替「國家」，考察政治系統如何接受民意、處理需求後輸出公共政策的過程。

不足之處
- ●人類行為往往帶有不理性部分，難以如自然科學般歸納現象準確預測。
- ●研究者無法全然中立。
- ●過度強調量化，有工具導向之嫌。
- ●「政治系統」無法解釋60年代末社會運動興起、衝突與抗爭頻仍的系統失靈現象。

新國家論　1980年代至今

- ●重視國家的統治與控制對政治的影響。
- ●政策是許多團體互動決定而成的，而非單一系統運作可得。
- ●強調歷史條件對政治制度產生的影響。
- ●不忽視政治系統的壓力與脫序現象。

代表人物：
美國史卡波

研究舉例：
- ●政府如何促使經濟復甦？
- ●政府對特定產業的輔助政策。

不足之處
全球化下，國家主權備受國際組織、跨國企業以及地方組織挑戰，國家的角色愈來愈模糊。

這時期的政治學代表理論。

行為主義主要有四項特徵：第一為主張人類行為具有一致性，此普遍性可透過人的經驗取得，也可重複地以人的經驗加以驗證。第二是採用量化的研究方法來確保研究的正確性，如抽樣、問卷、統計分析等方式蒐集與分析資料。第三是政治學應效法自然科學，以建立一個具預測能力的模型、法則為目的的，例如像物理學的萬有引力定律一樣建立政治的通則。第四則是強調價值中立，政治學者應提供的是理論與研究結果，不應涉及個人主觀的價值判斷。

比方說，在伊斯頓所提出的「政治系統論」中，以中性的「政治系統」一詞取代傳統政治學所用、已蘊含過多法制或制度意義的「國家」或「政府」。政治系統如同自然界的生態系統、消化系統一般，其任務是接收由外在環境所輸入的各種需求，客觀地做出適當處理，產出足以回應環境需求的行動。政治系統所接受的是來自社會的政治要求，諸如勞工團體訴求提高基本薪資、環保團體提出希望企業節能減碳的呼籲，經政治系統集結訊息後進行評估，並提出可能的因應做法，最終形成公共政策產出至社會，如制訂勞基法規定勞動條件、對高耗能企業課徵能源稅等。如此一來，政治的行為方式便有了客觀的觀察角度與理論依據。

行為主義運動如火如荼地展開，不論在量化的研究方法、與其他學科的整合、政治行為的實證研究、以及建立一般性理論……等方面，都有顯著的貢獻。

八〇年代後：將國家找回來

然而，美國自一九六〇年代末陸續出現的反戰、反文化、人權運動，與一九七〇年代兩次石油危機造成的經濟衝擊，人們開始質疑「政治系統論」等行為主義一般性理論無法解釋衝突與抗爭為何會發生、政治系統為何失靈。對此，美國學者史卡波認為行為主義不免流於工具導向、以及忽略了受到不理性人為操控的政治行為，且未能正視國家的統治與控制對人的行為與政治發展的引導作用。因而於一九八五年呼籲「將國家找回來」，重拾傳統政治學全面且整體地思考國家與制度運作的觀察角度，並強調國家的自主性與能力，因此又稱「新國家論」或「新制度論」。

新國家論重視國家的統治與控制結構，其所指的不只是一國裡所具有的強制性機構，還包括了國家如何運作行政系統、法律系統、官僚體系。此外，國家如何進行對社會的強制作為，以及如何處理社會反抗等，更是他們研究的對象。其認為，政府在制定政策過程中並非忠實地反映民意；官僚體系、政黨、政治行為在決策過程中都會參雜利益考量，因此政策是許多團體互動決定而成的，並非如政治系統論所主張的系統只是被動接收、反映人民利益。另外，新國家論也注意到歷史條件對一國政治制度的形成有著舉足輕重的影響。

在此同時，行為主義也未自外於社會情勢的演變，加上面臨學界對其解釋力不足、適用有所限制的批判，學者開始對其主張進行反省而形成了「後行為主義」。一九六九年，伊斯

頓呼籲政治學界進行「後行為革命」運動,對行為主義的研究取向進行修正。其一方面保留了行為主義科際整合、量化研究等方法;另一方面則是開始重視經濟、文化、制度等社會裡既有價值與結構對政治行為的影響,使後行為主義不再只強調量化研究,亦不偏廢涉入價值判斷的質化研究。後行為革命與新國家論興起的浪潮兩相呼應,使得政治學得以兼顧政治行為與政治結構,內涵更形豐富,能研究與回答的議題也更為廣博。

後行為主義 vs. 新國家論

後行為主義		新國家論
1970年代至今	時期	1980年代至今
加拿大籍伊斯頓	代表學者	美國籍史卡波
承認政治學的人文屬性,由人群所形成的政治現象較自然現象複雜。	政治學定位	認為國家是最重要的政治制度,應正視國家對人們政治行為的影響。
認為人的經驗、概念是被社會建構的,單由個人行為層次無法掌握全貌,故引入經濟、社會、文化、制度的詮釋角度。	研究焦點	研究對象由人類個體層次轉為國家制度的層次。
承認價值判斷與研究者主觀看法會涉入研究中,不再標榜完全的中立客觀。	價值判斷	亦主張研究不存在完全的中立客觀。
除了量化研究外,也採取質化研究,如訪談、參與觀察等。	研究方法	也採取量化研究與質化研究並重的方式。

Chapter 1 什麼是政治?什麼是政治學?

重要理論①：政治系統論

一九六〇年代政治系統論的提出，使政治學從傳統重思辨、旨趣各異的思想，轉而建立具客觀準則、一體適用於理解各國政治情況的分析架構。研究主題亦從國家、制度與法律等，轉向個體行為層面，著重人民需求、政府制定政策和執行等政治行為過程。

政治系統論的形成背景

第二次世界大戰後美蘇長期對立，美國為了拉攏歐洲、拉丁美洲等地新成立的民主國家，提出了許多資金援助計畫。為了提供準確的援助、確保貸放的款項能被收回，因而有必要先釐清該國政治實際決策、運作的方式、過程等狀況，例如人民的實際需求、政策制定的過程、財務分配的方式、政策執行的效益如何……等行為層面的事務。當時政治學以研究西方法律與制度的意義、結構為主，例如探究法條的意義，解釋並釐清法條的爭議；探討制度結構、比較不同制度的架構等。由於這方面的研究無法貼近各國政治行為的運作實況，因而不敷美國政策需求之用，而亟需一個能夠一體適用於解釋世界各國，尤其是非西方地區政治運作的理論架構與分析方法。

二戰後適逢行為主義興起，主張以客觀中立的態度及科學方法來觀測人的行為。一九六〇年代，政治學者伊斯頓等人受其影響而提出「政治系統論」，透過觀察、歸納人在群體生活中皆有的具體政治現象、活動與結果等，進而形成「政治系統」此一理論架構。以此分析各種政治行為、理解各國的政治運作實務，讓型態各異的國家或群體的政治行為，都能在政治系統的共同框架中進行分析。

以整個政治系統的角度解釋個別現象

「政治系統論」以二十世紀四〇年代於科學領域創立的「系統論」為基礎。科學上所謂「系統」是指由許多相互關連的個別部分因某一共同目標所組合成的整體，例如胃、腸等個別器官共組消化系統。而系統與系統可再依據共同的運作目標組成更大的系統，例如消化系統可再與神經、循環、呼吸等系統再共組成生理系統。系統論的出現，提供了一個以整個系統為前提研究個別現象的角度，以全系統的目的掌握個別現象的目的、和個別現象之間的關連性。

援引系統論概念的「政治系統論」，以「處理群體的政治事務」做為政治系統的目標，整個系統的運作行為由輸入、轉換、輸出、反饋四大部分共同組成，透過四大部分相互銜接、調適之下，政治系統便能穩定運作達成系統目標。研究個別的政治行為及現象時，則是以整個政治系統的角度尋求解釋。

比方說，位於非洲的原始部落、十八世紀的中國、現代歐洲國家等三種社會制度與生活方式相異的政治系統，皆發生乾旱而出現民生用水不足

政治系統論的源起

戰後美國的政策

第二次世界大戰後，美國為了拉攏新成立的民主國家，提供大量外援。

出現新的需求

為求準確的援助與貸款的回收，需了解該國實際政治運作過程，例如各國人民如何整合需求、各國政策制定的過程、財務分配的方式、政策執行的效益等行為層面的事務。

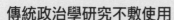

傳統政治學研究不敷使用

學者們的研究對象主要為法律與制度的研究，多重於法條的解釋與制度結構的分析，無法貼近各國實際政治行為層面。

需要新的研究架構

政府及政治學界都需要一個觀察實際政治過程的客觀架構，才能切合實用。

源自行為主義

政治系統論的誕生

北美學者伊斯頓等人提出「政治系統論」。

由具體的政治現象、活動與結果等行為層次切入對各國政治的理解。

提出「政治系統」為具體呈現政治運作過程的分析架構。

不同國家的政治現象、活動與結果都可套用政治系統的架構來理解。

的窘況，在人民提出抗旱救災的期盼時，政治系統為了回應需求、解決問題，做法分別可能是：原始部落由祭司進行祈雨儀式、中國官府率眾遷移至水源充裕地區、現代歐洲國家則責求空軍及氣象單位實施人造雨工程。若只觀察三個政治系統的個別作為，則無法比較、也無從了解，但透過政治系統論的理論架構與分析方法可知，各政治系統的個別運作行為同樣會在「處理群體的政治事務」的目標之下，提出因應方式或政策，使政治系統穩定運作，進而達成目標。如此，研究者可以將其蒐集的政治現象、議題結合起來，進行研究、分析與比對，進而獲得精確而條理化的認知與掌握。

以四大部分處理公共事務

政治系統的運作可由系統的輸入、轉換、輸出、反饋四大部分來看，經由四大部分的互動可使群體生活裡的公共事務得到處理，分述如下：

●**輸入：**即外在環境給予政治系統的訊息或資源，可分為「需求」與「支持」兩項。需求是指民眾向系統提出處理政治事務的期盼與要求；例如政黨、利益團體、媒體或意見領袖以座談、請願或遊行的方式向政府提出要求，失業勞工以遊行的方式向政府提出降低失業率的需求等。而支持則是指外在環境，如民眾、團體對政治系統表達道德上的認可與擁護，或是人力、物力、財力等資源的提供。政治系統如果缺乏支持會使系統面臨失調的風險，例如政府缺乏人民對憲政的支持，表示政府可能面臨失去民心的危機。

●**轉換：**指的是政治系統從輸入到輸出結果之間的過程。當人民向政治系統反映其需求與支持，系統就必須透過其內部的制度運作，將其制訂成一套能滿足需求、解決問題的政策或方案。舉例而言，當政府接收失業勞工降低失業率的訴求後，會責求相關的政府單位了解實際情形，蒐集資料並進行評估後，再會商有關機關共同研擬出可行的政策。

●**輸出：**是指政治系統將在「轉換」中擬定的具體公共政策再推行至外在環境。例如政府為降低失業率，制定了保護國內產業的政策，透過大幅提高進口產品關稅、限制進口商品的項目或數量等做法推行該項政策使其落實。

●**反饋：**輸出的公共政策投入到環境後，其對環境造成的影響將會形成其他的需求與支持，成為另一個輸入項，使政治系統進入下一個運作循環，即為「反饋」。例如政府推動提高關稅政策後，過高的關稅導致物價偏高，引起眾多消費者的不滿，因而提出了平抑物價的需求。政府則需再回應環境傳遞的新訊息，再進行下一次的政治系統運作，以維持政治穩定。

政治系統論的貢獻與限制

在政治學發展過程中，政治系統論是第一個可以描述人類政治生活各種行為及表現的理論架構，使得不同時間、地域的各種政治活動有了理解與比較的共同基礎。相較於傳統政治

學所專注的西方國家、法律與制度研究而言，政治系統論因應了當時從事各地區政治實務比較的需求，因此更具實用性且廣受採納。再者，政治系統論以客觀觀察的行為層面所建立的通則化理論，在個案的資料蒐集、統計分析等研究方法上，也較傳統的抽象哲學思考更為客觀、精確。由此可知，政治系統論將政治學的研究領域推向有系統、客觀、合乎科學精神的層次，使政治學知識層次增長、且豐富性倍增。

然而，政治系統論的限制則在於其所隱含的保守性，其預設政治系統是以達成政治事務的處理為目的，舉凡政治系統本身是否合理、能否提升公共福祉等規範性問題則非研究重點所在。但這麼一來卻容易衍生「存在即為合理」的結論，對現實中可能有的政治不穩定的異常現象，如政府暴虐、政治動盪、貧窮問題或是革命建國運動等，缺乏正面的解釋與處理方式。

政治系統運作過程

輸入

政治系統需藉助外界環境取得的資源。包括：

需求：環境提出處理政治事務的期盼與要求。

支持：環境提供道德上的認可或是人力物力資源等。

例 工會以請願或遊行的方式向政府提出提高最低工資、縮短工時。

轉換

政治系統被動反應輸入面的需求與支持，轉化為符合人民需求、解決紛爭的一套政策或方案。

例 政府接收需求後評估其所握有的資源，研擬出可行的政策。

輸出

轉換後釋放到環境的產物，如公共政策。

例 政府擬定新的勞動基準法，規定較佳的勞動條件，並積極推動新法令的施行。

勞基法

反饋

環境回應給政治系統的相關訊息，再投入至輸入端。

例 新法令的施行廣獲好評，勞工對政府的決策效能更為認同，對政治系統輸入有更高的支持。

重要理論②：新制度論

新制度論在七〇年代興起，反思六〇年代盛行的行為主義過於重視個體行為層面、忽略總體層面制度和結構的流弊。新制度論在回歸傳統政治學對法律、制度研究的同時，也融合了行為主義對個體、社會層面的研究成果，因此對制度的變遷、制度與人類行為之間關係的了解更為透徹。

新制度論的形成背景

「制度」是眾人在群體生活中共同遵守的規範與準則，主要作用為減低人際互動往來時的不確定性，使群體生活能在制度的共同認知之下有秩序地運作。因此，諸如政府組織、憲政架構等制度面的議題一直是政治學的重要主題。

然而，傳統政治學的制度研究所著重的是制度本身法理、結構的釐清，偏重靜態層面，研究方法也以文獻的分析或考證為主。六〇年代行為主義興起，主張應以可觀察、驗證的人類行為為研究對象，使當時研究者的焦點紛紛轉移至個體行為層面。例如深受行為主義影響的政治系統論（參見第16頁）即專注於政治過程中的利益需求、政策產出與執行等行為層面的觀察，相對則忽略了對制度層面的關心，也漠視制度對個體行為具有引導、規範的作用與影響。

然而，六〇年代美國反戰運動興起，社會中瀰漫改革抗議的聲浪與脫序的狀況，政治系統論對這些異常狀況卻無法解釋，人們開始質疑政治系統論的不足，並重新回溯傳統政治學的思考面向，省思制度對人際互動所造成的規範效果。隨著七〇、八〇年代原本屬獨裁體制的國家如葡萄牙、西班牙、拉丁美洲、前蘇聯共產國家紛紛邁向民主化，面臨了選擇何種憲政體制、政黨制度、選舉制度等問題，學者對制度的觀察與制度發展的研究蔚然成風。

因此，自七〇年代以來，順應社會運動與歷史發展的需求，針對制度的研究迅速發展。一九八四年美國學者麥奇與奧森共同發表以「新制度論」為名的論文，由於內容大致涵蓋了制度對人的制約與影響、制度設計等七〇、八〇年代以來學者以制度為主題的研究範疇，因此「新制度論」也成為了這一階段以制度為共同主題及研究成果的統稱。雖然新制度論沒有具系統性、一致性的學術聲明與主張，但其對制度議題的重視，矯正了行為主義忽略制度的偏失。

創新制度研究的範疇與方法

新制度論的主張歸納起來與傳統制度研究相同，皆認為制度能為個人與群體的行為模式建立基本規範，是政治生活裡最值得重視與研究的因素。然而，經過了行為主義的衝擊，新制度論亦將傳統制度研究與行為主義融合，其創新具體顯現於研究範疇、研究方法的轉變兩方面。在研究範疇上，新制度論汲取行為主義致力於觀察具體可驗證行為的主張，使新制度論的研究範疇大為擴充，在傳統

新制度論的源起

早期的制度研究
20世紀之前
- 探討制度的法理、結構與其內涵，屬於靜態的研究。
- 研究方法以文獻分析、法條的整理為主。

行為主義興起
1950、60年代
- 研究焦點為可觀察、驗證的人類行為。
- 研究方法以量化為主，以問卷調查、統計的方式進行資料蒐集與分析。

社會運動頻仍
1960年代
- 歐美社會出現社會運動與混亂失序的狀況，社會價值面臨崩解。
- 凸顯出行為主義強調價值中立而脫離現實的缺失。
- 喚起國家的統治與制度對人的重要性。

民主化浪潮
1980年代
- 東歐、拉丁美洲等國出現大規模的民主化浪潮。
- 政府應採擇何種制度成為首要之務。

制度又成為研究焦點
學界投入制度的觀察與其發展的預測。

匯聚為

新制度論
1984年
- 麥奇與奧森以「新制度論」為名共同發表論文，此類研究便統稱為「新制度論」。
- 凡是關切制度對人的行為影響、制度的運作、人如何改變制度等主題皆屬新制度論者。

特徵

對制度研究的創新
在傳統研究的基礎上，融合行為主義的主張。

研究範疇擴大	研究方法兼容並蓄
除了制度本身原理的靜態分析外，還納入了制度的動因、演變等動態層面。	兼採傳統的文獻分析與行為主義著重的量化研究。

對制度規範的思辨與考證之外，更納入對行為層面的觀察，例如制度對人類行為的影響、人們會如何依據本身的需求來選擇制度……等。

甚至，制度實際運作的過程與變遷等前人未曾涉及的動態議題也都成為研究的一環。例如昔日採行社會主義的國家轉變為民主體制後，人民的政治需求、對政府支持度、政治文化等產生哪些改變；一個政治動盪分裂的國家如何藉由政府制度的設計使人民的衝突減低、形成共識等，都是新制度所論開創的研究範疇。在研究方法上，因應研究範疇擴充的需要，新制度論除了運用傳統制度論考察歷史文獻、法條內容的方式之外，也採納了行為主義所強調的量化的調查、統計等科學方法，以取得對行為層面觀察的資料。

研究制度的三個階段

在學者們紛紛投入之下，新制度論的研究累積了多方面的研究取向與主張，所研究的主軸可由一國的制度形成至發展歸納為上游的「制度選擇」、中游的「制度運作」、下游的「制度影響」三個階段，分述如下：

●**制度選擇**：影響一國選擇制度的因素大致上包括了該國歷史背景、原施行制度的限制、鄰近國家制度的影響、菁英傳達環境中各種衝突或利益需求等。以我國政府體制所採行的「雙首長制」為例，在制度選擇階段，多會始於就我國憲政改革的時空背景等歷史條件進行考察，進而談到制憲過程中菁英有哪些政治利益角力與考量……等因素。

●**制度運作**：是指探究制度的本身結構以及其運作模式。描繪制度的內涵、分析制度的概念，進而分類比較不同制度的特色、運作方式等。例如對雙首長制的原理與運作方式加以釐清與了解。

●**制度影響**：制度影響則是要了解制度對個人產生的實質作用，其目的是想藉由制度對個體行為的制約與整體政治文化的影響來評估其適用性，進而為未來的制度改革提出建議。例如探討我國雙首長制運作之下對於人民的政治參與程度、民主政治的落實或政局的穩定等面向的影響，並對未來的修憲提出可能的選擇。

新制度論的貢獻與限制

新制度論自發展至今，主要的貢獻是矯正了行為主義浪潮之下政治學忽視制度因素的缺失，進而融合、折衷了行為主義及傳統政治學兩個原本不相容的端點，使政治學不再流於偏頗，而展現出更成熟、豐富的新貌。其將焦點置於制度與行為的相互影響之上，對制度層面給予應有的重視，但也不忽視行為主義所強調的個體、行為與社會層面，成功地兼善傳統政治學與行為主義的特長，矯正了行為主義偏廢制度、結構面向，以及傳統制度研究僅著重制度本身的不足。同時，新制度論洞悉制度造成的影響與未來演進的方向，並根據分析結果提出更好的制度設計，以供主政者做為選用或修改制度的參考，促使國家更為進步。然而，新制度論的不足之處正在於融合兩個端點的困難，其提倡的質量化並重的研究方法，研究雖精

緻，但研究過程浩大，往往需要龐大的經費、人力、物力與精神，並非輕易就能達成，這也是新制度論者仍努力企及的目標。

新制度論的重要研究面向

上游：制度選擇

決定選擇某項制度的因素可能包括：
- 歷史背景的影響。
- 受到鄰近國家採行制度的影響。
- 政治菁英視其利益與偏好所做的抉擇。
- 受原存法律、制度的限制。

以「比例代表制」為例：

選擇比例代表制的國家有以下特點：
- 族群（語言、宗教、意識型態等）異質性高，難以整合。
- 歷史上曾發生嚴重的族群衝突。

中游：制度運作

探究制度的規範層面，包括：
- 描繪制度的內涵。
- 分析制度的概念。

- 比例代表制為一國的國會席次依據各族群（語言、宗教、意識型態等）的比例進行分配。
- 每個特定族群都可在國會中取得席次，共同參與公共事務的決策。

下游：制度影響

了解制度政治運作所造成的影響，包括：
- 制度對個體產生的作用。
- 制度對整體政治文化產生的影響。

- 國會的決策仰賴各族群代表相互協商、妥協以獲取共識。
- 可降低族群的衝突與對立。
- 易形成多黨制。

對制度表現提出解釋，且對制度的選擇或設計加以建議。

比例代表制可以促進國家的整合。有分離問題的國家可透過施行比例代表制維持統一。

重要理論③：馬克思的階級理論

階級理論認為，「階級」是人們在群體中之所以形成權力關係的基礎、也是取得權力的由來。其中，馬克思從經濟角度建立的階級理論，在社會組成結構和權力、利益分配不平等方面別具洞見，加上理論中內蘊行動綱領與社會改造的目標，為後來的政治情勢帶來巨大的轉變。

馬克思階級理論的形成背景

以「階級」檢視群體中出現的權力、地位不平等現象，也是政治學的重要觀察角度之一。階級是指因身分等級的尊卑造成權力的差異。等級居上的人擁有較大的權力，可以領導、指揮等級較下者；在下者只能被動地接受上位者的指揮。以血統優劣評定階級的概念在人類的歷史中由來已久，例如印度古代的種姓制度、歐洲的封建制度等，都是擁有貴族血統的人成為在上的統治階級，奴隸血統的人則是被統治階級。即便在十八、十九世紀的英國，階級的觀念和種種不平等的現象仍然延續著，但社會型態的變遷已然使階級的判定迥異於以往，引起馬克思在此時期創立了階級理論。

十七世紀英國發生工業革命，傳統的漁獵農耕及手工業被機械生產所取代，導致資本主義的興起。資本家以大額資本購置機器製造產品，再以極低薪資僱用勞工操作，產品利潤由資本家取得；相對地，勞工為了賺取足夠溫飽的工資，必須超時工作，貧富差距的情形益發嚴重。在政治方面，當時的英國只有擁有一定財富、房產的人才能取得投票權，其所選出的議員多為資本家身分，議會所通過的法案都是以保障私人資本、維護資本家的利益為出發點。當時身在英國的馬克思省思資本家與勞工的對立關係而提出了著名的階級理論，直指資本主義社會中的階級肇因於經濟地位的不平等，並提出實現階級解放的途徑與方法。

資產階級 vs. 無產階級

馬克思提出「階級」的判別標準在於是否擁有生產工具，例如機器設備、運輸工具、原料等。擁有生產工具的群體即為「資產階級」；沒有生產工具、需付出勞力獲得薪資的勞工則是「無產階級」。資產階級以條件惡劣的合約僱用低薪勞工以拉高利潤，並利用利潤進行再投資，進而擁有更多的生產工具；無產階級勞工則受制於僱用合約，即使工作條件惡劣也必須接受。這種資產階級壓榨無產階級勞力的關係稱之為「剝削」，資產階級永遠是剝削的一方、無產階級則是被剝削的一方。在剝削一再循環之下，使得經濟上出現富者愈富、貧者愈貧的不平等狀況。

經濟上的不平等會反映在政治上，造成政治權力掌握於資產階級之手的結果。擁有財富與資源的資產階級可在政府擔任領導、統治的角色，所制訂的政策也以維護資產階級利益為依歸；相對地，無產階級很少有機

馬克思的階級概念如何形成？

工業革命
17世紀工業革命發生以來，機械化生產的方式取代了傳統漁獵農耕及手工自給自足的生產方式。

資本主義興起
資本家以大額資本購置機器生產產品換取利潤。

生產工具的擁有成為關鍵
資本家以大額資本購置機器生產產品換取利潤。

 產生

階級
馬克思以「是否握有生產工具」做為階級劃分的依據。

無產階級
只能受雇於資產階級，出賣勞力賺取微薄薪資，勞動環境不佳、生活困頓。

 剝削

 被剝削

資產階級
以低薪、惡劣的條件雇用無產階級提供勞力，獲取更高的利潤，財富不斷累積之下再化為更大的資本。

政治地位

政治地位

無產階級無政治地位
無產階級無法進入政府擔任決策者，遑論制訂對己有利的政策，只能做為被宰制的一群。

資產階級掌握政治權力
擁有財富與資源的資產階級可在政府擔任要職，制訂的政策也以維護資產階級利益為依歸。

「經濟決定論」
「經濟決定論」是將社會中與經濟有關的要素視為「下層結構」，其他如政治、法律、意識型態等則是「上層結構」。上層結構將由下層結構來決定。

 形成

階級不平等
採行資本主義的國家中，資產階級在經濟上剝削、壓迫無產階級；在政治、法律、意識型態等方面則維繫資產階級的統治地位。

會進入政府，遑論制訂對己有利的政策，只能做為被宰制的一群。

　　對這種政治情況，馬克思以「經濟決定論」做為解釋。他將經濟的要素如生產工具的擁有、生產關係等視為「下層結構」，人的觀點與國家制度如政治、法律、意識型態等則是「上層結構」，他認為下層結構會決定上層結構，亦即經濟上的掌權者會利用政治、法律、甚至意識型態來維繫其地位、甚至強化其利益。在此之下，舉凡法案、政策的提出都會服膺於資產階級的利益。舉例而言，在採行資本主義的國家，當經濟發展如土地開發、企業投資與環境保護相衝突時，政府通常先滿足企業的需求；又如資產階級會無所不用其極地透過教育、媒體等管道宣揚其意識型態，標榜資產階級為無產階級帶來工作機會、生活穩定等觀念，使無產階級忽略貧富差距、勞力受剝削等問題，進而接受資產階級掌權的地位。

階級不平等引發階級鬥爭

　　馬克思的階級理論主張，被剝削的階級不會甘於受壓迫而不自知，並會起而爭取權力、利益與地位，稱為「階級鬥爭」。也就是說，當資產階級不斷剝削勞工、且在政治上獨占大權的情形益發嚴重之下，無產階級將發覺到自己被剝削的事實而大感不滿；在此同時，同一勞動場所的勞工們也會察覺彼此有相同的困境，而形成勞工休戚相關的「階級意識」，推動無產階級起而發動階級鬥爭，向資產階級奪取其所擁有的生產工具與政治上的權力地位，亦即「無產階級革命」。由無產階級所建立的社會主義國家將會是一個生產工具共有共享，不再有階級之分的平等社會。例如，俄國在一九一七年發生的「十月革命」，由信奉馬克思主張的列寧所領導的布爾什維克黨（俄國共產黨前身）推翻了甫成立的民主政府，成立史上首度的共產政權。

階級理論的貢獻與限制

　　馬克斯階級理論最顯著的貢獻是喚起人們對階級不平等的重視，其所點出資本主義發達所形成的剝削勞工、貧富不均、違反人權等問題，使人們正視不平等現象的成因，帶動了社會改革與進步的可能，甚至奉馬克思為信仰而興起革命，進而改變了人類的政治版圖與國家疆域，可謂古往今來最具政治影響力與煽動力的理論之一。其次，馬克思由經濟關係所發展而成的獨特理論，揭示了經濟對政治的獨特作用，一改在馬克思之前的學者多採所謂政治與經濟分離、互不干涉的論調，轉而將政治地位的不平等歸因於經濟地位之上，也為政治學領域開創了新的視角。

　　然而，其理論對階級的劃分與對立過於武斷，無法解釋實際上尚有其他面向（如國家、血統、宗教等組成單元）對人們的認同與立場的影響，因此也有適用性上的偏限。且以革命為破除階級剝削的手段並非唯一之道，漸進的改革亦可收效。

馬克思階級理論的重要主張

勞工

在經濟上受剝削	沒有政治權力	共同的經驗 與處境
勞工發覺資本家獲取過多財富、自己付出勞力卻僅能溫飽。	政治大權由資本家獨攬，勞工日益不滿。	勞工在工作場所裡有共同的被剝削經驗、困頓的處境也相同。

形成

階級意識
勞工體認到同屬無產階級，產生「階級意識」，對資產階級日益不滿。

發動

階級鬥爭
無產階級將團結起來，向資產階級奪取生產工具與政治上的權力。

形成

無產階級革命
無產階級以暴力革命的方式推翻資產階級政權，取而代之。

不再有階級的共產社會
由無產階級所建立的新政權將一切生產工具歸諸公有，不再有階級之分，成為真正平等解放的新社會。

重要理論④：菁英論

菁英論是以社會現實的角度來理解、闡釋政治與社會的結構及發展，不同於馬克思主義所強調階級平等的理想性。菁英論指出社會現實，認為多數權力掌握在少數人手中，也因此能夠精闢地解釋權力分配不平等的狀況。

菁英論的形成背景

在政治、社會、經濟上握有相當決策權與影響力的一群人即為「菁英」。菁英論者主張凡有社會以來，皆是由少數菁英來統治多數的群眾，不可能有權力完全平等的狀況。菁英論的概念自古希臘柏拉圖、十四世紀義大利馬基維利等人的著作中即已出現，但有系統地提出則是在十九世紀末。

其導因於十九世紀馬克思提出階級理論，主張人類社會的階級劃分是由於資產階級占有生產工具，剝削無產階級的勞力並賺取高額利潤、占有政治上的優越地位，因而倡導無產階級革命奪取政權，建立由無產階級專政的平等社會。馬克思的階級理論大受勞工歡迎，所引起的勞工運動卻讓當時歐洲國家的政局飽受紛擾，激起了反馬克思學者的憂心，其中義大利學者柏列圖、莫斯卡等人提出菁英論，認為任何社會由於角色分工，皆存在統治階級與被統治階級，其中的統治階級多由社會的少數菁英擔任主要決策與領導者，而大多數人皆為被統治階級，扮演被領導的角色，只有在各自履行功能之下，政治才得以穩定運作。其指出的菁英統治事實達到反擊馬克思平等社會構想的目的，也點出政治運作存在階層化的實況。

少數菁英終會握有多數權力

持菁英論的學者除了十九世紀末義大利的柏列圖、莫斯卡外，還有同時的拉斯威爾，以及二十世紀的德國學者米契爾斯、奧地利學者熊彼得等人。他們觀點各有不同，歸納而言，皆從現實上的政治經驗與政治運作為出發點，將菁英的存在當做必然的現象。其主張在任何社會都有一定處理政治事務的程序，藉以分配各種社會價值，使集體生活得以協調，在這些政治程序中，一定有少數具專業知識或領導能力者扮演核心的角色，具有較大的影響力；而多數人則專業知識、領導能力不足，只是偶爾參與，也只擁有有限的影響力，領導多數大眾的菁英於是便成為社會中的核心角色。因此，所有社會皆存在如金字塔分布的階層現象，由上層的少數菁英擔任統治者；下層的群眾則受其統治，不可能有權力平等分配的情形。

一九一一年米契爾斯在研究十九世紀德國社會主義政黨後提出有力的「寡頭鐵律」，亦即縱然一個政黨深具平等的理念，權力最終卻一定會歸屬於少數人。例如資深的黨工、黨代表因長期執行特定職務，較其他黨員更了解黨內事務，而成為無可取代的領導核心，最終將把持整個政黨組織而成為寡頭政治。

菁英論的主要概念

政治事務的處理

無論任何的社會或人群組織都有處理公共事務、資源分配等與政治相關事務運作的一定程序與方式。

↓ 產生

特別諳於政治事務的人

有一小群成員特別具專業知識、技能。

例 政黨裡的資深黨代表對黨內事務最為熟悉。

不熟悉政治事務的人

多數人則不具專業知識且技能貧乏，只是偶爾參與。

例 政黨裡大多數黨員只在重大事件如選舉時參與黨務。

↓ 成為

↓ 成為

菁英

在政治事務處理上處於權力核心，擁有較多資源、影響力。

例 黨內菁英對於黨內資源分配、政黨目標等重大事務具有決定權。

領導 →
← 被領導

非菁英的一般大眾

遠離權力核心，資源及影響力皆有限。

例 一般黨員會被動接受黨內菁英的領導。

↓

菁英論

- 所有社會皆存在如金字塔分布的階層現象。
- 上層為數較少的菁英掌握大部分權力，下層為數較多的群眾則受菁英領導與統治。
- 政治權力的分配不可能有完全平等的狀況存在。

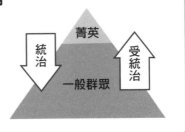

菁英論以民主政治為原則

自民主政治興起後，菁英論的發展主軸大多聚焦在菁英對民主政治運作的影響。雖然菁英論指出統治菁英的權力與影響力大於非菁英的現況，卻不代表菁英論者主張一人統治的獨裁專制、反對以人人參政為本質的民主政治；相反地，他們認為菁英的存在並不違背民主政治的原則。

首先，菁英嫻熟政治技巧，善於利用議題、甚至意識型態動員群眾，促使其關注政治事務，進而提高人民參政機會，對民主的推動有所助益；另一方面，民主的特殊性在於大眾具有透過選票來選出統治菁英的權利，因此菁英需要爭取一般群眾的支持，故其作為、決策不能違背大部分群眾的意見與想法，否則將下台而喪失權力；同時，菁英與菁英之間也存有競爭、可相互取代的關係，不會由特定人壟斷權力，這樣的觀點又稱為「菁英式民主」。

菁英論的貢獻與限制

菁英論者揭示了權力集中在少數人手中的實況，由於其觀點合乎現實，相對於其他標榜理想的理論如馬克思主義，菁英論者由現實層面出發，刻劃出政治理想與現實的差距，使其理論的適用性更高。進一步地，菁英論者提出在菁英掌握大部分決策權的現實下，仍能捍衛一般民眾監督與審查菁英作為的立場，對民主制度的維護有一定的助益。

然而，由於現代社會日益複雜化，政治菁英往往難以界定，若由其具體的政治地位（如身為政府人員或是政治團體領導階層）來判斷，似乎過於簡化，例如某些獨裁國家，即使身為國會議員，也不具實質影響力。因此，菁英的界定經常依賴研究者的主觀界定，精確性有所不足。

道爾的「多元政體」

美國學者道爾提出「多元政體」的觀點，主張施行民主政治的社會裡各階層都存在菁英，例如企業界、教育界、工會等都有領導者或負責人，各自在政治決策過程爭取決策權、發揮影響力。彼此競爭之下，沒有單一團體菁英能壟斷全部的利益；反之，所產出的政策會是妥協下的結果，此亦為「菁英式民主」的範疇。

菁英論對民主政治的看法

菁英論		民主政治
少數擁有較多資源、影響力的政治菁英領導多數群眾的政治現實。	VS.	主張人人皆有平等參與政治的自由與權力，需依據人民的意見來做進行決策。

菁英可動員群眾

菁英諳於操作政治議題、甚至意識型態來喚起群眾的政治意識。

群眾參政程度提高

群眾對政治相關事務的關注度與參與程度因此提高。

菁英由選舉投票決定

大眾具有透過選票來選出統治菁英的權力。

菁英遵從民意決定

菁英為獲取群眾的支持，不能違背群眾的意見與想法。

菁英間相互競爭

眾多菁英競爭選票，且可相互替代，權力不會由特定人壟斷。

菁英論並不違背民主政治的原則

政治學的研究方法

面對諸多政治現象時，政治學用以分析、理解的研究方法主要可分為量化與質化兩種：量化研究重於快速獲取數據資料；質化研究則重在深入詮釋現象發生的情境與過程。選用何種方法、或是兩者兼採，則視研究目的與需求而定。

強調客觀中立：量化的研究方法

政治學研究方法的演進深受所處社會環境的影響。十九世紀以來，由法國哲學家孔德所創立的「實證科學」興起，強調人文學科應向自然科學看齊。研究者需秉持客觀中立的態度、採用邏輯與科學驗證方法來解釋政治經驗及現象，還要能夠建立普遍適用的通則。由於講求將經驗現象化為可重複檢證的客觀數據資料，故稱為「量化研究」。

量化研究主要是透過問卷調查或人口統計等方式進行資料收集，並將蒐集來的資料以數據表示，透過數學公式及統計軟體顯示出因果關係與影響程度。例如，若想得知近來台灣人民對政府施政的滿意程度，可將滿意程度分為非常滿意、滿意、普通、不滿意或者非常不滿意等五個指標，再透過問卷調查蒐集資料，將蒐集得來的問卷以一分至五分的數字輸入電腦，透過統計軟體分析得知結果。

量化研究的優點在於可將原本難以捉摸的概念量化為可操作的變項，便於研究與分析，因此特別適用於大規模的民意調查，例如調查近來台灣大學生的政治態度。然而，量化研究強調以客觀中立的態度與科學方法研究政治學議題亦飽受批評，原因在於這樣的研究方法最終並無法回答涉及價值判斷的問題，例如台灣究竟採取何種憲政體制較佳。因此，另一種重視研究對象所處情境、心理過程等的質化研究也不可偏廢。

強調分析與詮釋：質化的研究方法

「質化」即是透過對所欲研究的對象或現象的接觸與觀察，了解研究對象對某一政治現象的觀念、意見與態度，且深入此態度的形成歷史、文化、社會背景與根源。質化研究並不強調中立客觀，反而以貼身訪談、參與觀察的方式紀錄研究對象的生活情境，達到更深入探索的目的。

在進行研究時，質化研究者需要先有特定理論架構的知識背景，再以此理論為基礎，對研究對象的生活情境與生活經驗進行觀察，以其理論來分析並詮釋所觀察到的資料，進一步將資料與既有理論進行比對，不符合處則可修正理論。比方說，想了解中國大陸環保運動團體，研究者須先了解中國大陸環保意識崛起與演進的背景，然後進入中國大陸實際訪談環保團體當事人、觀察其生活情境，以既有的理論架構拆解、分析實際的對談與觀察所得，再對既有理論進行比對與修正。

質化研究的好處在於能完整地呈現研究對象行動的原因、過程與背景的全貌，因此適用於深入較小領域如社區、組織。然而，其危險之處在於研究者帶有先入為主的理論架構，而經常被質疑為不夠公正或帶有偏見；且研究結果往往繫於研究者個人的學養與能力，缺乏客觀判斷的準則。總結而言，量化研究以簡單的數字所形成的數學模型或通則，清楚表達概念間的因果關係，有化繁為簡的功效；但對於無法計量的獨特情境與發生過程，則有賴質化研究的方式取得資料並進行詮釋。

量化研究 vs. 質化研究

量化研究		質化研究
以科學方法將政治經驗及現象簡化為數據，藉由統計方法分析數據，找出現象間的因果關係，建立政治現象的普遍通則。	意義	研究者以深度訪談、參與觀察等方式蒐集研究對象的資料，以了解研究對象所處的特定時空脈絡對其觀念、行動所產生的影響。
●研究對象可量化、可操作化。 ●研究者價值中立。	特徵	●研究對象不可計量。 ●研究者與研究對象貼近，涉入其價值觀。
解釋過去或現在的政治經驗及現象的原因，且預測未來可能的發展趨勢。	研究目的	深入了解研究對象對某一政治現象的觀念、意見與態度，且深入此態度的形成歷史、文化、社會背景與根源。
抽樣→意見調查→統計→解釋資料→建立模型或理論。	研究過程	獲得有特定理論架構的知識背景→對真實經驗進行觀察→將觀察到的資料納入原有理論→修正原有理論。
適用大規模的民意調查。 例如：台灣選民政治立場與投票行為的相關性。	適用主題	適用較小領域如社區、組織，多為規範性主題。 例如：選舉對原住民而言，是否是一項合乎正義的參政途徑。
●將概念量化為可操作的變項，便於研究與分析。 ●研究者的思考清晰而一目了然，研究結果具體。	優點	●完整地呈現研究對象行動的原因、過程與背景的全貌。 ●研究結果可呈現歷史社會結構。
●排除不可量化的資料，導致研究結果偏差。 ●無法解答重大的規範性政治問題。	缺點	●易流於主觀。 ●研究結果缺乏普遍性，難以判斷優劣。

33

Chapter
02

國家：人人生而隸屬的政治單位

　　世上所有的土地幾乎都已被劃定為某個國家的領土，人自從出生就被賦予國籍、且編入戶籍，接受某一種國家法律的規範與限制，並從而接受義務教育、納稅或服兵役等規範。無論是地理空間、各代人的行為、公共事務的處理等，皆受到國家的控制與監督，因此，國家是最重要、與個人息息相關的一個政治單位。認識國家的起源與流變，便可了解國家形成的目的與作用；對於國家人民、土地、政府及主權四大要素的分析則可做為確認各政治體地位的憑藉；深入其作為、所扮演的角色，更能了解現今國家對人民行為的控制程度以及影響。進一步地，國與國之間互不干涉的傳統，也逐漸打破藩籬，出現區域國家統合的潮流，對日後國家概念可能的轉變埋下伏筆。

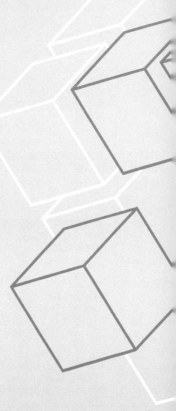

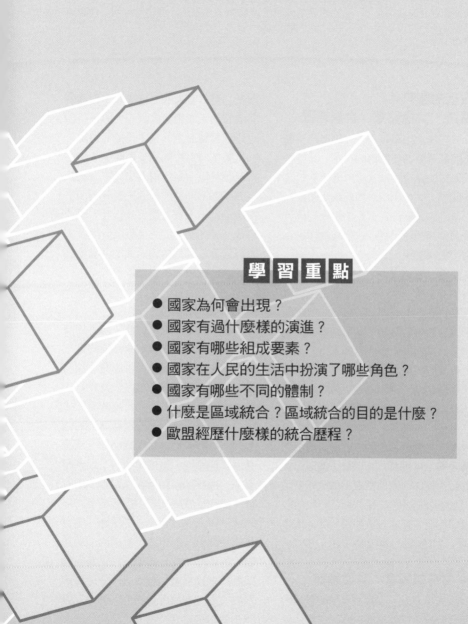

學習重點

- 國家為何會出現？
- 國家有過什麼樣的演進？
- 國家有哪些組成要素？
- 國家在人民的生活中扮演了哪些角色？
- 國家有哪些不同的體制？
- 什麼是區域統合？區域統合的目的是什麼？
- 歐盟經歷什麼樣的統合歷程？

國家的起源與演進

自有文明以來人們便聚居為社群，互動的同時並產生利益與衝突。社群的規模、互動機制在歷經演進之下，從遠古時期依風俗習慣解決紛爭的小型部落、到近代國家已建立龐大且依法統治的政府。人們的生活日益受國家約束，對國家的認同也愈見提升。

古代的國家：
部落、父權國家、世襲帝國

在國家出現以前，人類早已有簡單的社群生活如部落的存在，其奠基於血緣的結合，統治權威則建立於血統關係上，如由族長擔任政治領袖。部落尚未發展出正式政治組織結構，公共事務的紛爭往往以宗族合作或風俗習慣來解決。

在公元前二、三十世紀時，以古埃及王國、古印度城市及古希臘城邦為代表的某些部落擴張後演變成最早的非血緣社群即「父權國家」，凝聚了共同血緣之外的更多人口、土地更為廣闊，也具備更正式、穩定的政治組織結構，例如有更明確的法律做為社群生活裡公共事務的規範。約前四世紀時，隨著人口增長以及環境的改變，父權國家再結合成更大的「世襲帝國」，也有了「皇帝」做為正式的統治權威，政治組織結構已具備足以抵禦外侮的常備軍和執行行政稅收事務的官僚體制，例如古代的羅馬帝國、中國或印度的某些王朝。

中古時期國家：封建國家

五世紀時，在經歷長年征戰或內部變遷後，世襲帝國崩解為「封建國家」，例如西羅馬帝國遭北方蠻族入侵而滅亡，原本涵蓋廣闊地域的帝國分裂為群雄割據的封建國家。封建國家擁有最大領地者為國王，國王將領地分割授與領主、領主再授與封臣，形成領主與封臣間的契約關係：領主需保護封臣、封臣需效忠領主。其統治型態亦不同於前，國王對其下領主的統治行為主要在徵兵及稅收，對於其他活動如領主間的征戰或吞併並不加以管控，領地內的人民則由該地領主管轄，國王並不直接統治。

近代民族國家

在十五、十六世紀時，西方經歷了文藝復興、生產及科學技術的進步和地理大發現等變革，工商業快速發展，亟需穩定的社會秩序以及政府法令的配合，分裂割據的封建國家即成為一大障礙。此時部分勵精圖治的領主起而掃除領地內封臣的勢力、或是吞併其他領地，慢慢轉型為「民族國家」。民族國家即指在一定疆域內有單一的統治權威，對內進行語言文字的統一、法律的整理、度量衡的規定甚至宗教信仰的建立，且國內人民在相同的語言、文化濡染下同化為一個民族，對民族產生認同感與彼此凝聚的向心力。在政府組織方面則建立專門化的組織結構，對人民生活各種面向加以管控，例如具備明確的警察、戶籍、交通、稅收、巡防等功能。

國家演進的流程

部落

遠古～公元前2、30世紀

人類最早的社群單位，奠基於人與人血緣的結合，統治權威建立於血統如族長。

例 現今非洲仍有部落保留早期人類社群組織的樣貌。

→ 部落與部落結合。

父權國家

公元前2、30世紀～前4世紀

取得更廣闊的人口與土地，政府權力隨之擴張，已具較完整的政治結構功能如法律。

例 古埃及王國、古印度城市及古希臘各城邦。

→ 父權國家互相結合。

世襲帝國

公元前4世紀～5世紀

涵蓋廣闊地域與人口，政府權力再擴張，發展出常備軍和官僚體制。

例 古代的羅馬帝國。

→ 世襲帝國歷經長年征戰或內部變遷而崩解。

中古：封建國家

5世紀～15、16世紀

- 帝國分裂為領地，領主再將領地授與封臣，與封臣間互相隸屬，建立保護與效忠的契約關係。
- 封建國家領地最大者為國王，國王對其下領主的統治行為主要在徵兵及稅收，並不管理其他活動。
- 領地內的人民由該地領主全權治理。

例 中古歐洲大陸封建割據、小邦林立的情形。

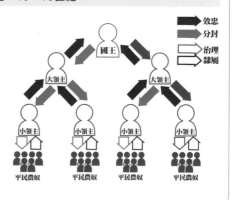

- 工商業發展，興起的穩定社會秩序以及強有力政府的需求。
- 領主剷除內部割據勢力。

（下接39頁）

Chapter 2 國家：人人生而隸屬的政治單位

例如英國挾工業革命的動力，工商業最為發達，削弱封建權力的需求也最急切，因而在十七、八世紀率先轉型為民族國家；十八世紀末，則是在法王路易十六無能與封建領主苛捐雜稅之下，平民不滿封建制度而發起「法國大革命」，宣布制訂憲法、廢除封建，使得法國亦成為現代民族國家的先驅。法國大革命將反封建的理念傳布全歐，也推進十九世紀歐洲各國如德國、義大利的統一。這股波瀾隨著歐洲殖民擴張散布到亞、非、拉丁美洲，被殖民地無論原處於部落或傳統的世襲帝國狀態，導入民族國家的概念後，也趁著殖民國衰弱或二次大戰後時獨立建國，民族國家遂成為現今普遍的國家樣貌。

現代的國家體制：君主國、共和國

縱然現代的國家以民族國家為主，然而，在轉型的過程中，各國採取不同的手段，也形成不同的國家體制：共和國與君主國。一般而言，以激進手段取得獨立建國的國家如美國、印度、阿根廷等採共和制，其以憲法規範由人民擔當統治主體，舉凡政策、法律制定及執行等政治事物皆以全體人民的意願為依歸，國家元首採任期制並且經由民選產生。相對地，採取溫和改革的國家如英國、日本、泰國則採取君主制，世襲的君主是元首和國家統一的象徵。然而，憲法亦限制君王的政治實權，政權掌握在一個以民選議會為基礎的政府之手，與中古時期集大權於一身的君主專制政權已有根本上的不同。

法國步入民族國家的過程

十七世紀初，法王路易十四雄才大略，對外參與戰爭開疆闢土，對內則統一宗教、削減貴族權力，使封建制度逐漸鬆動。然而，貴族勢力殘存，平民仍須對領主繳稅，直到十八世紀末庸碌無能的路易十六當政，在連年天災與苛捐雜稅的壓力下，民眾於一七八九年七月十四日攻入象徵封建和專制統治的巴士底監獄，「法國大革命」爆發，革命摧毀了封建制度，使法國正式成為現代的民族國家。

（上接37頁）

近代：民族國家

15、16世紀～17、18世紀

●統治權威由分層級的封建制度改為單一主權，人民皆直接歸國家管轄。

●社會制度包括語言文字、法律、度量衡的規定等都進行統一。

●政府組織更嚴密，功能更為完備，發展出警察、戶籍、交通等功能。

例 英國、法國率先轉型為民族國家。

民族國家由歐洲傳布全球。

現代：多為民族國家

19世紀～至今

歐洲
受法國大革命的衝擊，歐洲原本分立的小邦進行統一，建立民族國家。

例 德國、義大利。

其他地區
歐洲殖民亞、非、拉丁美洲，散布民族國家的概念，殖民地人們趁著二次大戰殖民國衰弱時起而獨立建國。

例 越南脫離法國、印度脫離英國獨立。

共和制 vs. 君主制

共和制		君主制
以革命的激進手段取得獨立建國。	**建國過程**	採取溫和的漸進手段改革。
經由選舉產生 國家元首由選舉產生，採一定任期制，一般為總統。	**元首產生**	**世襲產生** 國家元首為世襲君主，如國王、女王，但大多為不具實權的虛位元首。
民主立憲政府 以憲法保障人民政治權力，舉凡政策、法律制定及執行等政治事物皆以全體人民的意願為依歸。	**政府特徵**	**君主立憲政府** 透過憲法限制君主權力、實權掌握在以民選議會為基礎的政府。
美國、印度、阿根廷等	**舉例**	英國、日本、泰國等

國家的四大要素

國家是一個政治性的團體，其中可分析出組織社群、創造政治需求的「人民」；活動於一定的領域範圍即「領土」；負責治理眾人的「政府」；以及對內最高、對外不受其他權威干預的「主權」四大要素，缺一不可。

國家要素 ① ：人民

人民是指隸屬於某國、受該國管轄的人。有了人民，才會產生建立秩序、管理公共事務、增進群體福祉的需求，進而成立國家以滿足其需求。國家則在戶口制度之下，嚴密管理人民的數目及住居狀況，以確保人民皆受國家的控制。例如，美國有三億人口、英國有六千萬人口、日本人口則是一億兩千萬，各國皆有國籍及戶口制度予以管理。

國家確知有哪些人民後，為便利管理，會與人民建立起明確的權利義務關係。權利舉凡人民可要求國家保障人身及財產安全、參與公共事務的決策或投票；義務則有守法、納稅、接受徵兵等。如此，人民的行為將在規範下更為井然有序。例如美國聯邦憲法修正案、英國的權利法案規定了人民應享有的權利。

國家要素 ② ：領土

領土也是構成國家的一大要素。自人類進入定居社會型態以來，人民的行為、活動必須與一定的領域結合，例如農民開墾田地、建立水利系統等，都固著於一定的土地範圍之上，便有了占有土地為領土的概念。由於土地是一項數量有限的重要資源，會因爭奪土地引起糾紛，在此之下，國家便介入土地所有權的規範，以土地法規定登記、測量等事務；在國家之間也會互相商議劃定領土界線，如以山川海洋等天然屏障為疆界、或立下人造界碑等，以免爆發衝突時無法釐清責任與管轄權歸屬。

長久以來，國際間已有明確的領土、領空、領海範圍的概念，各國可對內支配領土、對外主張他國無法侵犯的權利。例如美國領土共有九三六萬平方公里，包括北美洲、阿拉斯加、太平洋上的小島等；英國領土則包括大不列顛島、北愛爾蘭以及部分海外領地；美國、英國均可主張對其領土具管轄權。

國家要素 ③ ：政府

國家是抽象的概念，真正行使權力、為其全體人民制訂並執行政策的是政府。在群體生活中，各懷利益的諸多個人為了互助合作、謀求更好的生活，託付一個有權威的政府來負責組織人力與資源，使群體的目的能更有效率的達成；並與其他族群談判、交涉以保障本國人民及領土的安全。

因應現代公共事務日趨繁雜，政府組織也隨之分工與專門化為行政、立法、司法三大部門，各自執行政務推行、法律制訂、依法審判的功能，更完善地回應各個面向的需求，還藉

由彼此的牽制防止權力集中所可能帶來的濫權後果。各國政府依據決策方式的不同又可分為獨裁制、民主制（參見第84頁）；而民主政府又因行政、立法關係不同而分成內閣制、總統制、雙首長制（參見第138頁）。例如美國採取總統制，由總統擔任政府首長，政府依據三權分立的原則處理境內各種公共事務；英國採取內閣制，由民選議會的多數黨擔任內閣首相，擁有實際的最高行政權力，英王則為虛位元首（參見第141頁）。

國家要素 ④：主權

主權是國家內唯一且至高無上的政治權威，對內具有管轄權，對外則不受他國干涉。主權是民族國家的產物，在中古封建國家，國王並非直接管轄人民，而是將領土分封給領主，由領主直接對該領土上的人民進行徵稅等統治行為，因此一國境內有大大小小各行其是的地方勢力；一國外部則有羅馬教皇藉由冊封或承認君主的職權趁機介入政治事務。直到十七世紀，工商日益發達，地方勢力割據成為貿易障礙，促動君王起而削弱或剷除境內的地方勢力，使權威整合為單一，舉凡法律的訂定、工商政策的推行等，都不再有其他政治權力可以介入干涉，以此奠立主權的概念。

對外的國際關係上則是各國主權獨立、地位平等，當有國際事務需要調處、或是組成如安全、經濟等目的的國際組織（如聯合國、世界貿易組織等）時，則由國家主權的代表如外交官員進行協商，並以對等的地位簽署條約或加入國際組織，再各自回國依據條約內容及組織章程頒訂國內法規，使其落實，而非受他國或更高主權的命令與指揮。

然而，當時國家最高權威的掌握者為一國的君王，通常自稱為「主權者」。至英國議會代議制度興起，逐漸開放人民參政，法國大革命時更提出「主權在民」，將主權的主體一改而為全體人民，由人民推選代表所制訂的憲法成為國家的最高規範與主權的象徵。故此，政府需依據憲法規定取得權位，行使統治權力，才是合法、具正當性的政府。例如，美國、英國皆是主權獨立的國家，對內可以主張對領土及人民享有排他性的管轄權；對外則不容其他國家干預其內政。

國家與政府的不同

國家與政府經常互相代換使用，事實上兩者有所區別。國家是由人民、領土、政府、主權四大要素構成，政府只是國家構成要素的其中之一而已；政府本身則由行政、立法和司法機關所構成。再者，國家除非遭他國併吞之外，其存在較少異動；但是政府卻因選舉的結果而常有更迭。

國家的組成要素

人民

一國境內必定會有一群隸屬於某國、受該國管轄的人民。

人民 —需求→
● 建立公共秩序
● 管理眾人之事
● 增進群體福祉
—成立→ 國家

以戶口制度管理人民的數目及住居狀況。

義務
守法、納稅、服兵役等。

→ **進行管理**
國家與人民間建立權利義務關係。 ←

權利
保障人權、參與政治等。

實例 美國有三億人口，由聯邦憲法規範人民權利義務。

領土

國家必定占據一定的地理空間，可主張對其具管轄權。

人類定居後，生活會與固定領域結合。 → 國家開始占領一定的土地為其領土。 → 國與國間互相爭搶領土發生衝突。

劃定疆界
互相商議以天然屏障或立碑為界，以釐清責任與管轄權歸屬。

實例 美國領土共有936萬平方公里。

美

政府

政府負責行使公權力，為全國人民制訂並執行政策。

群體生活中需要一個有權威與強制性的管理者。 **成立** → **政府**
●對內負責組織人力與資源。
●對外保障本國人民及領土安全。 **分權** →

行政
推行政策

立法
制訂法律

司法
適用法律

獨裁制
政治權力集中於少數人

民主制
政治權力普及於全民

實例 美國有聯邦政府，採行民主制度。

主權

國家只有單一主權，即唯一的政治權威。對內具有排他的管轄權，對外則不容他國干涉其內政。

中古封建時期
一國境內有大小領主各自有管轄權。 → **民族國家興起**
君王剷除地方割據勢力。

單一主權

對內 為唯一合法權威。 ⇨ 國內有一貫的法律政策，無其他勢力干涉。

對外 各主權獨立且平等，不容侵犯。 ⇨ 以對等地位處理國際事務，如簽訂條約或加入國際組織。

實例 美國是主權獨立的國家。

Chapter 2 國家：人人生而隸屬的政治單位

國家的角色

現今的國家皆為占據一定領土，有政府治理轄下人民，使群體生活維持穩定的秩序。但世界各國在實際治理公共事務時，卻可能有不同的願景，並因應扮演適切的角色，使得各國表現出不同的統治特質與型態。

國家的五種角色

在現代國家，人民與國家之間有一定的權利義務關係，人民盡守法、納稅、服兵役等義務；相對地，國家必須善盡其保障人民生命財產權、增進公共生活的福祉、維持社會秩序等職責。然而，各國對於其所應達到的最終目的、與因應其目的的統治作為與所需扮演的角色卻有消極與積極的差別。

自十七、八世紀民族國家興起至今，國家最關切的事務及所欲達到的目的在於提升人民的經濟和社會福利，但不同的思想淵源之下，各國著眼的面向、做法有很大的不同，產生了不同的國家控制程度。由僅執行基本保家衛民功能的消極、被動角色，到進行全方面監督控制的積極、強制角色，其間可分為最小化國家、發展式國家、福利國家、集體主義國家、極權主義國家五類。

最小化國家：國家作為守夜人

最小化國家指的是國家只需維持人民基本生存條件與社會的安寧秩序即可，不需監控人民經濟活動，或是推動大型的社會福利計畫。最小化國家運作時，只負責基本行政、警察、司法和軍隊等功能，以預防或抵抗外在侵略，其他經濟、社會文化等問題都不予介入，放任人民自由發展。其思想淵源為十七、十八世紀的古典自由主義，當時市場機制正在建立，自由主義者主張應由人民自行努力創造財富，進而使整個社會經濟繁榮，政府若積極干預，反而打亂市場機制、降低效率與生產力，導致成長緩慢的反效果。如自由主義思想家洛克主張國家應擔任「守夜人」的角色，意即除非個人權利與自由受侵害、或是生命安全有疑慮，否則絕不介入人民的生活。這類的國家的典型是十九世紀的英、美，當時政府重視個人的自由與自主發展，對產業的控制很少。

發展式國家：國家主導經濟

發展式國家主張國家應該介入、甚至主導經濟與工業，以利經濟繁榮與跨國競爭。其運作為國家與企業結合，推動一系列的建設與投資，使經濟能迅速起飛。

其起源於十九世紀德、日等較晚進行現代化、工業化的國家，在國力亟待拓展之下，興起民族主義與保守主義思維。民族主義者希望國家能急起直追、盡可能快速發展，無法如同最小化國家一般採放任態度；保守主義者則認為國家有責任照顧人民的生活、維護其利益，因此經濟的發展自然不可忽視。例如日本自十九世紀

末明治維新開始，國家有計畫地與大型企業集團保持密切往來，要求財團配合其投資發展，國家則給予特殊優惠（如優惠稅率）以利企業向海外發展；二十世紀中期則有亞洲四小龍，新加坡、香港、台灣、南韓的政府在增進世界競爭力的前提下，主導或指揮有助於整體發展的策略。例如台灣於六、七〇年代設立加工出口區，以最優惠的關稅、技術取得成本，造就了更有競爭力的出口產業，被視為「台灣奇蹟」。

福利國家：國家提供社會福利

福利國家亦即國家會進行財富的重分配，向富人徵收較大量稅金做為社會福利計畫之用，以降低貧富差距。其運作時會採取累進稅率，亦即將人民的收入分為若干等級，課稅的比例逐級增高，並將稅收用於社會福利支出，如社會保險、兒童照顧、職業訓練、失業金等，使財富的分配更為公平。

福利國家緣起於十九世紀，最小化國家因過於放任經濟活動，產生嚴重貧富不均，激發了社會民主主義的思考角度，其主張國家應對社會的不公負起責任，並且透過積極干預而達成公平、平等、社會正義等目標。福利國家的概念自十九世紀德國首相俾斯麥創立的社會保險體系開始，至今以北歐國家如瑞典、芬蘭為典型代表。

集體主義國家：國家指導經濟

較福利國家的介入程度更進一步的是「集體主義國家」，採取公有財產制，將人民所有財產與資源化為國有，使人們所有的經濟活動皆納入國家的監督與控制。其運作採行「中央計畫性經濟」，由官僚釐訂出一個整體計畫，指導或制訂人民未來的經濟活動。

其緣起於十九世紀的社會主義思想，其主張勞資階級對立、貧富不均的情形是出於私有財產制之下，擁有土地、資本的資產家以低勞動條件僱用員工、坐擁大額利潤所致，應由國家統籌資本、生產等事務，使勞動成果得到公平的分配，全體社會共享福祉。現今的中國、北韓、古巴等國仍屬集體主義國家。

極權國家：國家控制一切生活

介入人民生活程度最深的即為極權國家，亦即國家除了經濟領域之外，人民各生活層面如社會文化、宗教也都進行全面的干預甚至指揮，其運作為依據某種極端的意識型態治國，使人民生活中一切思想、言論與行為完全受意識型態的指導、控制，完全奉國家之命行事，甚至願意為國犧牲。

其緣起於一、二次世紀大戰帶來社會紛亂不安，造成人民需要更大的權威者來建立秩序，於是蘇聯興起了強人史達林，訴諸極端的恐怖統治以控制人民；德國與義大利則興起了以暴力手段治國的法西斯主義，在此之下，人民的私人領域完全被消除殆盡。

國家的五種角色

	低 ← 國家控制程度 → 高				
項目	最小化國家	發展式國家	福利國家	集體主義國家	極權國家
意義	國家僅需維持社會秩序與確保個人基本生存即可，不需過問人民經濟活動。	國家為了促進工業與經濟上的成長和發展，扮演主導經濟發展的角色。	國家藉由徵稅、國庫的調度來進行財富的重分配，降低貧富差距。	廢除私有財產權，將一切經濟生活與資源的控制收歸國有，並且由國家統一指揮控制。	國家不僅對於經濟生活進行干預控制，更進而滲透到生活的所有面向。
運作特徵	●國家負責行政、警察、司法和軍隊等基本功能，以維持和平與秩序。 ●經濟、社會文化交由個人處理，國家並不涉入。	●國家官僚與主要經濟企業緊密聯繫。 ●由國家指揮投資與發展策略，以優惠措施增強企業的競爭力。	●採取累進稅率，依據收入等級課稅，逐級增高。 ●稅收用於社會福利支出。	採中央計畫性經濟，由龐大的官僚釐訂出未來的經濟整體計畫，如產品、產量、生產進度等。	由少數獨裁者完全壟斷政治權力，對於人民生活所有面向的事物進行控制。

	古典自由主義	民族主義	社會民主主義	社會主義	極權主義
思想淵源	對個人自由與自主極為重視，強調市場供需法則。	國家能趕上其他發展先進國。 **保守主義** 國家有責任照顧人民的生活、維護其利益。	應改革資本主義或工業化之下的不平等狀態，重視公平、平等、社會正義。	主張共同財產制，認為應由國家統籌資本、生產等事務，進行管理以增進公共利益。	強調人民需要更大的權威者來建立秩序。
產生背景	17、18世紀市場機制正在建立，重視人民自由與財產的保障，反對積極干預打亂市場機制。	19世紀較晚進行現代化、工業化的國家如德、日等謀求急起直追，故以與企業合作的方式介入經濟。	19世紀社會貧富不均，國家不能忽視財富分配的責任。	19世紀的資產階級握有土地、資本，以不公平的勞動條件雇用員工，賺取超額利潤。	20世紀前期戰亂頻仍，人心惶惶不安，需要權威者的引導。
實例	19世紀的英國、美國。	19世紀德國、日本；20世紀中期亞洲四小龍。	北歐國家如瑞典、芬蘭。	現今的中國、北韓、古巴等國。	史達林統治下的蘇聯、納粹統治下的德國。

國家的體制有哪些？

由於國家幅員廣大、人口眾多，除了一個統籌大政方針的中央政府外，都會設立次級政府以負責地區性的政務，並執行中央的政令。然而，由於歷史、傳統與文化的差異，各國中央與地方權力分配出現以中央政府支配地方政府的「單一國」、中央政府與地方政府分享主權的「聯邦」，以及國家為共同利益聚合而成的「國協」三種主要體制。

單一國

單一國又可稱為「單一制」國家，其國家主權的行使交由一中央政府統一施行，按所在區域所劃分的地方政府（如省政府、區政府等）其權限來自中央的委任，自主的範圍較為有限。通常由中央政府統籌行政、立法、司法權，地方政府除了部分可由地方自治的事項，如教育文化、社會福利、醫療衛生事務外，主要服從中央政府指揮行事。其運作狀況為中央政府進行全國施政的規劃，地方則由民選的地方政府以及議會負責自治事項的決策與執行，其餘皆受中央政府主導，扮演執行者的角色與功能。大部分的國家皆為單一國，如英國、日本、韓國、菲律賓、中華民國（但我國憲法對地方政府地位的保障較高）等。

單一國大多源於同質性較強的社會、或是長久以來該領土上即有單一統治者管轄，因此在建立國家時，不需要強調各地區的差異，以行政區域劃分出領土區塊，便於政府進行縱向的組織分工即可。例如，日本有單一中央政府，其下依序為都、道、府、縣以及市町村等層級，下級接受上級的領導與指揮。

單一國由於政令與權力大部分集中自中央政府，全國的施政一致性很高，可以避免出現矛盾、不公平的狀況。且中央與地方的隸屬關係明確，能夠減少兩者的衝突。但其缺點在中央政府可能過於獨斷，忽視地方政府的差異，也無法採取適合各地特殊需求的政策。

聯邦

聯邦制的國家是由數個聯邦成員（邦或州）結合而成，其主權由聯邦和各成員分享，相互支持但互不侵犯其管轄權，以一部聯邦憲法規範聯邦與各成員的權利義務。通常聯邦政府會統籌國防、外交、國家安全或是全國性經濟社會計畫等方面的權力，成員則有自行管理一般內部事務的權力，可保有自己的憲法，以及財政、稅收和對特定領域的管轄權。

聯邦制的運作狀況為各邦有各自的行政（如州政府）、立法（如州議會）、司法機關（如州法院），進行法案的審議並使其付諸實行。在聯邦層級的行政機關則有中央政府進行其所負責領域的全國一致施政；立法機關多屬兩院制，議員皆由各邦人民選舉產生，第一院（下院）代表人民、

48

第二院（上院）代表各邦，以確保各邦的權益不被忽視；司法機關則有聯邦法院負責審理州際法律糾紛、違犯聯邦層級法律案件、解釋聯邦憲法等。世界上的聯邦國家有美國、加拿大、瑞士、德國等十餘國。

聯邦制國家的社會構成較為複雜，可能含括較強的地域、族群特性，或是一些原本自主性高的小邦，因共同抵禦外侮或分享資源等合作的需要而合議組成聯邦，各原本分散的政治勢力只願意將有限的政策領域（如軍事、外交）的權力賦予中央政府，而要求保留大部分的主權。例如美國由十三個原本關係鬆散的英國殖民地獨立為十三州，為了發展商業、保護國土等需要，需要一個中央政府統籌管理，十三州遂於一七八七年組織為聯邦，且在憲法中明訂各州的自主範圍。

聯邦制的優點在於保留各邦高度的自主與獨立性，使各區域既能維持特色，也能保持全國的團結一致，例如加拿大英語系與法語系人口能結合為一個國家。然而，由於邦政府各自為政，使得一國之內有多種制度與行政措施，可能產生矛盾、衝突；而且地方各有其領導與施政方向，可能導致聯邦的解體，例如前南斯拉夫聯邦即因為各邦的種族、宗教信仰過於分歧，造成境內的衝突，終告解體。

國協

國協是由數個國家為了經濟、安全等共同利益或解決共同問題，簽訂國際條約所組織的聯盟，各國各自維持主權獨立，只有在共同利益相關事項上採取共同立場與一致的行動，彼此間不存在隸屬或層級關係。國協的決策帶有協商性質，其決議需獲得全體一致的通過才能成立，成員國若不認同國協的行動方針，也可以自由退出。關於國協的運作狀況，通常是由有一個較強勢國家為主導國，在該國內常設定期的各國部長會議、祕書處、專門委員會等機構，便於就所關切的事務進行定期磋商與協調，但僅為提供各國合作之用，沒有統一的中央政府，也沒有立法機關和財政預算，主導國對其成員也不具統一指揮之權。世界上的國協有大英國協、獨立國協。

國協制源於原本在歷史曾同為殖民地或大國轄下的小邦，在殖民母國或大國因國力衰弱，無法統治如此廣大的版圖，殖民地與小邦獨立後，為了延續原有的經濟、軍事、科技等方面合作的便利、又要保持獨立後的自主權，便產生了一個只在特定合作事項上協商共同採取行動的國協架構。

例如大英國協是英國與過去英國殖民地如加拿大、紐西蘭、澳大利亞等五十餘國獨立建國後組成，每兩年分別於各國舉辦元首高峰會，就貿易優惠、科技、英語教育合作等事務進行政策磋商。特別的是，仍有十餘國尊英國女王為象徵性的國家元首（政府首長則為各國總理），英王協調、合作的功能甚鉅。獨立國協則是在蘇聯解體後，為保持前蘇聯遺留的國防

資源及經濟合作體制，由原蘇聯加盟共和國俄羅斯、白俄羅斯和烏克蘭等國協議成立。合作方式包括定期舉行國家元首會議，一年召開兩次國防部長會議以及討論集體對外政策的外長會議等。

國協為各國只為特定目的進行合作而組成，且可退出，完全保留各國自主決策的空間，不會忽視、抹煞各成員國的主權。然而，由於主權仍由各國所有，共同決策需要各成員的支持，否則政策無以推行，因此國協本身所能發揮的效用有限。另外，國協結構過於鬆散且缺乏強制性，容易因利害關係而解體。

三種國家體制的比較

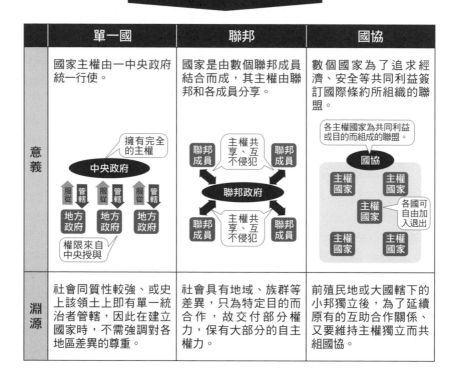

	單一國	聯邦	國協
意義	國家主權由一中央政府統一行使。	國家是由數個聯邦成員結合而成，其主權由聯邦和各成員分享。	數個國家為了追求經濟、安全等共同利益簽訂國際條約所組織的聯盟。
淵源	社會同質性較強、或史上該領土上即有單一統治者管轄，因此在建立國家時，不需強調對各地區差異的尊重。	社會具有地域、族群等差異，只為特定目的而合作，故交付部分權力，保有大部分的自主權力。	前殖民地或大國轄下的小邦獨立後，為了延續原有的互助合作關係、又要維持主權獨立而共組國協。

中央與地方權限	●中央政府統籌行政、立法、司法權，領導地方政府。 ●地方政府（如省、區）按所在地理區域劃分。 ●地方政府自主的範圍較為有限；部分貼近地方需求的事項如教育文化、社會福利、醫療衛生事務則可以自治。	●聯邦政府統籌國防、外交、國家安全或是全國性經濟社會計畫；中央與地方是互相支持、合作關係，互不侵害管轄權。 ●各邦（州）維持原有的政治勢力劃分方式，中央政府不能任意重劃。 ●各邦有管理內部事務的權力，諸如保有自己的憲法，以及財政、稅收及對特定領域管轄的權力。	●有一強大國家為主導，但與成員間不存在隸屬或層級關係，只能在國協成員有共同利益相關事項上擔任協調者。 ●各成員國皆為主權獨立國家。 ●國協的決議需獲得全體一致的通過才能成立。 ●成員國若不認同國協的行動方針，也可以自由退出。
特點	●全國施政一致性高：政令與權力大部分集中自中央政府，可維持全國施政的一致性，避免矛盾與不公平。 ●隸屬關係明確：中央與地方的關係明確，能夠減少兩者的衝突。 ●中央獨斷：中央集權常常會讓中央政府過於獨斷獨行，忽視地方政府的意志。 ●忽視地方特色：中央政府較難提出適合各地不同需要的政策。	●維持一定的自主性：各層級政府保有自主的地位與權力，使各區域既能維持特色，也能保持全國的團結一致。 ●各自為政、較難統合：各地方政府各自為政，使得一國之內有多制種制度與行政措施，可能造成人民生活上的不便。 ●中央與地方產生矛盾：中央與地方各有其領導與施政方向，產生矛盾、衝突或紛爭的可能性較高。	●保有完全的主權：各國只在特定目的下互助合作，完全保留各國自主決策的空間。 ●效用有限：國協的決策需要各成員全體一致的支持，否則無法推行，所能發揮的效用有限。 ●關係不穩定：成員國可以自由決定加入或者退出。結構過於鬆散且缺乏強制性，容易因利害關係而解體。
實例	大部分的國家皆為單一國，如英國、日本、韓國、菲律賓、我國等。	美國、加拿大、瑞士、德國等十餘國。	大英國協、獨立國協。

打破國家疆界的區域統合：歐盟

近年來，呼應國際貿易的成長、各國交流的提升，甚至跨國議題如安全、環保或人權的重視，傳統的單一國、聯邦等制度已無法有效地處理國家之間更深入、廣泛的互動，於是，一種跨越固有國家疆界的區域統合趨勢出現，成為最創新的政治架構，其中尤以歐盟為典型。

什麼是區域統合？

區域統合即為地理區域相近、已有長久交流互動的主權國家，彼此為了經濟、政治、安全上的合作而組成一個國際聯盟。其最終目標可能是統合為一個聯邦國，或是即使未達固有的聯邦般緊密、卻已形成分享各成員國主權的一個更高主權，其決策對各成員國有一定的拘束性與影響力。

區域統合的原因主要有幾方面。首先，在經濟上，各主權國家原有的國界、關稅、商品與人員移動等屏障使市場規模的擴大受限，各國為了促進經濟的發展，便協議掃除壁壘，統合為一個自由流通的市場；其次，在政治上，配合經濟的統合，各國必須有相同的法令、規範，才不致阻礙經濟活動的運作與效率，於是各國政府需要透過更高的主權來協商、調處，以使各國法令一致；第三則基於安全的需求。由於鄰近國家經常以主權之名進行領土與資源的爭奪，進而爆發戰爭、殺戮甚至成為世仇，造成無數死傷與重創，各國基於對和平及安全的珍視，決定捐棄堅持成見，在彼此間成立更高的主權，以引導各方的互助合作，達成維持和平的目的。

統合的代表：歐盟

歐洲聯盟（又稱歐盟、EU）是區域統合的先驅。截至二〇一六年八月，歐盟是由歐洲大陸上鄰近的法、義、德、荷、比、盧……等二十八國所組成。歐盟在經貿、農漁業、貨幣等方面已有共同政策，趨近一個聯邦國的體制，而在內政、國防、外交等方面則仍維持各成員國自行決定，但所推出的政策已有相當程度的一致性，政府間也會進行諸如移民、警察等制度的合作。

歐盟緣起於二次世界大戰後，各國領袖體認到戰爭所帶來的巨大浩劫、欲維持得來不易的和平，故開啟了藉由一個共同組織促進團結與和平的想法，並且希望藉由經濟規模的擴大來與其他經濟體如美國競爭。歐洲

區域統合的事例

除了歐盟外，世界上其他地區也有區域統合的類型，諸如北美自由貿易協定（NAFTA）、東南亞國協（ASEAN）、南部非洲發展共同體（SADC）等，彼此都有緊密的合作或協議關係。然而目前仍以經濟合作為主，未如歐盟已深化至政治領域，且成員間的共識也仍在建立中，故統合程度尚無法與歐盟相提並論。

區域統合的原因與結果

主權國家
A

主權國家
B

主權國家
C

...

數個地處同一區域的鄰近國家

基於

經濟統合需求

因為國界產生的關稅、商品與人員移動等限制了市場規模，為了促進經濟與貿易發展，需要建立一個自由貿易市場。

政治統合需求

有一致的法令、規範，才能增進經濟活動的效率。各國政府之間要建立更高的主權來協調體制與規範。

安全與和平需求

鄰近國家為了爭奪領土經常挑起戰端，各國決定以互相合作代替衝突。

形成

區域統合

各國合組一個擁有更高主權的國際聯盟

可能目標❶

可能目標❷

聯邦

各國統合為一個聯邦國家，聯邦政府與邦政府共享主權。

創新的政治體制

創造出未達固有的聯邦政府的功能、卻已有一定強制性與拘束力的更高主權。

各國便由經濟上的互助合作開始，進而擴展至政治上的統合，至今歷經六十餘年統合進程，形成特有的運作方式。

　　歐盟的運作有賴一套類似一國中央政府的行政、立法、司法機構，其權限及職能仍未如中央政府般完備，尚在不斷創新及發展中。目前歐盟的主要機構有歐盟執行委員會、部長理事會、歐洲議會、歐洲法院。歐盟執行委員會即為行政機構，由各成員國指派一位委員組成，負責擬定法案、預算，並負責監控各國確實落實政策；理事會則相當於決策機構，由各成員國指派的部長所組成，其任務為協調各國家間事務、制訂歐盟法律、審查預算草案，重要決策需要全體一致同意以尊重各國主權；歐洲議會則是監督機構，議員由歐洲各國公民選出、五年一任，負責監督執行委員會的運作、以及批准預算、通過法案、考核各國人權保障實施狀況；歐洲法院則由各成員指派的法官組成，職責在解釋歐盟法律、確保歐盟法律付諸實踐。

　　舉例而言，因應歐盟各成員國對環保的重視，歐盟執行委員會提出一項新歐盟環保標準法規，向歐洲議會及理事會提案，此二機構通過該法規，則該法規生效。執委會則監督各國議會將該法令轉化為各國國內法律，及其執行狀況。歐洲法院則可負責解釋該法規，以避免各成員國的法院對同一條法規做出不同裁決，產生適用上不一致的問題，且受理該法規引起的糾紛案件。

歐洲統合的進展與考驗

　　歐盟發展至今已有相當的成果，其一為減低戰爭的危機：統合使歐洲各國打破狹隘的國界與主權觀念，創造出相互合作的新架構，在彼此依賴之下，戰爭或大型衝突幾乎不可能再發生；二為擴大經濟規模：單一市場建立後，歐洲各國逐漸繁榮與成長，成為世界第一大經濟體、歐元則為第二大貨幣，具有左右國際經濟局勢的地位；三為建立歐洲認同：在戰後美、蘇兩大強權相爭時，歐洲以統合的方式建立認同與信心，在國際上仍維持絕對的重要性。然而，統合也遭遇幾項考驗，一為忽視各國特殊需求：由於歐盟成員國有各自的利益與需求、經濟發展狀況不一，很難完全顧及；二為難以建立政治忠誠：由於各國民族、語言、文化等差異甚深，各國人民對於歐盟是否已建立了真正的忠誠與認同，也備受質疑。

里斯本條約的通過

二〇〇七年歐盟的會員國簽署相當於歐盟憲法的「里斯本條約」，並於二〇〇九年正式實施，象徵著歐洲聯盟朝向更具體的政治實體與統合之路邁進。里斯本條約設立了「歐盟理事會常任主席」為最高行政首長，相當於歐盟總統；以及「歐盟外交和安全政策高級代表」，負責主持歐盟國家日常的外長會議、協調歐盟外交政策，相當於歐盟的外交部長，使得歐盟在全球國際事務上決策更具統一性及影響力。

歐盟統合的歷史發展

年份	事件	意義
1950年	荷、比、盧、法、德、義六國成立歐洲煤鋼共同體，進行煤、鋼、鐵礦的產銷合作及管理。	創建六國間初步的共同市場，成為日後統合的基礎。
1958年	六國外長在羅馬簽訂了建立歐洲經濟共同體與歐洲原子能共同體的條約，取消會員國間關稅，促進會員國間人力、商品、資金、服務的自由流通。	消除成員國之間的經濟障礙，經濟的統合度提高。
1967年	六國將歐洲煤鋼共同體、歐洲原子能共同體和歐洲經濟共同體合併，稱為「歐洲共同體」。	三組織的統合象徵著整體性的提升。
1972年	愛爾蘭、英國、丹麥、希臘、葡萄牙及西班牙等國先後加入歐洲共同體成為會員國。	歐盟幅員逐步擴展。
1991年	「歐洲經濟貨幣聯盟」建立。	發展單一貨幣，代表各國經濟、財政的統一性更高。
	「歐洲政治聯盟」建立。	共同發展外交及安全政策，加強司法及內政事務上的合作。
1993年	「申根條約」通過，消除過境關卡限制。	
	歐洲共同體更名為歐洲聯盟。	會員國間國界消除。
2002年	歐元正式啟用。	成為僅次於美元的第二大貨幣，歐盟整體經濟實力大增。
2003年	歐盟進行首度東擴，邀請賽普勒斯、匈牙利、捷克等東歐國家加入。	
2007年	歐盟二度東擴，羅馬尼亞、保加利亞加入。	新成員國與歐盟國家的經濟發展水平有差異，造成整合的摩擦。
2009年	歐盟創立「歐盟理事會常任主席」（或可稱歐盟總統）以及「歐盟外交和安全政策高級代表」（即歐盟的外交部長）。	象徵歐盟朝向更具體的政治實體與統合之路邁進。
2015年	冰島於2015年3月宣布放棄加入歐盟。	為歐盟的整合增添變數。
2016年	英國舉行脫離歐盟公投。脫歐陣營以51.7%的得票率獲勝，將開始協商，達成退出歐盟協議。	

Chapter
03
意識型態

　　人們在認知、理解所處的政治生活、審視政治秩序時，並非完全無所成見，而是立基於某一套既定的理念和價值觀，也就是「意識型態」，藉以了解、判斷政治運作的結果，並使未來朝向符合其意識型態的方向發展。例如主張個人自由與人權的自由主義者會支持主權在民、鼓勵政治參與的民主憲政制度；相對地則會對強調為國家奉獻犧牲、歧視特定族群的法西斯主義難以苟同。除自由主義外，諸如社會主義、民族主義、基本教義派、女性主義等當前主流的意識型態，皆成為其支持者的思想與行動準則，甚至因彼此立場、目標的衝突，成為引發政治紛爭的導火線。

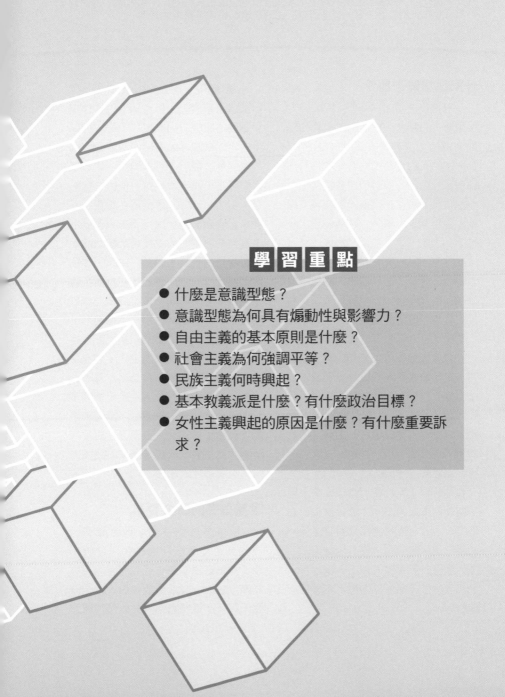

- 什麼是意識型態？
- 意識型態為何具有煽動性與影響力？
- 自由主義的基本原則是什麼？
- 社會主義為何強調平等？
- 民族主義何時興起？
- 基本教義派是什麼？有什麼政治目標？
- 女性主義興起的原因是什麼？有什麼重要訴求？

意識型態：思想、信仰、力量

人類社會中，不論個人或群體的政治行為，背後都有著某種固定取向的觀念、思考方式，也就是「意識型態」的指引。意識型態可以吸引人們的認同與追隨，進而凝聚為一股強大的政治力量，甚至引爆一國的政治紛爭或是國際的衝突。

什麼是意識型態？

意識型態是指一套深具感染力與說服力的觀念，它能引起人們的信仰與追隨，進而得以驅動其政治行為。由於人的行為模式必然植基於某種想法、思想，進而引起各種行動，思想代表人的存在價值，人會為了捍衛思想而奔走、奮鬥、甚至願意以身殉道。因此，只要是策動群眾才能完成的志業，無論發起者是學者、政治人物或是野心人士，發起的動機不論是成就偉大理想，或是滿足獨裁者私欲，皆會以建構意識型態的模式激發人們做出符合發起者意志的行動。

其運作過程首先必先編製一套縝密、足以取信於人的觀念吸引群眾。這套觀念包括了觀念的根本依據，例如預設人性為自利或利他等為出發點，以歷史的發展進程為論據，再延伸到政治安排與社會生活方式……等，以此相互連貫成一系統的觀念，完整地解釋人類社會的發展來由、目前處境與未來的去向。透過撼動人心的表述方式，使其像宗教對其信徒一般吸引民眾的信服，將其視為信仰，進而願意為了效忠而做出各種行為，發起者便是透過這樣的模式和歷程達成目的。

意識型態一詞的提出始於十八世紀法國大革命時，但意識型態的作用和影響，在歷史中即屢見不鮮，例如中古世紀歐洲，君王將宗教觀念引入政治制度，提出「君權神授」使人民服從其指示而不敢反抗。值得一提的是，當人民信仰的舊價值在現實中瓦解、社會動盪時，更可看出人們為解決遭遇的處境而亟欲投入某種意識型態所凝聚出的強大力量。此時，種種挑戰舊制度的意識型態往往更能招致不滿現狀者的認同，甚至群聚力量形成發動革命的趨勢。十八世紀至今，影響最深遠、最重要的意識型態包括了重視個人自由的自由主義、強調平等的馬克思主義與社會主義、著眼於民族認同與自決的民族主義、強調宗教領導政治的基本教義派，以及主張兩性政治平權的女性主義等，對當代政治生活型態，及許多國家的政策方向都有關鍵性的影響。

意識型態的五大要素

美國當代學者蘭尼對意識型態的內涵進行系統性地研究、分析之後，提出意識型態有互相連貫的五項要素，包括一套價值觀和對人性的概念，以及在這樣概念下對政體的理想

意識型態的發展與作用

有政治願景的主事者

意欲改變政治現狀的學者、政治人物或是野心人士，需要能挑動群眾的工具。

18世紀末王權專制之下，有思想家興起支持個人自由、保障人權的想法。

提出特殊的思想

主事者藉由提出特定的想法、思考方式、價值觀來說服眾人、深入人心。

思想家提出主權在民、擺脫專制王權，應對抗不尊重個人的參政權的政府，該思想即後世所稱的「自由主義」。

引發群眾支持

社會動盪、人心不安時，該想法更能吸引群眾的信服與支持。

例企望自由的大眾相信應推翻腐敗的王室、建立共和的想法。

改變政治現狀

在主事者的引領與追隨者的行動下，舊政治環境一舉革新。

例法國大革命一舉推翻王權，創建全新的民主政府。

產生政治行動

大批群眾會為其所用，做出符合其思想與意志的政治行動，如革命。

革命黨人以自由、平等、博愛為理論基礎發起法國大革命。

意識型態

可用以感染眾人、願意全心追隨的思想、價值觀，使人產生行動以迄及該思想所指出的政治與社會願景，使政治環境全盤更新。

例自由主義重視個人自由與權利保障、社會主義強調平等、民族主義則著眼民族意識與認同……，這些意識型態一再改寫政治的型態。

願景。另外，也包含能實現願景的一套行動策略和戰術：

①**價值觀：**價值觀亦即對政治事務的評價與所欲追求的目標，為了達到終極目標，可以犧牲其他的事物。例如，起於對王權壓迫不滿的自由主義者重視個人權利，認為個人政治、經濟自由等人權保障是一切的根本，為了伸張個人自由，可能必須犧牲平等或其他價值。

②**對於人性的概念：**意識型態對於人性（如人的本質為競爭或合作、需求為自利或利他等）有獨特的體認，進而打動訴求對象並影響其對個人、社會和國家應有安排的看法，因而形成了不同的政治主張。例如馬克思主義認為人樂於互助合作，廢除私有財產制、財產公有共享才是發揚人性本質的最好方法。

③**對於理想政體的願景：**將價值觀和對人性的概念具體化於政治秩序的安排之上，描繪出該意識型態對理想政體的願景。例如，馬克思主義視無產階級主政為其理想中的政體，相信總有一天私有財產制和階級都會消失、國家也不復存在，群體事務則將交由無產階級來合作與管理。

④**一套行動策略：**策略是指獲取勝利的基本方針。為了使意識型態不淪為一種抽象的口號，每種意識型態都必備有改變現狀、實現理想的行動策略。以女性主義的行動策略而言，女性主義強調女性的角色，認為女性應從私領域跨越至公領域，才能打破過去傳統上由男性主導與壟斷的政治。又如自由主義以推翻專制和封建制度，建立重視個人權利與尊重市場機制的政府為行動策略。

⑤**一套政治戰術：**從意識型態的行動策略進而形成政治戰術，做為實現策略的手段。以女性主義為例，其策略是跨越公私領域、打破男性主導，戰術就是透過擴張政治範圍、鼓勵女性參政、設立女性保障名額等方式；自由主義則是透過政治革命推翻舊政體，並透過訂立憲法進一步確保個人自由。

孫中山對意識型態的定義

孫中山曾為「主義」、即意識型態的同義詞下了貼切的註腳：「主義是先由思想再到信仰，次由信仰生出力量，然後完全成立。」點出了意識型態起因於人們對某種理念深刻認同，產生莫大的信心，最後激發出一股實現理念的力量。透過意識型態的召喚與動員，追隨者可能會採取比較激烈的行動，甚至為整個政治環境帶來巨大的改變。

意識型態的五大要素

1 價值觀

意識型態會有其追求的理想、終極價值,為了達到目標,可以犧牲次要的價值。

> 例 馬克思主義著眼於工業革命勞工所遭受的待遇不公,因此強調合作、平等的價值。

2 對於人性的概念

對於人性的善、惡本質有特殊的體察,進而影響看待個人與社會關係的角度。

> 例 馬克思主義認為人性蘊含合作、互助的本質,財產公有共享才能切合人性。

3 對於理想政體的願景

將價值觀與人性概念具體化於政治安排上,描繪出理想政體的樣貌。

> 例 馬克思主義相信私有財產制和階級終將消失,視無產階級專政為理想的政體。

4 一套行動策略

意識型態會有一套行動的方針,也是使理想政體能落實的策略。

> 例 馬克思主義主張將所有的群體事務都交由無產階級來合作與管理。

5 對於一套政治戰術

為避免成為空談,必須研擬政治戰術,即行動策略實現的手段。

> 例 馬克思主義主張透過階級鬥爭的方式徹底廢除私有財產制。

意識型態①：自由主義

現今民主國家所擁護的意識型態多為自由主義，其以個人主義為出發點，強調人類潛能的自由發展；在政治的面向上主張民主政治，由人民統治以保障個人自由；在經濟的面向上則主張資本主義，強調私有財產與自由市場的重要性。其龐大的影響力催生了美國獨立、法國大革命，至今已蔚為主流。

自由主義的意義與興起過程

自由主義是以個人自由及發展為目的、反對國家權力對個人自由的過度干涉，主張解除社會、經濟制度對個人束縛的意識型態。其淵源於十六、十七世紀專制王權對人身自由的束縛，以及羅馬教廷權威對於信仰的干預，激發了爭取個人生命財產權、發揚個體價值的「啟蒙運動」，衍生出自由主義重視人權的基本概念。順此，在政治上發展出政府的主要功能在於保護個人的權利、本身權力不應過大的「有限政府」觀點，並於憲法中訂定政府的設計，以權力分立（行政、立法、司法三權分立）或是兩院制（上議院代表貴族、下議院代表平民）的監督、制衡機制，以防政府權力過度集中。

自由主義藉由理念的宣揚，在十八世紀末催生了北美洲殖民地脫離英國獨立，成立第一個民主共和國；以及法國大革命推翻了君主與貴族制度，以人民組成議會代表並賦予男性投票權。自此，無論是思想或是實踐層面都趨於成熟，發展至今，已是西方國家主流的意識型態。

以個人主義為思想基礎

做為一種已然深入人心的意識型態，自由主義以個人主義為堅實的思想基礎。個人主義主張「個人」是最重要的單元體，強調個人價值與人格尊嚴的重要，每個人都有同等價值及獨一無二的特色。在此之下，個人的利益與存在價值更重於社會的利益與存在價值。因此，一切社會或政治制度都是為了實現個人目標所設立，而非反過來做為控制人類行為的工具，更不應有限制或束縛個人發展的制度。

以個人主義為核心的自由主義則提出了強調個人權利、人人平等的主張。認為國家的職責僅為保護個人自由不受外力侵害，其權力若無限制的擴張，則可能淪為暴政、反過來侵害人權。此種概念反映在自由主義對於立法保障人權的重視，如美國獨立和法國大革命後，各自宣告了保障人民基本權利的「權利法案」和「人權及公民權宣言」，宣告自由、財產、安全和反抗政府壓迫是天賦人權，並保障了言論、信仰、著作和出版等自由。

以民主主義為政治取向

自由主義在政治面向上主張民主主義，即統治者的權力建立於被治者同意之上，而非傳統的君主或貴族特權階級根據個人意志統治。政治運作則是以「代議政治」為原則，透過

自由主義的源起及演進

封建、專制體制		個人自由不受重視		啟蒙運動
～16世紀				**16、17世紀**
歐洲處於封建、專制體制，王權極大且羅馬教廷有干預信仰的權威。	造成 →	個人的生命、財產權及人身自由可能被剝奪，亦無宗教信仰的自由，激發人心不滿。	激發 →	思想家開始提倡個人價值，衍生出自由主義重視自由、人權的基本概念。

自由主義

- ●以個人自由與發展為最高價值。
- ●經濟上主張市場自由。
- ●政治上反對政府干預人民生活，因而提倡權力不過大的 「有限政府」。

↓ 激發

激起革命風潮	民主政權成立
18世紀末	**18世紀末～**
美國獨立戰爭脫離英國殖民、法國大革命推翻君主、貴族制度，實踐自由主義的理念。	成立民主府取代君主專制，為避免政府權力過大，在憲法中訂定權力分立、制衡機制予以防範。

發展

自由主義發展成熟，成為西方主流的意識型態。

↓ 演變

融入政府更積極提供社會福利的概念，使自由主義的關照面更為廣泛。

定期選舉的方式選出代表來進行公共事務的決策。每位公民在「一人一票，票票等值」的平等前提下參與投票，並根據投票結果決定出執政者，執政者則需以民意為施政依歸，並履行其競選政見；若有違民意或施政不力，在下一次選舉中即可另擇適任者取而代之。如此，即可確保由人民自行統治的立意。以英國為例，英國由五年一次的下議院選舉的多數黨或多數聯盟組成的內閣執政，無論是任期屆滿、或是期中被倒閣，皆須重啟大選，使執政者維持由多數同意的民主基礎。

以資本主義為經濟取向

在經濟面向上，崇尚個人自由的自由主義則採取保障私有財產、維護市場自由運作的資本主義。資本主義認為人有自利的本性，由個人或企業各自追求利益才能創造更大的利益與社會的繁榮，因此認為絕大部分的資本（土地、生產工具等）應歸私人所有、而非公有共享。握有資本者藉著僱用勞工的方式生產商品並出售，創造利潤。在這種制度裡，生產何種商品、價格、數量等的決定都必須出於市場機能，即依據供給及需求自我調節來決定，不能受外在的強迫或影響，否則將限制了生產效率與經濟發展。此種思維反映於政治運作上，則需要一個維護個人的財產為宗旨，不過度干預人民經濟活動的政府，以確保市場的自由運作。在此之下，政府的職責主要在於負責維持交易秩序、制訂法律確保契約執行，又稱為「自由放任」式政府。

然而，自由主義發展到了十九世紀末，極力降低政府干預程度的觀點則有了部分轉變。由於貧窮、失業、文盲等社會弊病叢生，自由主義者認為國家應該要扮演更積極的角色，特別是社會福利的提供，才能維持成長與繁榮。現在大部分自由主義國家都採取資本主義做為基本取向，但對政府的干預限制程度則有放寬。

自由主義的貢獻與弊端

自由主義發展至今，首要的貢獻即為提升個人的價值。基於對個體性的尊重，個人的發展不會受其他權威如宗教、王權或貴族所控制或壓抑。其次則為對抗專制政府。自由主義提倡自由、有限政府、統治者必須基於被治者同意等觀念成為對抗專制王權或是獨裁者的進步力量，並促動了專制權威的瓦解。第三為自由經濟的建立。在崇尚自由競爭、減少政府干預之下，人們能發揮長才、獲取財富，使社會繁榮發展。

然而，其弊端則在於其以自由為最高價值之下，忽略了平等的議題，尤其是在自由的市場經濟中，競爭者的立足點並不是公平的，如資本家與勞工、大企業與中小企業處在不平等的地位；在不公平的競爭下，其結果也不是公正、合理的。因此，自由主義的內涵也隨之更新，轉而以社會政策保障弱勢團體的生存與處境。

自由主義的內涵

思想基礎：個人主義

以重視個人價值、強調個體性的個人主義為核心，進而提出保護個人自由、限制政府權力等政治主張。

個人主義以個人為最重要的單元，重視個人價值、尊嚴及獨特性。 → 個人的利益與價值大於社會的利益與價值。 → 社會或政治制度都是為了實現個人目標所設立。 → 自由主義主張限制國家的權力範圍以保護個人自由不受侵害為限。 → 制訂法律保障人權，如美國的「人權法案」、法國「人權及公民權宣言」。

政治面向：民主主義

統治者的權力建立於被治者同意之上，以定期選舉的「代議政治」為落實機制。

民主主義以人民為政治決策的依據，政府的權力應來自人民授與。 → 統治者的職權來自被統治者的同意。

代議政治

人民選出代表進行公共事務決策的運作模式。

定期選舉民意代表與政治領袖。 → 依據「一人一票，票票等值」原則。

計算票數決定出選舉結果。 → 執政者以民意為施政依歸，履行其競選政見。

經濟面向：資本主義

採取重視私有財產與自由市場的資本主義，認為國家應保障個人的財產，但不應過度介入經濟活動。

資本主義認為人有自利的本性。 → 讓個人追求自利才能創造更大的利益與社會的繁榮。

資本應歸私人所有，資本持有者雇用勞工生產商品，創造利潤。 → 商品、價格及數量等都由市場的供給及需求調節來決定。

自由放任式政府

極力降低政府干預程度，政府的職責在維持交易秩序、制訂法律確保契約執行，其餘不主動涉入。

19世紀末，基於貧窮、失業等社會問題，國家開始在福利的提供上扮演更積極的角色。

意識型態②：社會主義

由於資本主義發展造成的失業、貧窮等社會問題，崇尚平等的社會主義者起而批判，意圖以消除貧富差距、階級剝削來達成社會經濟的平等。其主張國家則應推行社會福利政策、協助弱者生存，以保證人民能維持基本生活的條件，才是社會穩定與團結得以實現的基礎。

社會主義：因批判資本主義而起

社會主義主張個人的生活及一切行動皆以其所處的社會為起點，致力於建構一個符合平等、正義原則的社會，才能真正改善人的處境，例如改革不平等的經濟環境、提供福利，照顧弱勢等。由於十七、八世紀工業革命在生產技術上的躍進，造就了少數以機器設備、廠房等資本大量生產商品的「資本階級」；大多數的農民與手工業者沒有資本，只能轉而成為受雇於資本家的「勞動階級（無產階級）」，領取微薄的薪資。資本階級更進一步地成為政府官員，控制了利潤分配、勞動條件等法令的制訂，使無產階級無法翻身，造成階級壓迫與剝削、貧富差距擴大、社會嚴重對立等流弊。

十九世紀時，社會問題益發嚴重，馬克思等理論家提出社會主義為勞動階級發聲，以改變經濟剝削的現狀、消除階級的區隔、公平分配財富來達成平等。其手段不一，有較為溫和的社會主義改革派，如現今歐洲的社會民主政黨。其主張在原有的資本主義架構下，一方面節制資本過度擴張，另一方面以改善勞工的工作條件、提高工資、成立工會或勞動政黨等方式使勞資關係趨向平等，並以福利政策、財產重分配等方式消除貧富差距。較為激進者如俄國布爾什維克黨（俄國共產黨），則主張以無產階級革命的方式推翻造成不平等的資本主義和私有財產制，由受壓迫的無產階級進行統治，建立不再有剝削的共產社會。歷經蘇聯解體、東歐共黨政權被推翻後，激進的主張較為衰落，目前社會主義以改革派為主流。

以合作、平等為核心價值

相較於自由主義崇尚個人價值，社會主義則重視人的社會性，認為人類有結合成社群的天性，藉由和社會互動、擁有某種社會身分或加入某個群體，以找到自己的認同與歸屬感。在此之下，人們會相互合作，運用集體的力量達成社群的共同目標、同時獲得自我成長與自我實現。因此，不管種族、性別、能力或階級的差異，人類都應該生活在平等的社會狀態中，才能強化彼此的認同，通力合作達成共同目的。

其中，更首重經濟上的平等。其原因為經濟上的基本需求如食物、住居、醫療等是人存活的前提，若連基本需求都無法滿足，更無須奢言其他的需求。因此，人們會發揮互助合作的本性，以達到經濟平等的目的。例如資本主義興盛的十九世紀，因物價

社會主義的歷史發展

工業革命
17世紀
生產技術突飛猛進,可以機械大量生產商品,不需耗時費力的手工製作。

資本主義
17、18世紀
資本家握有機器設備、廠房等資本,雇用勞工在生產線上操作機器,產出商品。

社會問題

階級剝削
資本家出售商品賺取龐大利潤,勞工則領取微薄薪資、且隨時可能失業,造成階級剝削的惡果。

貧富差距
資本階級快速累積財富、勞動階級卻難以溫飽,形成社會上貧富極度不均的景象。

社會的不平等
貧者愈貧、富者愈富的不平等狀況益發嚴重。

社會主義

提倡以社會改革改變經濟的不平等、公平分配財富來謀求全社會共同的福祉。

手段1

手段2

改革派
- **節制資本**:防止產業過度兼併、財富過度集中
- **改善勞工地位**:組織工會或勞動政黨,以民主的方式爭取勞工福祉。
- **消除貧富差距**:以福利政策、財產重分配等方式縮小貧富差距。

德、法、義等國的社會民主政黨屬之,為社會主義的主流。

激進派
- **發起革命**:成立革命組織或政黨推翻資本主義舊政權和私有財產制。
- **建立共產國家**:建立採行共產制度、不再有階級對立的新國家。

前蘇聯、東歐屬之,自20世紀90年代共產政權瓦解後勢衰。

過高，勞工生活困苦，因此刺激了以互助而非營利為前提的「合作社」發展，勞工自發性地組織合作社，聯合出資大量買進民生必需品，並以低價售予社員，達到互利與調節經濟差距的成果。

以福利國家為達成平等的手段

社會主義設計了一套促進社會平等的制度，以達成對弱勢者的關懷以及對平等的訴求，因此又稱為福利主義。主要由三方面進行：其一為進行財富的重分配，亦即以累進稅率向富者徵收較重的賦稅，縮小貧富差距；其次為以賦稅支付福利開支，供給國民住宅、社會保險、失業救濟等來改善人民的基本生活品質；其三則為提供免費教育、職業訓練、醫療保健等，強化勞動與健康素質，以提高就業率與經濟發展、防止經濟成長的衰退。在此之下，富人願意繳交更多稅收來支應福利所需，以保有完善的社會福利措施及高品質的生活環境；窮人也能在基本生活的保障與充分就業之下，得以脫離貧困。如此一來，整體社會的安全、秩序與福祉皆能提升。例如北歐的丹麥、瑞典等國即是完善的福利制度的代表。

社會主義的貢獻與弊端

社會主義的人道關懷與追求社會整體福祉的信念，糾正了資本主義發展所帶來的階級不平等的困境；然而也不免招致了一些批評。其一為福利政策會導致行政權膨脹：由於政府過度介入經濟的運作、干預市場，使人民失去自由與自主權。奧籍經濟學家海耶克即寫成《到奴役之路》一書，指出強而有力的政府會走向極權專制。其二為成本過高：各種福利開支使政府負擔沈重，尤其當經濟不景氣，導致失業率升高、福利支出激增；但企業獲利不佳以致稅收減少，將會發生財政困難的窘境。其三為稅賦過重：為了支撐龐大福利支出所徵收的高稅賦將降低工作意願、使投資活動趨向停滯，將難以達到福利主義發展經濟與消滅貧窮並行的初衷。

自由主義與社會主義對平等的看法

社會主義者要求社會經濟條件的平等，由消除階級上的差距著手；自由主義者則重視形式上的平等，如法律地位、政治參與、競爭機會的平等，卻認為社會經濟的平等將威脅到人的競爭行為發展、且有違人的自利本性。

社會主義的思想內涵

以合作與平等為核心價值

社會主義強調人與人之間的互助合作而非競爭關係,進而產生社會、經濟地位應一視同仁的政治主張。

人具有社會性
人類擁有結合成社群的天性,必須在社群中彼此依賴、互動,才能找到自己的認同。

彼此互助合作
人們會互助合作,一起達成社群的共同目標,且藉此獲得自我實現。

追求平等
唯有處於平等的社會狀態中,人們才會彼此認同,為共同目的攜手合作。

特重經濟平等
經濟的基本需求滿足是人類生存的根本,應以經濟的平等為首要目標。

以福利主義為達成手段

以「福利主義」提供社福措施的方式消除階級差異、促進社會平等,讓社會中每個人都獲得充分照顧。

財富重分配

採累進稅率
課稅依其收入水平分成若干等級,所徵收稅額逐級增高。

縮小貧富差距
藉由稅額縮小貧富不均的情形。

提供完整福利

社會福利
供給國民住宅、社會保險、失業救濟等福利措施。

脫離貧困
人民的基本生活品質獲得改善。

提升經濟

提高勞動素質
提供免費教育、職業訓練、醫療保健等,強化勞動力。

經濟繁榮
提高就業率與經濟的繁榮發展。

富人
為了生活品質,富人願意納較多稅賦來支應福利所需。

窮人
在社會福利的支援與充分就業之下,得以脫離貧困的處境。

提升整體社會的安全、秩序與福祉

意識型態③：民族主義

自由主義崇尚自由，社會主義珍視平等，民族主義則強調人對民族的依附以及認同，並主張以民族為基礎建立國家，自行決定政府和其他政治安排。這種思維導致了法國大革命的爆發，也劃定了現今民族國家的版圖形貌。

發軔於法國大革命

以維護民族利益為基本原則的民族主義，是由客觀與主觀兩大要件組合而成：客觀要件為某一群具有共同根源與傳統的人組成民族；主觀要件則是這群人對於民族懷有歸屬感與認同感，並願意受民族的動員與號召進行一致的政治行動。

民族主義起源於歐洲民族國家創建的十六世紀。當時處於地方勢力割據的封建時期，領主和封臣之間互有保護與效忠的封建關係，一般人民則不具有民族意識或是認同。在此之下，君主不甘勢力受限，興起整合境內統治權、削弱領主勢力的意圖。另一方面，中產階級則有統一法規、稅制以利工商發展的需求，在中產階級支持下，君王逐漸剷除封建勢力，催生了主權單一的民族國家。此時，為了凝聚人民的向心力，便於政策的推行，君王統一國內語言、推行國語文學、建立單一宗教信仰等，使國內人民產生了特定的民族認同感，僅對所屬民族效忠而非其他民族。

民族主義的傳布則是十八世紀法國大革命之時，歐洲聯軍欲弭平革命而進軍法國，革命政府為動員全國人民，將法國描述為「自由、平等、博愛」的先驅，代表進步與開明的一方；而歐洲國家則代表壓迫與不公義，亟待啟蒙與解放，並傳頌慷慨激昂的「馬賽曲」振奮民心；這種宣傳方式激起全民保護、效忠甚至弘揚國家理念的心理，起而從軍。民族主義此時才算首次實踐，並進一步隨著法國軍隊將民族主義的理念散播到全歐洲，促成了十九世紀義大利、德國由分立的小邦統一為民族國家；更帶來各國為了增進民族威望與財富所進行的殖民地擴張等巨大政治變動，足見民族主義的衝擊性與影響力。

以民族意識為核心理念

民族主義的基礎是民族成員間共通的感情，也就是「民族意識」。其認為民族的成員基於同樣的血緣、或是住在某一地域、共同語言文字、分享共有的傳統、或信仰同一宗教……等因素，藉由公民教育、大眾傳播等政治社會化的手段，激發出歸屬於同一民族的認同感，並進而建立民族意識，產生民族忠誠、向心力及愛國心等情感依附關係。

民族意識平時可發揮促進社會凝聚、維持秩序及穩定的功能；而當某種政治運動發起、需要民族成員的共同支持時，民族意識更可做為號召成員響應的利器。例如，美國涵容了來自歐洲的白人、非洲的黑人、原住民族印地安人以及其他區域的各色人種

民族主義的歷史發展

歐洲 封建勢力割據		君主勢力 受限		中產階級 經商不便		整合分立的 勢力
中古時代～16世紀 歐洲各領地皆有領主，領主再分封領地予其下的封臣，呈現地方割據的分裂狀態。	造成	君王無法直接管轄全境。	＋	法規、稅制眾多造成經商往來的阻礙。	需要	16～19世紀 歐洲君主與中產階級出現整合地方勢力的需求。

君主意圖削弱領主勢力，一統境內統治權。

中產階級希望能統一法規、稅制以利工商發展。

目的

民族國家與民族認同
君主成功剷除割據勢力，成立民族國家，國內人民也形成民族認同感，只效忠所屬國家、排除他國。

← 形成

凝聚人民的向心力
藉由統一境內語言文字、發揚國語文學、建立宗教信仰等，使人民產生民族向心力，便於整合的進行。

出現

民族主義
崇尚民族的價值、維護民族的光榮與利益的政治主張。

客觀要件　民族		主觀要件　認同
一群具有相同根源、傳統的人共組民族。	＋	人們認同民族，並願意為受其指揮、動員。

強化

法國大革命　18世紀
歐洲聯軍進犯進軍法國時，革命政府以民族主義為動員人民保家衛國、宣揚國家光榮的工具。

強調法國「自由、平等、博愛」的理念優於歐洲國家，應啟蒙與解放他國。	在前線傳頌慷慨激昂的「馬賽曲」激勵軍心。

傳播

民族主義的思潮傳布至全歐洲

移民，但在都居住於美國、受同樣的公民教育、一起慶祝獨立紀念日或是緬懷先賢……等共同的記憶中，逐漸形成民族意識，認同彼此皆為美國同胞，且為其民主、自由的傳統為榮；因此當危機發生如日本偷襲珍珠港、九一一攻擊等，民族意識可以迅速團結全國上下，做出捍衛民族生存的抵抗行動，如起而抵抗外來進犯。

以建立民族國家為政治手段

由民族意識的觀點看來，由於民族意識驅使成員自認為同屬一個民族、且產生深厚的民族情感，在此之下，國家這個做為公共事務處理最首要、最權威的政治單位也應由單一民族組成，人民才能在一定的同質性基礎下建立更良好的秩序，且使政府的權威更為正當；若多元民族共組國家，難免會缺乏認同感而無法團結一致、政府施政也有困難。因此，成立由一個民族所組成的「民族國家」成為民族主義最主要、最合理的政治手段，可能形成民族統一、擴張或獨立三種方式：

●統一：亦即單一民族由零散、分離的狀態統合為一個國家。例如十九世紀，民族主義激起歐洲小邦統一為民族國家的浪潮。當時居住於德意志地區一帶的日耳曼民族分立為許多個小邦，且受丹麥、奧地利及法國等強權所控制，在民族主義的影響下，日耳曼人開始發揚自身的民族文化及傳統，如格林兄弟蒐集民間故事、華格納採集古代詩歌等，人民因而產生日耳曼民族意識，最後在其中最強大的普魯士領導之下，陸續發動

普丹、普奧、普法戰爭，使日耳曼民族脫離他國控制，至一八七一年宣告完成統一，成立德意志帝國這個民族國家。

●擴張：亦即民族國家基於對民族利益與光榮的憧憬而積極向外擴張領土的行為。例如十九世紀英、法、德等歐洲強國以建立國家榮耀之名進行海外擴張，對亞、非、拉丁美洲進行殖民，民族主義遂化身為侵略性的帝國主義，各國為爭奪資源而引起衝突，甚至引發世界大戰。

●獨立：原本的殖民地或受控制領土受民族主義影響，起而提倡「民族自決」，亦即各民族有權自行決定如何組織他們自己的政府，不容他國干涉，並以此為基礎脫離母國獨立。例如二十世紀初期，由於殖民地政治菁英接受歐洲殖民母國的教育，了解民族主義思潮的鼓動作用，遂在兩次大戰間、母國勢力漸衰之時趁機發起民族運動，進而獨立。

民族主義的貢獻與弊端

民族主義提供了民族國家成立的基礎，且促成民族的團結與繁榮發展，也提升了個人的福祉；然而，其弊端與破壞卻更不可小覷，主要有三。**a. 引發衝突**：在民族主義過度發展之下，民族的榮耀成為國家最重要的價值，在此之下，對於國力富強、軍備優越或是領土擴張的追求往往導致國際衝突不斷。**b. 種族主義**：當有些民族自認為較其他民族更為優越、更加文明，有權爭取更大的資源或生存空間、以便教化其他民族時，此即帝國主義的根源；或是對境內少

數民族產生強烈的偏執與排他性，如納粹黨的反猶政策。**c. 漠視個人自由與意志：**不同於對於自由主義視人為獨立、理性的個體，在崇尚民族的價值之下，民族主義高舉民族的利益，個人與團體的地位及存在意義在民族的共同目標下都會被解消，甚至以民族之名侵犯個人自由與人權。例如灌輸人民應絕對效忠國家、犧牲奉獻，個人生命、財產權微不足道等偏激觀念。

民族主義的基本概念

以民族意識為核心

民族主義強調有共同歷史、語言、宗教和文化傳統的人們能夠建立特定民族的認同與情感，進而在政治上受其動員。

成員具共通性
民族成員有血緣、地域、語言文字、傳統文化或信仰等共同性。

產生認同
藉由普及教育及傳播媒體等政治社會化的手段，激發出認同感。

建立民族意識
建立起對民族的忠誠、具向心力及愛國心等深厚感情。

平時功能
民族意識可發揮促進社會凝聚、秩序及穩定。

非常時期功能
民族意識可做為政治運動時號召成員響應的動員工具。

建立民族國家

在民族意識與情感的基礎下，國家由單一民族組成最為合情合理。自民族主義傳播以來，原有的政治單位皆受其影響而建立民族國家，主要有以下三種情形：

統一	擴張	獨立
單一民族處於零散、分離的狀態。 例 19世紀義大利分裂為教皇國、薩丁尼亞王國、托斯卡納大公國等小邦國。	民族國家宣揚民族光榮與爭取利益。 例 統一後的義大利希望能爭取更多的資源為其所用。	殖民地接受來自母國的民族主義洗禮。 例 17、18世紀印度成為英國殖民地，意識到英國統治的不公。
以民族主義激起統合為單一大國的政治運動。 例 義大利青年黨領袖馬志尼以「恢復古羅馬的光榮」為口號，興起統一運動。	帝國主義湧現，積極向外擴張領土。 例 義大利於19世紀末開始積極向東非、北非建立殖民地。	菁英分子倡導民族自決，發起追求民族解放的政治運動。 例 甘地發起抵制英國政府的不合作運動。
歷經戰爭終成統一大業。 例 義大利於薩奧、普奧、普法戰爭後統一。	各強權利益衝突之下造成國際危機。 例 20世紀初義大利占領阿爾巴尼亞，並與德國發動巴爾幹戰役，挑起二次大戰。	殖民地脫離母國獨立，建立民族國家。 例 二次大戰後英國衰落，印度趁機獨立組織民族國家。

意識型態④：基本教義派

基本教義派不同於其他與宗教無關的世俗意識型態，其主張以神聖的宗教信仰、原則與教義做為領導政治、進行政治行動的依歸，使人心得到宗教的救贖。在此之下，建立宗教政權以改造受世俗文化侵襲的社會是其主要目標，其做法可能訴諸較為偏激的手段，甚至引發戰端。

以教義領導政治的基本教義派

　　基本教義派認為宗教與政治並無區分，應由宗教的經文、文獻的闡釋中了解教義與真理，並運用於政治、社會、經濟、個人道德操守……等生活的所有層面，建立由宗教領袖或教會組織所領導的神權政體。各大宗教包括猶太教、基督教、伊斯蘭教、印度教等都存有基本教義派。

　　基本教義派源於歷史上宗教與政治勢力互爭權威的發展過程。在人民受政治壓迫、經濟匱乏或社會動亂不安時，可做為道德準則、行為規範及心靈寄託的宗教就會興起，以淨化人心、公平正義或美好來世等訴求幫助人民超脫於現實悲慘處境，且維持一定的社會秩序。逐漸地，宗教的影響力及號召力愈來愈大，宗教領袖及團體勢力提升之下，往往在廣招信徒之下轉而影響原本的世俗政權，甚至建立依據教義治理的新政權取而代之。例如公元三一三年，羅馬帝國君士坦丁大帝一改原本壓迫的態度，頒布基督宗教為合法宗教；至四世紀末更成為羅馬帝國的國教，教廷開始干涉政治事務，握有審理案件、稅收等特權。

　　然而，在教權介入政治過深之下，宗教的超然也不免受到世俗事務的汙染而趨向腐化，無論來自宗教內的改革呼聲、或是宗教外反對傳統權威的人們的挑戰，宗教勢力又逐漸沒落而被排除於政權之外。例如十六世紀時馬丁路德受文藝復興的影響，強調個人的良知和自由，且批判教會販售贖罪券的行為而開啟了宗教改革運動，新教因此產生，並秉持政治和宗教應該互相分離，不直接干涉的原則。自此，歐洲政治的趨勢是脫離神權轉向世俗化，由世俗君王進行統治。然而，神權政體或是宗教介入政治的理念已在政治上占有一席之地，且每每在政治出現危機時復興。

基本概念及政治手段：政教合一

　　相較於現今主流看法將宗教信仰視為私領域事務，認為政府應保障個人信仰，基本教義派則主張「政教合一」，即宗教領袖應同時兼為政治領袖，並指導眾人遵循教義過著聖潔、虔誠的生活，進而獲得宗教教義裡所描述的幸福。其主張宗教並非僅關乎個人層次，也是群體的規範、價值及凝聚力的來源，若不依據宗教來管理公共事務，個人及群體將會流於

腐化、物欲、縱容、敗德的下場；因此面對世俗政權的腐敗，宗教應積極起而創立符合教義的制度與政權來改造社會。例如，美國二十世紀興起的基督教基本教義派（又稱新基督教右派）大力鼓吹道德議題，如對墮胎合法化或同志運動等議題抱持反對立場，並以政治獻金或動員投票等支持特定候選人（通常為共和黨籍），甚至自行推派候選人。

伊斯蘭基本教義派的發展

現今最具政治重要性的基本教義派就是伊斯蘭基本教義派，其希望以所信奉的可蘭經為社會生活與政治領導的最高原則，建立由宗教領袖掌權的伊斯蘭國家。一九七九年的伊朗革命即是伊斯蘭基本教義派興起的源頭。當時伊朗政府進行了一連串依照美方指示的農工業改革，引起反對西方強權入侵的伊斯蘭基本教義派的不滿，在宗教領袖柯梅尼的領導下進行革命，創立了世界上第一個伊斯蘭教掌權國家。

此後，這股勢力也陸續傳到伊斯蘭信仰的地區，如蘇丹、巴基斯坦、阿富汗及索馬利亞等地也曾建立伊斯蘭政權，且出現以激烈行動或是暴力手段、不惜殉道凸顯其訴求的「聖戰組織」。其中最重要者為賓拉登領導的蓋達組織，以消滅入侵伊斯蘭世界的西方國家為宗旨，已被指稱策動過多宗包括九一一事件在內的恐怖攻擊。

基本教義派的貢獻與弊端

基本教義派的貢獻在於兩方面：對個人而言，它是混亂、變動的世界裡最絕對的指引，可滿足人的精神需求，做為精神的救贖良方；對社會而言，信仰可做為眾人認同的來源，對於社會秩序或正義的維護有積極的作用。

然而，由於其主張所有政治和社會制度都以原始的宗教教義為組織基礎，生活方式也需遵循教義的啟示，相對於現代自由民主的主流價值而言過於保守，且恰相對立。例如阿富汗

基本教義派的其他解釋

原本專指宗教信仰範疇的基本教義派，由於其對回歸宗教經典基本價值的主張，且支持者對其理念表現出無比熱忱的特質，也被引用為各種意識型態中，對其基本理念特別堅持、甚至缺乏彈性的人或團體。例如民族主義者中持激烈態度的好戰分子，有時也被稱為基本教義派。

基本教義派的源起

現實政治運作不佳

人民遭受政治壓迫、經濟匱乏或社會動盪，現存的政治制度無法完全解決問題。

例 公元1世紀巴勒斯坦地區的猶太人受羅馬帝國暴虐統治。

宗教興起

宗教給予人們未來的盼望，可做為對現實世界的救贖。

例 基督宗教興起，主張人們受苦的根源在於墮落，宣揚愛與希望的思想。

作用

做為一般人的道德準則與行為規範。

例 基督教徒接受十誡。

+

維持社會的凝聚力與秩序。

例 猶太人因信仰而更有凝聚力。

擴權

宗教介入政治

宗教廣招信徒之下影響力強化，影響原本的世俗政權的制度，甚至掌握政權。

例 基督宗教成為羅馬帝國的國教，教廷開始掌握政治權力，如司法、稅收等。

沒落

教權衰落

宗教介入世俗事務後不免受其影響，遭致來自內、外的挑戰，使政治權力重回世俗君王或政府。

宗教內部成員提出改革的訴求。

例 教廷出售贖罪券的行為備受批評，引發宗教改革運動。

外部人們對傳統權威提出挑戰。

例 文藝復興、科學革命等弘揚個人理性價值的呼聲大起。

結果

宗教介入政治甚至掌管政治的理念已然存在，且在政治出現危機時伺機再起

的塔利班政權執政期間，嚴格施行伊斯蘭律法，包括女性受教育、工作權利等人身自由大加限制，對於一般人的言論自由也有所侵害。其次，政教合一制度之下，國家的行政權力基於教義的絕對真理，宗教領袖擁有無可挑戰的權威，將走向極權專制的結果，例如塔利班政權即為高度極權、由宗教人士獨攬政治權力的專制體制。再者，由於宗教信仰的無條件追隨與犧牲奉獻特質，因此當宗教領袖以激烈對抗的方式掃除異端或挑起衝突時，結果便可能引發血腥暴力的恐怖行動，例如蓋達組織發動九一一恐怖攻擊、伊斯蘭自殺炸彈客、激進的反墮胎團體謀殺醫師等案例。

基本教義派的理念與政治行動

基本教義派的概念

宗教對個人的意義
人應遵循經典裡的教義過著虔誠的宗教生活，才能獲得救贖。

宗教對社會的意義
以教義做為公共事務的規範與準則，可以減低世俗的腐化、背德等錯誤發生。

目標

政教合一
由宗教領袖依循教義領導全國人民的「政教合一」體制，才能使世俗的政治世界達到聖潔、美好的境界。

手段

宗教界爭取政權
即使目前由世俗的政治勢力掌權，宗教界也應積極創立符合教義的制度、奪取政權，達到改造社會的目的。

行動策略

於現制內尋求擴權
例 美國的基督教基本教義派對墮胎、同志合法化等議題抱持反對立場，並以政治獻金、支持特定政黨或自行推派候選人來尋求政治勢力擴大。

推翻世俗政權
例 1979年伊朗的伊斯蘭基本教義派發起革命，推翻親美政府，建立第一個伊斯蘭教掌權國家。

以暴力凸顯訴求
例 賓拉登領導的蓋達組織以激烈手段對抗西方勢力入侵，策動包括九一一事件在內的恐怖攻擊。

意識型態⑤：女性主義

自由主義、社會主義等意識型態提出之初，出發點、預設立場皆為男性，並不重視女性地位低於男性的問題。女性主義意識型態則由女性的權利出發，專注於提升女性在政治、社會的不利地位，對於女性參政、政治內涵、選舉制度等皆有不同於以往的見地。

個人的即是政治的

女性主義者主張提升女性原本低落的社會地位，使兩性在法律、經濟和社會等各個面向能夠獲得平等。由於傳統的「父權體制」以男性為家長，家庭以外屬於公領域的事務劃歸男性掌管，家庭之內屬於私領域的女性則服從男性家長的指揮，負責管理家務、照顧小孩等事務。傳統的政治範圍只及於參政、教育、工作等公領域事務，不擴及私領域內屬於女性的事務，如兒童照護或家務分配等議題，也只有男性擁有參政權、女性則無權過問政治。

為此，女性主義提出了「個人的即是政治的」的政治宣言，打破父權體制對公私領域的劃分。一方面將政治的範圍擴充至傳統與女性切身相關的私領域事務，諸如夫妻財產分配、家庭照顧責任、家庭暴力的議題；另一方面讓女性得以踏出家庭，參與原屬於公領域的事務，包括爭取參政、財產、工作、教育等權利，使得政治的主體不再只侷限於男性。例如，十九世紀「第一波女性主義」開始要求和男性擁有一樣的選舉權，使女性得以陸續擁有投票權與參政權。而二十世紀六〇年代以後的「第二波女性主義」則不只是要求女性在法律上的平等，更進一步要求在其他生活領域的平等，將同工同酬、生育、婚姻、兒童照護、家務分配、家庭暴力等非傳統政治事務納入政治的範圍之內。女性主義觀點對改變了原本以男性為主的權力結構，使兩性的地位更趨平等，且重塑了政治內涵，自此兩性皆可參與政治，且兼及各領域。

以兩性平等參政為政治訴求

在近兩百年的發展之下，女性主義意識型態對於促進女性參政已有很大成效，其中最顯著的是各民主國家在女性選舉公職時，大多有女性當選人必須占有所有當選人一定比例的「女性保障名額」規定。雖然民主政治強調公平競爭，但也不應忽視政治資源不足的弱勢族群的參政權，而女性保障名額的設計對於促進兩性在參政權上的平等有其意義存在。一方面，由於女性長期被摒除於政治之外，傳統上為選舉弱勢的族群，因此，保障名額有助提升公平性；另一方面，女性占有社會上一半的人口，但在政治的場域中，卻往往不成比例地僅占有少數的名額，保障名額有助提升女性的代表性。現在，縱使各國規定及做法有所不同，幾乎各民主國家皆有女性保障名額的制度設計。

在我國是採取「婦女保障名額」，例如縣市議員規定有當選人的

四分之一需為女性。採行保障制度是階段性的，目的在促進女性參政，直至兩性參政成為常態的終極目標時，則不需再獨厚女性。例如北歐許多國家女性參政比例已逐漸提高，因此採取「性別比例原則」，規定男女任一性別的當選人不得低於一定比例，更能達到女性主義要求兩性參政平等的目的。

女性主義的主張與政治行動

父權體制下的政治

家庭外的公領域	截然二分	家庭內的私領域
●政治的範疇主要在公領域的國家、法律相關事務。 ●屬於男性的活動領域。 ●男性才有參政權。		●家庭內事務被排除在政治領域之外。 ●屬於女性的活動領域。 ●女性沒有參政權。

打破公私領域二分的觀念。

女性主義意識型態的政治

個人的即是政治的

❶女性跨足政治
爭取女性進入傳統屬於男性的公領域，女性同樣擁有參政權，成為政治的主體之一。

❷擴張政治的範圍
主張政治的範疇從傳統的國家、法律擴及私領域，如兒童照護、育嬰假、家庭暴力等事務。

做法

女性保障名額

在現階段女性處於弱勢的情況下，為了積極提升參政的能力，許多國家在選舉時設立女性保障名額，保障一定比例的女性當選。

終極目標

提升女性的參政權，以臻兩性平等參政的目標

Chapter
04
民主與獨裁

　　政治探討的是一個社群如何進行公共事務的決策、如何分配資源，而其決策與分配的手段有「民主」與「獨裁」兩種體制：民主是由人民參與政治、依民意做決策；獨裁則是由單一或少數統治者依其意志決定。由過往歷史發展看來，自十七、十八世紀興起天賦人權、權力分立等觀念，催生了英、美、法等民主國家以來，民主政治隨著這些國家的強盛而傳播到世界各國，成為受大多數人擁護的政治體制；相對地，獨裁體制則見於古代的君王統治與二十世紀的共產、法西斯或軍政府國家。人民體認到民主保障人權及尊重個人意志的價值，起而挑戰獨裁者，因而出現獨裁政權崩解、轉型為民主體制的政治發展潮流。

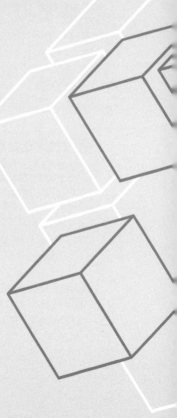

學習重點

- 民主的演進歷經哪些歷程？
- 民主有哪些主要特質？
- 一國能順利推行民主要具備哪些基本條件？
- 民主政治如何進行決策？是採行多數決，還是以協商獲取共識？
- 什麼是獨裁體制？獨裁體制是如何產生的？
- 什麼是極權獨裁？什麼是威權獨裁？兩者有何相同與相異之處？
- 為什麼獨裁會轉型為民主？歷史上有哪幾波民主化的浪潮？
- 民主轉型會經歷哪些過程？又可能會遭遇哪些危機？
- 如何判斷一個國家的民主已獲得落實？

什麼是民主政治？

「以人民為主」的民主政治是當今廣為世人所接受與擁護的統治方式，在汲取古希臘的政治經驗至近代人權與自由意識提升的過程，已累積了豐富可貴的內涵。

民主政治的定義

　　民主政治顧名思義，即是由人民當家做主的政治制度，可具體表現出民主定義的即為美國總統林肯的名言：「民有、民治、民享。」民有表示國家為人民所有，人民才是國家的主人、而非被動地受政府所控制，因此任何政策的訂定需以人民為主；民治是指人民有權參與統治，而非只是被統治的對象；民享則是指政府是為人民而存在，政府的角色是接受人民的委託，其權利來自人民，故需按照人民的意志行事。

　　綜觀三者，民主政治即為人民有權自主決定政府的組成，政府則需依人民的意見及需求進行施政，在此之下，即可達成人民當家做主的目的。例如美國建國時即以憲法明文規定人民經由選舉來決定政府官員與民意代表，確立其為施行民主政治的國家。

進一步地，在落實民主政治時，美國當代學者蘭尼又歸納出主權在民、政治平等、大眾諮商及多數決等四大特質。

主權在民

　　一個國家能進行各種統治行為（如執法、徵稅、徵兵等）的權力即為「主權」，此權力來自人民全體意志的授權，即為「主權在民」。由於權力來自人民，所以應對人民負責，其做法是透過真正具競爭性、非徒具形式的選舉制度，在政府的組成上，由人民選出意見或表現符合己意的候選人或政黨，使其依循民意施政；若當政府無法滿足人民需求、甚至背離民意，人民可以在下一次選舉以選票使其下台。除了例行選舉之外，人民與平日即有權對政府提出檢討與批判，以展現民主力量。

美國期中選舉

美國總統任期為四年，眾議院議員任期為兩年，參議院議員任期為六年、並於每兩年改選三分一議席，因此每屆總統任期一半時勢必經歷參、眾兩院選舉，稱為「期中選舉」，對總統施政的滿意度亦將反應於投票結果。例如二〇〇六年期中選舉裡，選民因對共和黨籍總統布希在伊拉克駐軍的政策不滿而投給民主黨，造成兩院的民主黨籍議員過半的結果。對此布希總統則以更換國防部長做為因應。

政治平等

　　政治平等指的是需確保每位公民皆可公平地透過民主機制參與政治，包括參與選舉成為候選人以進入政治的決策體系；或是透過投票選出新的政權或對舊政權表達支持。且公民在日常即擁有公平表達政治觀點的權利，不應受任何壓抑或歧視，例如可自由透過各種傳播媒介向政府傳達意見或要求。

大眾諮商

　　政治決策者於決策前必須先徵詢大眾意見，以人民的期望做為決策的參考依據。意見的徵詢一般會藉由三種特定機制：一為針對議題進行民意調查，例如教育部曾委託民調機構針對高中職免試入學進行調查，以做為制訂教育政策的參考。二為在大選後觀察選舉結果，以調整施政方向，例如美國「期中選舉」便是總統用以

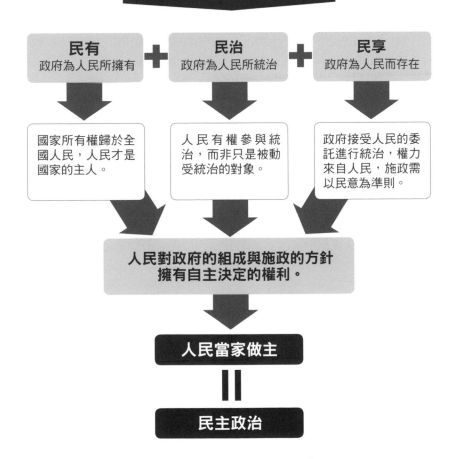

民主的意義

民有
政府為人民所擁有

➕

民治
政府為人民所統治

➕

民享
政府為人民而存在

國家所有權歸於全國人民，人民才是國家的主人。

人民有權參與統治，而非只是被動受統治的對象。

政府接受人民的委託進行統治，權力來自人民，施政需以民意為準則。

人民對政府的組成與施政的方針擁有自主決定的權利。

人民當家做主

＝

民主政治

觀察民意的重要時機。三為與利益團體協商，利益團體是對特定議題特別關切、或有特別需求的團體，會透過遊說或請願使政府做出對己有利的政策，例如關心環境生態保育的環保團體、關切女性人權的婦運團體等，利益團體具有很強的組織動員力及領導意見的能力，因此政府在擬定相關政策時會特別徵詢其看法。

多數決

縱然每位公民皆有平等的參政權力，且執政者需以眾人期待為務，然而眾人完全達成共識非常困難，因此民主政治會以多數支持為基礎。然而，當多數與少數之間發生歧見時，為避免少數遭受被忽視甚至打壓的「多數暴力」狀況，會設定保障少數權益的制度。首先即是「尊重少數」原則，例如在議會中，成員占多數的大黨往往可以決定政策走向，但仍須顧及成員屬少數的小黨的主張與看法。一般會實施「黨團協商」制度：大、小黨都需組成「黨團」，研擬法案時需以黨團、而非人頭為單位進行折衝與協調，以獲取具共識的結論為目標，使小黨意見能不被忽視。其次為「多數須受到民主規範的限制」原則，即便是多數人的意見，但若此意見與民主本旨違背時，仍須捨棄，例如納粹黨政府頒訂反猶政策，限制猶太人公民權、剝奪其財產，縱然受多數民意支持，卻危害了民主憲政所崇尚的自由與人權價值，仍非民主政治所能容許的做法。

民主政治與決策效率

民主政治強調人民的授權，並在實踐上採取多數決的原則，因此在公共政策的制訂與落實上必須透過一套民主程序，例如政策討論、協商與表決等漫長的過程；相對地，強調統治者個人權威的「獨裁政治」可以即時、迅速地做出決策，政策的效率看似較民主為高。然而，民主政治的價值是經由廣泛地討論協商做出眾人同意的決策，不會因為效率的追求而損害了公民表達意見的權利。

民主政治的特質

在具體落實民主的意義上，美國學者蘭尼於七〇年代
提出民主具有以下四種特質：

主權在民

- 國家主權（進行統治行為的權力）來自人民的授權，應對人民負責。
- 以選舉制度選出符合民意的政府。
- 人民有權檢討、批判政府施政作為。

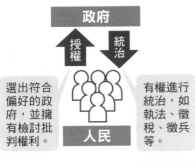

選出符合偏好的政府，並擁有檢討批判權利。

有權進行統治，如執法、徵稅、徵兵等。

政治平等

- 人民皆享有參與政治的機會，包括參選與投票。
- 人民表達政治意見、主張的權利不受壓迫。

每個公民都有同樣參政與發表政治意見的權利。

大眾諮商

- 政府需諮詢人民的政策期望。
- 設立機制以蒐集人民對政策的看法，如民意調查等。
- 政府需以民意為施政依據，切實滿足人民的期待。

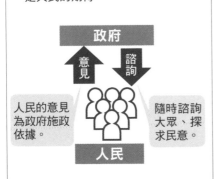

人民的意見為政府施政依據。

隨時諮詢大眾、探求民意。

多數決

- 政府統治的正當性應來自多數人的支持，政策需滿足多數人的期待。
- 多數應尊重少數，為免少數意見者的權利受侵害，應設計保障制度。
- 多數意見不可違背自由、平等等民主基礎價值。

多數決 ➕ 尊重少數

政府的施政以最多數人的意見為依歸，但其意見不得背離民主原則。

對少數意見需以制度如協商加以保護。

民主政治的起源與演進

民主政治發展歷時兩千多年，其源於古希臘、羅馬、封建的政治制度內涵，到近代光榮革命、美國獨立等重大歷史事件，匯合各種思想與實際經驗，逐漸成為當今最主要的政治制度。

古希臘、羅馬共和時期

「民主政治（democracy）」的起源可追溯至公元前五、六世紀的古希臘時期，其源自希臘文「demokratia」，「demos」即人民，「kratos」則是統治，「demokratia」即為由人民所統治的「民主政體」。實際做法包括舉行公民大會決定公共事務、公職由抽籤決定或輪流擔任等，已隱含了公民有權決定與自己有關的事務，以及參政權平等的今日民主核心概念。約公元前五世紀的羅馬共和時期則發展出「混合政體」的制度設計：其行政首長為兩位執政官、立法機構則主要為元老院、另有大法官掌理司法。公共事務被具體劃分為行政、立法、司法等面向，使權力分散，不因落於一人之手而產生專斷獨裁之虞，成為後世「相互制衡」概念的淵源。

從封建制度到法國大革命

約公元四世紀至十五世紀的中古時期採行封建制度，國王之下有領主、領主之下另有封臣，構成下對上從屬的關係；然而，這種從屬關係並非上對下一味要求服從，而是對等的契約關係。例如國王要求領主盡徵召兵員或繳納稅賦等責任；但相對地，國王亦有義務，在徵兵或徵稅前需先向領主諮商，獲其同意，不得任意為之。這種契約關係已隱含了王權受限制的概念。一六八九年英國的光榮革命，英王詹姆士二世因違犯法律而遭議會罷黜，議會要求新任英王簽署「權利法案」，正式確立了王權需受議會限制，未經議會同意不得募兵、徵稅的原則，不僅使英國步入君主立憲政治的軌道，亦成為民主政治發展的重要里程碑。

其後，支持光榮革命的英國思想家洛克於一六九〇年提出「天賦人權」思想，主張人生而享有生命、自由與財產等自然權利，國家是為保障人民天賦權利而成立，若政府侵害人權，人民有起而反抗的權利。法國思想家孟德斯鳩繼而主張為杜絕統治權力由一人專擅，政府應採權力分立，呼應了羅馬的混合政體。一七七六年美國獨立建國時便以三權分立的概念做為政府部門組成依據。

十八世紀法國思想家盧梭則提出了「全意志」理論，強調國家的組成須建立在全體人民皆願意支持的基礎上，成為法國大革命推翻君主專制的理論淵源。接下來的十九世紀，英、美等國成為強權，進行全世界殖民擴張，也向外傳布了民主的思想與制度。時至二十世紀，民主已然成為超越國界的普世價值。

民主政治的發展過程

古希臘時期
約公元前5、6世紀

- 雅典等城邦實施「民主政體」，由人民統治。
- 定期召開公民大會進行集體決策。
- 公職由抽籤決定或輪流擔任。

意涵

- 公民有權決定與自己有關的事務。
- 公民參政權平等。

羅馬共和時期
約公元前5世紀

- 實行「混合政體」，分設專職行政、立法、司法的機關。
- 權力並非僅握於一人之手。

意涵

政府制度設計隱含了權力相互制衡的民主概念。

中古時期
約公元4世紀～15世紀

- 採行封建制度，國王、領主、封臣等構成下對上從屬的關係。
- 國王與領主的關係是相對的，要求徵兵或增稅需與領主協商，獲其同意。

意涵

- 隱含王權受限制的概念。
- 衍生議會制度，國王議政需向議會諮詢。

英國光榮革命
公元1688～1689年

- 英王詹姆士二世違犯法律，被議會罷黜，另立女兒瑪麗、女婿威廉為王。
- 瑪麗、威廉簽署「權利法案」，確立了王權受議會限制，未經議會同意不得募兵、徵稅的原則。

意涵

為史上首度民主立憲政治。

「天賦人權」提出
公元17、18世紀

- 英國洛克為光榮革命辯護而提出。意指人生而享有生命、自由及財產等三大自然權利，為保障權利而成立國家，若政府侵害自然權利，人民有權反抗。
- 法國孟德斯鳩主張政府權力分立才能防止專制。

意涵

- 天賦人權的思想為民主奠定「保障個人權利」的思想基礎。
- 權力分立成為民主制度之下政府組織設計的主要概念。

「全意志」提出
公元18世紀

- 由法國哲學家盧梭為國家定位而提出。
- 強調國家的組成須建立在「全意志」，即全體人民皆願意支持的基礎上。

意涵

全意志奠定「國家由人民共同決定」的思想基礎。

民主思想普及 公元19～20世紀

英、美等西方國家成為強權，向外殖民同時散布民主思潮，使民主成為超越國界的普世價值。

民主的條件

民主的價值目前已備受肯定,然而,許多國家雖也仿照英、美等民主國家推行立法、選舉等民主制度,卻無法成功。對此,學者對於成功推行民主政治的基本要件加以探討,提出民主須具備政治文化、社會經濟、法律制度三項條件,才有真正落實的可能。

政治文化的條件

民主政治以多數人需求為公共決策、分配資源的依據,需要能讓大眾提出意見、又能妥協且接受結果的環境,才能順利發展。因此民主需要的是大部分人民樂於參與政治、且不過於偏於某種特別價值的政治文化。六〇年代美國學者阿蒙和佛巴共同提出民主的發展有賴於一種包容的文化,即大眾對於政治事務有參與的動力,但態度溫和,能接受對立意見,稱為「公民文化」(參見第240頁)。

公民文化的孕育需要人民對該國政治的運作抱有一定的信心,對自身參與公共事務的結果也抱有正向期待,例如對於投票、或是遊行請願等的效果都具有信心,因此會較積極看待政治,而非冷漠以對;但也不致流於狂熱而受野心人士煽動,採取過度激烈的革命、政變等暴力手段。在實踐上,許多國家尚不具有「公民文化」的條件,例如拉丁美洲國家雖有民主機制,人民卻對於政治缺乏期待,也沒有參與熱誠,使得專制強人仍能掌握政權。

社會經濟的條件

一般認為,過度貧窮的國家由於人民忙於生計,參與政治活動的動力不高,且教育程度與識字率偏低,對政治了解相對有限,對政治也難以產生興趣,因此,發展民主有其困難。而且,經濟發展程度低的國家,人們較無閒暇關心政治,故參與政治的積極程度也不高。如美國社會學家李普塞研究指出,民主實行較為成功的國家,國民所得較高。

再者,若一國經濟發展未臻成熟,國內貧富差距過大,容易造成社會階級衝突、意見紛歧的狀況,也就無法培養穩定的政治環境,民主政治的實踐也相對困難許多。然而,社會經濟條件僅是一道門檻,民主是否得以建立與發展還需其他條件的配合,例如阿拉伯國家油源豐富、國民所得高,但一直維持傳統社會文化與宗教

什麼是「人治」?

相對於依法律統治的「法治」,「人治」是由一人所統治,其法律的訂定是出於統治者一己的意志與目標。人治未如法治經立法者所代表的民意檢核、也不允許反對的言論與行動,因此在人治的狀況下不能產生民主政治。

生活，因此仍屬君主專制，並未走向民主。

法律制度的條件

在成員複雜的社會之中，人群之間互動需要拘束、指導或賞罰的規範與標準，才能在有秩序的狀況下發展、免於混亂失序。以明確、系統化的法律制度做為人群互動規範，這即是「法治」（參見第188頁）。民主政治在人們價值觀衝突、意見不同時，需要保障人民表達思想與主張的權利，如言論、出版、集會、遊行自由等；同時也需限制不符合民主本旨、對秩序造成威脅或損害的不當行為。法治所依據的法律是由民選議員所制訂，代表的是人民的意見，制訂過程亦符合民主的程序與原則。在此之下，法律一方面可做為人民對自身表達意見權利的保障、一方面也對違反民主的言論及行為進行規範與限制。因此，民主政治亦需法治的配合才能確立。

民主政治的條件

政治文化的條件
民主政治需要根植於人們有參與政治意願，卻不過於狂熱的公民文化。

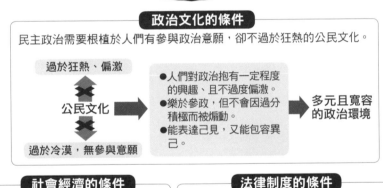

社會經濟的條件
民主政治需要不過度貧窮，且經濟發展成熟、貧富差距不過大的環境。

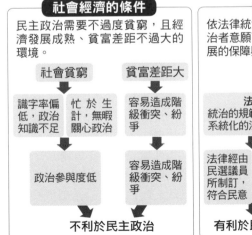

法律制度的條件
依法律統治的「法治」概念，相對於依統治者意願而定的「人治」，可做為民主發展的保障與基本規範。

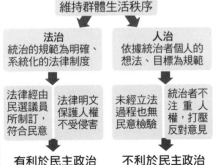

民主政治的類型

民主政治具有主權在民、政治平等、大眾諮商及多數決等核心特質；然而具體的運作方式會因不同的成員特性、社會組成而有所調整。在成員屬性相近、內部衝突較小的國家適用以多數決制訂決策的「多數決民主」；成員間差異大而劃分成許多次級團體的國家，則更適用倚重協商方式的「共識民主」。

多數決民主

多數決民主是指在處理公共事務如選舉公職人員、進行政治決策時優先採用多數人的觀點或意見，少數則必須接受多數的觀點。多數決民主往往出現在成員彼此差異不大的「同質性社會」，其在文化方面如種族、膚色、語言、宗教信仰等並無顯著分歧，在過往歷史經驗上也無嚴重族群衝突或糾葛發生。這類國家人民的價值觀或態度沒有顯著的衝突，只有議題取向、偏好的些微分歧，因此透過多數決的民主既能取得共識、也無傷社會和諧，如英國、美國即屬於典型的多數決國家。以政策表決為例，美國的眾議院對法案進行審議時即採多數決制，若出席議員過半投贊成票時，該法案即獲得通過成為法律。然而，多數決民主若運用在既有族群之間的差異大且難以改變的國家中，易產生特定族群把持政治的情況，使少數族群受到歧視或忽視，而「共識民主」即為解決此難題的方式。

共識民主

共識民主指的是透過團體協商取得全體共識的方式做出公共事務的決策。共識民主往往出現在內部成員屬性多元、意見分歧的「複式社會」，例如有數種種族、語言或是相排斥的宗教信仰等，或是族群間曾有衝突發生，形成根深柢固而難以改變的間隙。若透過多數決民主，將造成占多數的族群壟斷決策權、占少數的族群意見被打壓的情況，導致社會的分裂與對立。

共識民主以包容、妥協為基本原則，其實行方式是由各族群的代表以協商的方式，做出各方皆可接受的共同結論；通常會搭配「少數否決」的機制，亦即在某些攸關本身權益的議題上，少數族群擁有否決的權利，使少數受到絕對的保障。典型的共識民主國家有瑞士、荷蘭、比利時。例如有德、法、義等多種語言族群的瑞士採取聯邦制度，由二十六個邦所組成，各邦皆擁有高度的自治權以維持各地的文化傳統，而聯邦事務則成立「聯邦行政委員會」處理。委員會由七名委員組成，分別依人口比例為德語四至五名、法語一至二名、義語一名，並由其中一位出任總統。習慣上每年還輪流由不同委員擔任，政策事務皆採集體決定，因此每個族群的利益皆能受到尊重。

但共識民主有賴各族群代表在政治協商時願意妥協，才不致落入冗長而缺乏效率的狀況；且族群代表必須能於其族群內發揮影響力、凝聚共識，才能使決議結果確實獲得支持。

多數決民主 vs. 共識民主

多數決民主		共識民主
以多數決的方式進行公共事務的決策。	民主型態	以協商的方式進行公共事務的決策。
●多數人的意見會優先於少數。 ●持不同意見的少數必須接受多數決的結果。	決議方式	●族群代表協商：各族群選出代表，代表以協商的方式達成各方皆可接受的共同結論。 ●少數否決：在攸關本身權益的議題上，少數族群擁有否決權。

同質性社會 社會由種族、膚色、語言、宗教信仰等類似的成員組成。	適用社會型態	**複式社會** 成員在種族、膚色、語言、宗教信仰等有顯著差異，且族群間曾發生衝突。

對政治事務的意見會依據議題的不同，形成不固定的多數。	意見分布	對政治事務的意見已有固定的多數與少數族群。
●決策較容易施行。 ●較有效率。	優勢	●可避免族群嚴重分歧而產生的衝突。 ●少數族群可充分發聲。
持少數意見者的權益可能會被忽略，造成多數打壓少數的不良後果。	隱憂	●若各族群的代表在協商時不妥協，會造成冗長而缺乏效率。 ●族群代表應有效領導，凝聚共識，否則決議結果將無法獲得支持。
英國、美國等	實例	瑞士、比利時、荷蘭等

什麼是獨裁體制？

相對於由人民共同分享權力、參與決策的民主體制，另一種強調權力集中於統治者的制度即為「獨裁體制」。在獨裁體制之下，統治者極力擴大本身的權力，不讓被統治者提出反對或質疑，以保持政權的穩定。

獨裁體制的定義

獨裁體制是統治權力集中在單一或少數人手中的統治制度。在獨裁體制下，統治者享有大權，且自行決策，被統治的人民無權加以監督或制衡，也無權剝奪、收回統治權，或將權力賦予他人。統治者為防止人民對其權力有所質疑或反抗而危及政權的存續，會對人民的思想、言論與行動進行嚴密控管。在歷史上，世襲君主國家如清代的中國、沙皇統治之下的俄國，或是二十世紀的前蘇聯共黨、德國納粹、義大利法西斯等政權皆屬於獨裁體制。例如在一九三〇年代的德國納粹獨裁政權，納粹黨領袖希特勒享有獨大的統治權力，依其意志推行政策如發動戰爭、實施反猶政策等，並透過媒體、教育等方式監控人民的思想言論，人民無法對其監督、亦無法透過選舉制度使其下台。

獨裁體制的基本特徵

在獨裁體制之下，政治權力為統治者所把持，人民無參與政治的基本權利，遑論具有監督政府的力量。獨裁體制一般而言有以下四個基本的特徵：

●**民意無法影響決策過程：**獨裁體制的國家中，決策過程皆由領導者專斷獨行，不如民主政治般具有民意表達、國會監督等影響決策過程的機制存在，因此決策結果無關於民意意向，而只能反映獨裁者的意志。例如，中共政府由共產黨黨中央把持，非透過平等的選舉機制產生，在一九八九年的六四天安門運動中，政府無視人民要求自由民主的聲浪而逕行下令暴力鎮壓。

●**統治者可保持權力而不受民意影響：**獨裁體制的權力往往是藉由領導者個人魅力、意識型態教條束縛或武力的威嚇來保持，而非來自民意的支持，因此民意不受獨裁所重視。例如，傳統中國的統治者為皇帝，其權力來自世襲制度，不因人民的支持或反對而有所動搖。

●**橡皮圖章式國會：**在獨裁政體當中，政策或立法等公共決策皆由獨裁者的個人意志來決定，由人民選舉、表達民意進行決策的國會可能不存在；即便有國會，亦只能配合獨裁者的意志於決策中表示同意，淪為負責簽字蓋章、虛有其表的「橡皮圖章式」國會，而非民主政體中透過議事、質詢來監督政府、反映人民利益的實質國會。例如，中國的全國人民代表大會雖是相當於國會的民選立法機關，但最高決定權為共產黨黨中央所有，是由黨內先決定好人事及政策後，再召開人民代表大會將黨的決議

通過成為國家政策，因此無法反映真實的民意需求。

　●幾乎不存在反對勢力：在獨裁政體的監管與控制之下，人民只能表示效忠與支持，無法提出反對的意見，反對人士只能轉向地下活動，不存在任何公開的反對黨或與當政者對抗的相關組織。例如，希特勒一九三三年當選德國總理後逕行廢除了民主憲法中保障人身自由的條款，隨後對反對納粹的共產黨員和革命者進行鎮壓，使反對者銷聲匿跡。

獨裁體制 vs. 民主體制

獨裁體制		民主體制
政治權力高度集中在少數統治者手裡，由統治者自行決策。	意義	政治權力屬於全體人民，人民可以參與政治決策過程，發表意見。
統治權力來自個人領袖魅力、意識型態控制或是軍事武力。	權力來源	統治權力來自人民的賦予。
政府根據執政者個人的政治目標執政。	執政特徵	政府依據民意執政。
權力高度集中於主政者，缺乏制衡的機制。	權責區分	政府權力分立，可相互課責進行制衡，以避免擅權。
橡皮圖章式國會 無國會，即使設有國會亦有名無實，僅能依獨裁者意志於政策或立法投票中簽字蓋章。	政治狀況	**實質國會** 國會議員由人民選出，透過議事、質詢等方式對政府執政進行監督。
無有力的反對黨 人民對執政黨只能表示效忠與支持，無法籌組反對政黨，即使有反對勢力亦只能在地下進行。	反對勢力	**有強而有力的反對黨** 人民可自由組成政黨，提出各自的政治意見與主張，與現執政黨公平競爭，若於下次大選獲勝則能取而代之。

獨裁體制的起源與進展

獨裁體制由來已久，西方早從羅馬帝國便開始長達千年以上的獨裁君主制度；至十八、十九世紀民主思潮興起，人民起而推翻君權建立民主政府。然而，一次大戰後社會動盪，決策的迅速與強力貫徹成為主要政治目標，使獨裁政權再度出現。

獨裁體制的起源

　　獨裁體制是自人類組成社群以來最主要的政治制度。其源於人類對公共事務管理的需求。從人類由逐水草而居的游牧漁獵開始進入定居的農業社會之後，人們的生活目標主要是占領資源豐富的區域，且在該區域內建立穩定且富足的生活。由於資源稀少，需要有權威的領導者進行管理與分配，因此組織中便有了專事管理的統治者。隨著人群組織的擴大，統治者所需管理的事項也愈來愈多，除了建立戶口制度控管人力、徵收稅賦以做為公共建設之用之外，更重要的是徵調群體中的兵勇及物資，發起戰爭以奪取其他團體的資源、或是抵抗外來侵略。另一方面，人民忙於生計且知識不足，也無餘裕與能力參與決策事務，遂將權力完全託付給統治者。在此之下，統治者的權力日益提升、人們也愈來愈被隔離於管理過程之外，因而成立了權力集中於一人或少數團體的「獨裁體制」。

獨裁體制的歷史

　　歷史上，公元前三世紀羅馬帝國的奧古斯都在當時內亂頻仍之下趁機獨攬大權，開始有規模且制度化的獨裁體制。其後，除了少數的貴族或親信能參與政事，統治者本身壟斷了一切的權力，依其意志統治，人民則聽任統治者的決定行事。

　　至公元五至十五世紀的中世紀時期，歐洲大陸採行封建制度，國王之下另設有多位領主各自管理領地；國王仍為一國的統治者，但在徵兵或徵稅前需先獲得各領主的同意，使其權力有所限制（參見第36頁）。對此，由於中世紀羅馬教廷的勢力興盛，國王藉機提出「君權神授」說，將其權力視為上帝的賦予，使人民信服其統治，讓權力及影響力能維持不墜。

　　然而，到了十八、十九世紀西方民主思潮興起，許多原本的君主國家如英國、法國等轉型為民主體制，進一步地又經由殖民擴張傳播至世界，使民主蔚為潮流，除了維持傳統君王

目前世界上還有哪些獨裁國家？

當今的獨裁政權有屬於君主獨裁的有汶萊、巴林、沙烏地阿拉伯、阿拉伯聯合大公國、約旦等，以阿拉伯地區為最多；另有共產黨獨裁統治的中國、古巴、北韓；軍事獨裁政權則有蘇丹、利比亞等國。

體制的中東沙烏地阿拉伯、約旦等國外，大部分國家皆走向民主制度，人民開始有了參與政治決策的權利與空間。

然而，一次世界大戰後發生的世界經濟危機與社會動盪抑制了民主的發展，由於獨裁體制所具有的權力集中、決策快速的特質，相較於民主體制的權力分散於人民、需廣納民意才能進行決策的方式，較容易獲得當時人們的青睞，因此，前蘇聯、德國及義大利等便步入獨裁體制。然而，其統治權力未經人民的制衡，做出如戰爭、鎮壓反對分子等決策，德、義及前蘇聯等獨裁政府終究因無法獲得民心而下台。

獨裁體制的發展過程

獨裁體制
- 統治權力集中。
- 統治者能獨斷決定政治事務。
- 被統治者無法參與決策過程。

↓ 歷史發展

羅馬帝國開始獨裁君主制
公元前3世紀
奧古斯都成為羅馬帝國皇帝，獨攬大權，憑依其意志指揮國政。

→

中世紀採封建制度
5世紀～14世紀
國王為統治者，封建領主從屬於國王，但國王徵調兵員或徵稅時仍須獲其同意，權力受限。

→

國王提出君權神授說
5世紀～14世紀
中世紀宗教勢力興盛，國王提出「君權神授」說，拉攏人民對其統治的信任，其權力得以維持。

↓

民主潮流再起
二次大戰後～90年代
獨裁政權的戰爭、鎮壓反對分子等決策無法服眾，人們大規模反抗之下，獨裁政權紛紛下台。

←

獨裁體制再度出現
一次大戰後
經濟及社會危機之下，獨裁體制的權力集中、決策快速，符合人民需求，因此前蘇聯、德國及義大利等國又出現獨裁政權。

←

獨裁君王被推翻
18、19世紀
西方民主思潮影響下，許多原本的獨裁君主國家如英國、法國等經由革命轉型為民主體制，人民開始擁有政治參與的權力。

中東的沙烏地阿拉伯、約旦等國仍維持傳統君王體制至今。

獨裁體制①：極權獨裁

現代的獨裁體制可依統治者對社會控制的嚴密程度區分為全面控制的「極權獨裁」與主要對政治部分控制的「威權獨裁」。極權獨裁是政府依據所奉行的意識型態進行監管與控制，再配合大眾由衷信任與崇敬所形成的統治形式。

什麼是極權獨裁？

極權獨裁是獨裁政體中最絕對的統治型式。統治者的權力來自人民對統治者所標舉的意識型態的認同，因此除了能執行政治上的統治，在社會生活諸如經濟生活、文化、宗教信仰等面向等亦能全面性地控制與教化，以達到意識型態所擘劃的理想社會藍圖。德國的納粹政權、義大利的法西斯政權、前蘇聯的共產黨即是顯著例子。例如在前蘇聯史達林統治之下，人民皆奉行共產主義，嚮往生產工具歸諸公有的共產社會，不但服從政府的政令，也支持共產主義的經濟觀點，如支持土地共有、設立集體農場等，更接受持無神論的共產黨打壓宗教的做法，希望能建立有別於前帝俄及短暫民主政府的全新共產社會。

極權獨裁的產生過程

極權獨裁大致上出現在社會動盪及經濟恐慌的狀況中，由於民主政治需訴諸多數決的民主程序，難以快速應付社會秩序動盪的情況、加上人民亟欲尋求精神的寄託以及生活的溫飽，造就政治人物操弄人心的溫床。政治人物往往以意識型態做為號召，如種族優越、緬懷歷史、宣揚愛國主義、或是剷除資產階級等，成功連結思變的民心，匯為一個高舉意識型態的政黨，起而推翻舊政權。奪取政權後，即以意識型態做為統治的工具，並採取極權獨裁做為其統治方式，藉以穩定新政權並掃除反對勢力。

極權獨裁的特徵

極權獨裁體制為了對社會進行全面的監督與控制，會顯現出一定的特徵：

●**以意識型態為施政方針**：極權獨裁的統治行為諸如政策、法律、國民教育、甚至是否對內整肅異端或對外興起戰爭，都會依據意識型態所建構的理想而行，並將意識型態強力散播、灌輸於民眾思想當中。例如德國在一次世界大戰戰敗，巨額戰爭債務導致經濟惡化造成納粹黨興起，其奉行以恢復德意志的威望、改造德國為純粹日爾曼種族國家為宗旨的納粹主義，據此對境內猶太人進行驅逐與屠殺，對外則為開拓疆土而侵略波蘭等國，不惜挑起二戰。

●**一黨專政**：在極權獨裁體制下，僅會有一個由獨裁者領導的單一

極權獨裁的成因

社會混亂的情況

國家社會、經濟狀況混亂，民主政治無法迅速維持秩序。

例 一次大戰後，德國鉅額賠款使威瑪共和政府無力負擔，又遭遇經濟大蕭條、社會失序、失業率高升的狀況。

人民心生不滿

人民嚮往更有紀律、且能溫飽的生活。

例 德國人民希望政府能振興經濟、重返戰前的榮耀。

政治菁英鼓吹特定意識型態

政治菁英會訴諸某種極端的意識型態組成政黨，宣揚改造社會的理念，進行政治運動。

例 號稱能改革經濟、減少失業的納粹黨，憑著領導人希特勒的辯才和宣傳，成功獲得民心。

取得政權

政黨宣揚意識型態之下，獲得不滿現狀群眾的支持，起而推翻舊政權，使意識型態政黨取得政權。

例 納粹黨在選舉中獲得最多席位，希特勒成為總理。

極權獨裁體制

執政黨以其意識型態為施政方針，對社會進行嚴密控制，包含政治、經濟、文化、宗教信仰等，以達成改造社會的目標。

例 希特勒以逐步廢除憲法、剷除反對分子、種族屠殺等極端方式，企圖重建強盛且血統純淨的德意志。

政黨執政，致力於實踐其所奉行的意識型態，即使有小黨存在，亦只是聽命於執政黨。例如墨索里尼領導時期，一切政黨皆被取消，只有法西斯黨為唯一合法政黨，在其專政之下戮力海外擴張征服衣索比亞，以達成恢復羅馬帝國光榮的目標。

●**政治警察：**極權獨裁國家往往會設置組織龐大的政治警察，祕密對異議人士、知識分子等進行政治偵防，諸如滲透至反對陣營偵察其行動，蒐集政治情報，對反對人士進行跟監、竊聽以定罪，甚至發動暗殺，皆為了確保人民高度服從官定的意識型態與政策。例如前蘇聯史達林統治時期，厲行高壓統治，國家政治保衛總局（格別烏）的政治警察藉由定罪為政治犯或暗殺的方式，將所有反抗分子一一剷除與整肅。

●**言論控制：**透過言論控制可以確保官方的意識型態不受到挑戰。言論控制一般透過新聞、出版審查等機制對言論加以過濾，避免有任何反對聲浪；另一方面也積極於電視、廣播等媒體宣傳，宣揚政府的政策，並誇耀獨裁者的成就，使民眾更由衷地信賴統治者的決策能力。例如在納粹德國，媒體播出希特勒深具煽動力的演說，將其形象描繪為能力非凡的領袖，因而廣獲民眾的崇拜與支持。

●**中央控制經濟：**為進行全面控制，極權獨裁政府對經濟活動也進行監督，包括將工商業收歸國營由官僚管理；農業則徵收農地為國有，以集體農場方式經營，其營運及產量皆由官僚控制。例如前蘇聯時期一切企業皆為國營，無私人企業存在；在納粹德國與法西斯義大利，雖仍有私人企業存在，卻必須受政府的高度監督與干預，政府可為戰爭準備而大舉徵收民間的物資。

極權獨裁的特徵

1 奉行某意識型態

獨裁者及其政黨以某意識型態所刻劃的理想社會為最終目標,不遺餘力對社會進行改造。

例 納粹德國政權奉行以恢復德意志的威望、改造德國為純粹日爾曼種族國家為宗旨的納粹軍國主義。

2 一黨專政

由單一政黨執政,不存在有實質意義的反對政黨。

例 希特勒領導時期,一切政黨皆被取消,只有納粹黨為唯一合法政黨。

3 言論控制

政府對於一切意見皆予以監督,一方面對媒體意見予以過濾,避免反對意見聲浪;一方面也積極地為執政者與政策進行宣傳。

例 媒體播送希特勒深具煽動力的演說,將其形象描繪為能力非凡的領袖,廣獲民眾崇拜。

4 政治警察

設置組織龐大的政治警察機構,進行政治偵防與處理,確保人民高度的服從。

例 史達林統治時期,國家政治保衛總局的政治警察藉由定罪為政治犯或暗殺的方式剷除異議人士。

5 中央控制經濟

政府也壟斷經濟活動,使經濟也能為政治所用。

例 前蘇聯時期一切企業皆為國營,無私人企業;農業則由集體農場生產。

公有

獨裁體制②：威權獨裁

威權獨裁可算是介於極權獨裁與民主之間的制度，其所重視的是政治上的管制，如限制人民意見表達的自由，亦禁止人民籌組反對黨來制衡政府；但又不具有像極權獨裁般極端的官定意識型態，對社會生活的控制亦非全面。

什麼是威權獨裁？

威權獨裁與傳統的君主制度類似，統治者將政治權力集於一身，以求在政治上控制人民，且人民無法藉由民主選舉、自由發表政治意見等政治參與對其進行監督。威權獨裁統治是以滿足自身的權力慾望及維持統治地位為主要目的，因此在對其政治地位無直接衝擊的社會、經濟、宗教等層面則往往較少干涉。大部分威權獨裁是透過掌握軍事力量來取得政權，長期實施戒嚴，而人民則因畏懼武力威嚇而接受其統治。

一九四九年至一九八七年間的我國、一九四九年至一九八七年間的南韓、亞洲的緬甸、非洲的蘇丹及利比亞……等即是威權統治的顯著例子。例如我國在一九八七年解嚴前，政府限制人民組黨及言論自由，民意代表亦由中國所選出者留任，僅增補部分員額，人民的政治參與權利受到極大的限制。

威權獨裁的產生

威權獨裁的形成主要是現有政權不穩固，如新政權剛建立或政權轉移等的動亂時期，此時社會與經濟秩序都相當混亂，因此政府會依賴軍事力量來穩定社會秩序，導致握有重兵的軍事強人的崛起。這些軍事強人往往各擁山頭、力據一方，因此國內也常出現軍閥交戰的現象。而當一個最強勢的軍事集團奪得政權後，會以其所依賴的軍事力量做為主要統治的手段，以打擊反對分子以及其他的軍閥，因此掌權後多會實施戒嚴、以實施軍法的方式進行統治。值得注意的是，透過軍事武力取得政權的威權獨裁政府，往往又會被另一派系軍人推翻，造成政權不的穩定，然而其威權統治的本質並無基本上的改變。

什麼是戒嚴？

當一國發生天災、叛亂、戰爭等緊急狀況，政府為了避免動亂、維護國家安全的理由可以宣布戒嚴，亦即實施軍事統治，以軍事法令代替承平時期的憲法與一般法律。在此之下，人民依憲法所擁有的言論自由與政治權利會受到限制。然而，戒嚴卻常常成為威權獨裁者用以擴張權力、壓抑人權的工具。

威權獨裁的形成

政權不穩定

新政權建立之初、政權轉移之際，社會與經濟秩序都相當混亂。

例 海地自18世紀脫離法國殖民以來，未能建立有效的民主政府，政治動盪、社會衝突不斷。

統治者需藉軍力服眾

政府會借用軍事力量來穩定社會秩序，導致具軍事背景的政治菁英崛起。

例 擁有軍權的將軍們上台成為獨裁者。

軍事強人擁兵自重

軍事強人各據一方，經常出現軍閥交戰。

例 海地歷經上百次的軍事政變，出現長期的內亂。

武力強者奪得政權進行統治

最強勢者奪得政權後，會以實施戒嚴做為主要統治的手段。

例 由軍事強人奪權後將國家依軍事手段控制，掃除反對分子。

威權獨裁體制

統治者以維持其政權存續為最大目標，政府主要權力基礎來自所持有武力的威嚇，而非經民主程序獲取人民的同意與授權。

例 海地長期由軍事獨裁政府統治，漠視或任意修改憲法，未實施真正的民主多黨選舉。

透過軍事武力所成立的政府基礎並不穩固，往往會輕易被推翻，由另一個獨裁政權取而代之。

威權獨裁的特徵

威權獨裁政權進行統治時，為了維繫政權的正當性，使人民願意依循政府統治，常出現四項特徵：

●**對政治事務進行控制**：威權獨裁與極權獨裁不同。威權獨裁為了維繫政權穩定而對政治事務進行全面地控制，包括限制政治參與的空間、管制大眾媒體的發展與運作以及言論的檢查等。例如南韓在威權時代即不允許人民自由組黨。

●**宣傳官方教條**：在威權體制下，官方為了貫徹其政策的施行，會透過口號、標語或教育等方式來宣揚政府的政策，使人民認同其統治。例如，過去中華民國在威權時期會透過強迫參與國慶儀式、在教科書宣揚領袖德政等，灌輸政治信仰與教條。

●**存在有限制的選舉**：由於威權政府執政者關心的主要是政權的持續性，在不危害政權的地方性選舉上會給予人民有限的選舉空間，藉此塑造民主的氣氛以緩和人民與執政者的衝突。例如我國在威權時期仍有地方民意代表的選舉，但究其實質，在黨禁、報禁之下，選舉的競爭性仍大受限制。

●**半開放的市場經濟**：在威權體制下，政府並非全面性地控制民間事務，對於政權無衝突或無挑戰政權之虞的私人企業也會有限度地開放其發展空間。如我國、南韓、馬來西亞三國在二十世紀七〇、八〇年代威權政府當政時，便結合私人企業共同發展國家經濟，創造了經濟快速成長的榮景。

威權獨裁的特徵

1 控制政治事務

以維持政權為務,對政治或軍事等事務採取嚴厲的控制與干涉;私人領域的事務如社會、文化等的干涉程度低。

例 我國在1949年至1987年間實施戒嚴,有黨禁、報禁、集會遊行等限制。

2 宣傳官方教條

威權獨裁會透過宣傳官方政策與強調領導者的才能及威勢來獲取民心。

例 我國在威權時期,會透過官營的報章媒體宣傳官方政治信仰與教條。

3 有限制的選舉

政府通常會在不危害政權的前提下象徵性地舉行選舉;然而,在不具有力反對黨與言論自由之下,選舉並沒有完全的競爭性。

例 1949至1987年間的南韓處於軍事獨裁時期,雖有舉行公職人員選舉,然而在限制人民自由組黨之下,選舉並非完全公平的競爭。

4 半開放的經濟

私人企業及市場經濟活動仍有一定程度的自由,只要不危及政權即可存在。

例 我國、南韓、馬來西亞等國家都曾在二十世紀70、80年代威權體制當政時,透過有限的經濟開放創造了經濟的快速成長。

由獨裁轉向民主的趨勢

決策權力集中於少數人的獨裁體制是人類歷史中施行已久的政治體制。然而，隨著民主政體以人民為統治權威來源而備受認同，許多獨裁政體遭受人民的質疑與挑戰，改而走向民主體制。對此，政治學者杭亭頓分析近現代歷史，提出三波的民主化浪潮。

獨裁轉向民主成為世界潮流

獨裁體制一直是人類歷史中主要的政治制度，直至十八世紀，有三大因素催生了民主制度：其一為經濟的發展使國民平均所得提高，帶動人民對於自身財產權、人身自由等權利有更多要求，開始嚮往更多的政治參與；其二為知識菁英也反思政治體制的合理性，並將民主信念傳達至一般大眾；其三，一個國家成功民主化後會帶起「滾雪球效應」，驅使周邊國家起而仿效。各國興起了追求民主體制的風潮，例如美國的獨立革命運動以及法國大革命即是。

縱然由獨裁轉向民主的浪潮已成為主流，卻也經常可見由民主再回溯到威權的逆流。其出現大致有兩大因素：第一為社會出現經濟恐慌或動亂。此時由於民主制度的運作尚不夠熟悉，會出現政治紛亂、決策效率低落的現象，若民眾對民主所強調的多數共識價值尚未全面了解，反會對其失望；其二為政治菁英的鼓動。此時若有菁英鼓吹獨裁體制能更迅速整合社會維持秩序，人民往往會為其煽動，使民主政府重回獨裁體制。例如一次大戰後的義大利與德國的民主體制在面對世界經濟危機而無法順利解決，獨裁者希特勒與墨索里尼便趁勢而起。

三波民主化

哈佛大學教授杭亭頓針對歷史上民主化浪潮與反民主化逆流，區分出三波段的民主化浪潮、其中伴隨著兩波的民主化逆流。第一波民主化是在一八二八年至一九二六年間，這時期最重要的事件是美國建立第一個民主共和國，以及法國爆發大革命衝擊了歐洲的專制王權與封建體制，進而點燃歐洲、美洲的民主火炬，建立了包括義大利、德國、阿根廷等近三十個民主國家。此波民主化建立了主權在民的初步原則，包括了大部分的成年男子取得了合法選舉權，以及確立了行政體系的統治權需透過民選國會支持才得以運作的原則。但於一九二二年開始，由於世界經濟恐慌、社會不安，民主政府未能滿足人民需求及安定社會秩序之下，義大利法西斯與納粹德國等獨裁政權趁機建立，推翻民主政權，稱為「第一波民主化的逆流」。

第二波民主化則是在一九四三年至一九六二年，二次大戰後戰敗的軍事獨裁國家，如西德、日本、義大利、捷克斯拉夫與匈牙利等國邁向民主進程；過去為殖民地的馬來西亞、印度、斯里蘭卡脫離英國，印尼則脫離荷蘭的統治而自行組織政府。此波民主化的重要意義在於，為數眾多

的亞洲、非洲國家也開始了民主的進程。第二波民主化的逆流開始於一九五八年，其原因主要在於民主的政治文化未盡成熟，對民主體制尚未建立信任感，故在面臨危機時民主即告瓦解。另外，政治菁英的貪汙腐化也是重要原因，例如祕魯、巴西、波利維亞等。

第三波民主化起於一九七四年葡萄牙結束了長期的獨裁統治，帶動西班牙的佛朗哥政權亦在一九七五年結束；八〇年代開始，則包括一九八七年南韓終止軍人獨裁政權，實施總統直選。台灣也在一九八七年宣布解嚴，言論與集會結社自由解禁。到了一九八九年蘇聯的崩潰將第三波民主化帶進高潮，東歐國家亦相繼走向民主，此波民主化的推動範圍遍及全球，為史上最大的民主化波潮。

由獨裁轉變為民主的潮流與逆流

獨裁
決策權力集中於一人或少數人之手，如君王或獨裁者。

經濟發展成功
國民平均所得高，帶動人民對於人權保障與政治參與的要求。

知識菁英帶動
精英將所抱持的民主信念傳達給人民，激發其對民主的追求。

滾雪球效應
當一個國家成功民主化後，會帶動周邊國家起而跟進仿效。

民主
人民皆可參與統治，共同進行決策。

經濟危機造成動盪
政府對民主制度運作尚未熟悉，危機處理效率不彰之下，使民眾喪失信任。

野心人士煽動
菁英鼓吹獨裁能有效整合社會維持秩序，獲人民支持。

三波民主化潮流與二波逆流

第一波民主化
1828～1926年
美國、英國、法國、義大利等三十國。
意義：初步建立民主制度，包括成年男子的選舉權，確立統治權源於民意。

第二波民主化
1943～1962年
西德、義大利、日本、印度等三十餘國。
意義：亞、非等原屬殖民地的國家開始民主進程。

第三波民主化
1974年至今
葡萄牙、西班牙、拉丁美洲、東歐原共產國家等七十餘國。
意義：範圍遍及全球，為史上最大的民主化波潮。

第一波逆流
1922～1942年
義大利、德國、波蘭、立陶宛、拉脫維亞、愛沙尼亞等國。

第二波逆流
1958～1975年
秘魯、巴西、巴基斯坦、菲律賓、印尼等五十餘國。

民主轉型的過程與危機

在由獨裁政體走向民主的過程中，通常會歷經一定的進程：由人民開始追求民主的呼籲，逐漸過渡到民主行諸制度，進而為全民普遍接受與認同。然而，轉型時可能因為民主初期的不穩定狀態而遭遇危機，使民主轉型未能成功。

民主轉型的過程

根據研究民主轉型的學者索倫森的觀察，民主化的轉型的過程通常分為「準備」、「決定」與「鞏固」三個階段。

在準備階段時，人民的參政要求與政府權威對立浮上檯面，開始發起反對運動來挑戰政權，例如要求放寬言論自由的限制，組織反對黨等。起初統治者仍會設法維持對政治事務的控制；然而，人民不滿升高、反對運動的能量不斷蓄積之下，當權者已無法壓制來自人民的挑戰，只能透過民主轉型來維繫政權。

此時即進入了「決定階段」，即民主秩序開始萌芽而逐漸制度化，此時期將會制訂民主憲法規範政治的程序與原則，包括擴大言論自由、新聞自由以及集會結社自由等；並且以公平的選舉權與公開的選舉過程使民主選舉得以落實。

接下來的「鞏固階段」，則是民主體制已成為人們政治生活的一部分，自由選舉、人權保障等民主概念皆已深入人心，人民已習於以民主體制來選擇政府，即使當經濟或社會秩序遭遇困境、野心分子藉機挑起內戰或政變，也不會為多數人所接受，此時無論制度或精神上皆已落實民主。

轉型的危機

然而，民主轉型的過程中，政府會遭遇民眾對其統治基礎的質疑而形成「正當性危機」。由於人們期許民主政府能善加運作，以享公平參政、人權保障等好處，假使新政府運作不良、無法有效統治時，則會引起民怨，進而動搖統治基礎，嚴重時舊政權可能藉機復辟，使民主轉型夭折。一般而言，正當性危機通常發生於政治分配、轉型正義兩大問題之上，分述如下：

●**政治分配**：政治分配是指在民主的原則下，人民皆可參與政治，要求職位、資源等政治利益的分配，政府的職責則在依據人民所提出的需求做出公平的處置；然而，若民主政府體制尚未健全，可能無法積極有效地反應民意。例如德國威瑪共和時期政府無法滿足各團體或族群的要求，造成層出不窮的示威遊行，最終由希特勒領導的納粹黨結束民主體制。

●**轉型正義**：轉型正義是指民主政府必須追究過去獨裁體制下侵犯人權、剝奪自由等不正義的行為。由於人民期待新政府對對加害者施以懲罰、對受害者有適當的彌補，若政府無法滿足人民的期待，也會危及統治的正當性。例如過去實行種族隔離政策的南非在一九九四年開始民主普選

後，為了徹底地終結過去因種族歧視而侵害黑人人權的作為，設立「真相暨和解委員會」補償受害者。又如我國政府於解嚴後訂定法律，針對戒嚴時期提出不同政治意見而被判為叛亂或匪諜的受害者給予平反與賠償，一方面彌補了過去政府的錯誤、同時也增進了人民的認同與支持。

民主轉型的三個階段與危機

獨裁政權

●政權集中於少數人組成的統治集團之手。
●人民不具政治參與的自由，無法藉由發表言論、請願、組織反對黨等方式監督政府。
●缺乏民主選舉制度。

> 若政府無法解決危機，則民主轉型可能失敗，舊政權復辟。

 Step 1 **轉型準備階段**
人民提出民主化需求

●人民開始挑戰統治者，要求更多的政治參與權利，包括鬆綁言論自由、釋放政治犯等。
●統治者試圖維持對政治事務的控制，卻逐漸無法壓制來自人民的挑戰。

> 統治者體認到不走向民主將無法維持政權，開始轉型。

面臨正當性危機

❶政治分配
政府若無法解決人民要求職位、資源等政治利益分配的需求，則人們將質疑政權的正當性，政權岌岌可危。

❷轉型正義
新政府必須對過去獨裁政權對人權與民主迫害的錯誤予以彌補，例如平反政治犯、補償受害者等，提升人民的認同與支持。

 Step 2 **轉型決定階段**
民主進入制度化發展

●制訂民主憲法：將民主規範如人民自由權利的保障、政府的權限等明文規定於憲法中，使民主的運作有所依循。
●開始民主選舉制度：人民可藉由自由、公開與和平的選舉過程產生足以代表民意的新政府。

 Step 3 **民主根基穩固**
轉型鞏固階段

●民主制度逐步施行之下，民主已深度內化到民心，成為人民決定政治事務的習慣方式。
●即使舊政權企圖發動復辟，也不會得到人民支持，非民主政權已無掌權可能。

真民主？假民主？

由史上三波民主化浪潮看來，許多國家在歷經民主轉型階段後號稱民主國家，但其民主並非真正落實，於是在面臨政治動盪時，又恢復為威權體制。為了檢視一國的民主是穩定的真民主、或是徒具形式的假民主，學者提出了各種檢驗標準與原則。

如何才是真正的民主？

有些國家雖已擺脫舊有的獨裁體制，建立基本的人權保障觀念與民主選舉體制，民主政權卻不夠穩定，經常發生包括政變、暗殺、賄選、家族操控等非民主機制處理政治事務的狀況，甚至倒退回獨裁體制。例如菲律賓自一九八六年推翻馬可仕的獨裁政權、制訂三權分立憲法，已轉型為民主國家，卻仍經常有政變、貪瀆、政治人物遭暗殺等情況，使政治秩序持續不安。

對此，美國政治學者林茲及史帝潘從行為、態度及憲政結構三個層面來說明其一國實行民主的具體狀況，此三層面同時具備時，便可以將其視為真正實行民主的國家。此三層面包括了：**a. 行為層面**：國內已無任何主要的政治人物、政黨或團體，運用可觀的資源來建立非民主體制取代現行制度；**b. 態度層面**：即使面臨重大政治經濟危機，或是經歷社會動盪，甚或是人民對於主政者多所不滿，但大多數人民都仍信任民主是管理公共事務最好的制度，而不質疑民主制度解決問題的能力；**c. 憲政結構層面**：無論政府或人民，都已對民主憲政所設立的程序與制度運作相當熟悉，且願意遵循民主程序與民主方式產出的結果。反之，若此三個層面無法兼具，則為徒具民主形式、實為威權體制的國家。

檢驗民主是否落實的方法

對於民主是否以真正落實，杭亭頓以統治者能確實依據民主選舉的結果而放棄權力做為檢驗的基準，提出著名的「雙翻轉測驗」，亦即在民主轉型的初次選舉中，獲勝掌權的政黨或團體在選舉中連任失利，並能把政權和平移交給選戰中的獲勝者；且後來的獲勝者又能再次和平地把權力移交給次一屆選舉中的獲勝者，就表示民主政治已相當穩固。

例如，我國自一九八七年解除戒嚴開始，歷經國會全面改選、總統直選等民主選舉，又分別於二〇〇〇及二〇〇八年的總統大選中，完成了政黨輪替與政權和平轉移，通過雙翻轉測驗的考驗；相反地，緬甸在一九九〇年實行首次民主的國會選舉，翁山蘇姬所領導的全國民主聯盟大勝，選舉結果卻被軍政府宣布無效，且翁山蘇姬在選舉後即遭到軍政府長達多年的軟禁。

真正的民主 vs. 形式的民主

真正的民主

行為層面
沒有任何政治人物、政黨或團體會投入可觀的資源試圖建立非民主體制。

態度層面
絕大多數人民都相信並服從民主的程序與制度。

憲政結構層面
人民與政府都已習慣於民主憲政下的各項法律、程序與制度。

民主制度已深化紮根，成為穩固的制度。

形式的民主

行為層面
政治菁英如舊政權或軍方仍在密謀奪取政權，建立獨裁體制。

態度層面
短暫的社會動盪即會動搖人民對民主制度與價值的信任感。

憲政結構層面
憲政只是政治人物統治的工具，隨時會被任意變更或廢除。

民主雖有形式，但危機發生時即會崩解。

檢驗

雙翻轉測驗

杭亭頓提出由兩次選舉結果來檢驗民主體制的標準，稱為「雙翻轉測驗」。

第一次翻轉
在民主轉型的初次選舉中，獲勝的政黨或團體能和平取得政權。

第二次翻轉
首屆獲勝者連任失利，再次和平地把權力移交給次一屆選舉中的獲勝者。

民主已落實
統治者能確實依據選舉的結果而和平轉移政權。

調查各國自由民主程度的自由之家

美國著名的非政府組織「自由之家」，每年皆會對世界各國的自由程度加以調查、評比並發表報告，將各國分為完全自由、部分自由以及不自由國家三種等級。報告結果可做為檢驗各國民主程度的標準，亦可根據歷年的趨勢看出其民主發展處於鞏固或是退化階段。我國在一九七七年由不自由國家轉變為部分自由國家，又於一九九七年轉變為完全自由國家，可謂民主發展成功的案例。

Chapter 05
政治團體：
政黨與利益團體

　　在安排公共事務、分配資源等政治運作的過程中，每個人皆有各自的利益與偏好，諸如勞工關切勞動條件、農民關切土地徵收議題等，並希望藉由參與政治事務來爭取權益。然而，單獨一人難以成事，因此，許多人會基於共同理念或利益而成立團體，將人力、資源、目標整合，以發揮更大的影響力。其中，政黨即是基於共同政治理念而成立的政治團體，主要的目標為在選舉中取得執政權，以落實其理念；利益團體則是對個別議題如企業主的經濟利益、甚至環保議題等有共同期望而成立，企圖藉由遊說的方式影響政府對該議題決策方向。政黨與利益團體皆為個人與政府之間的主要聯繫管道，扮演了重要的角色。

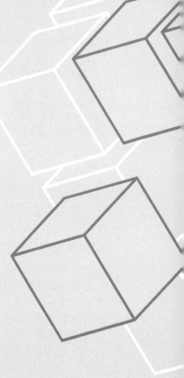

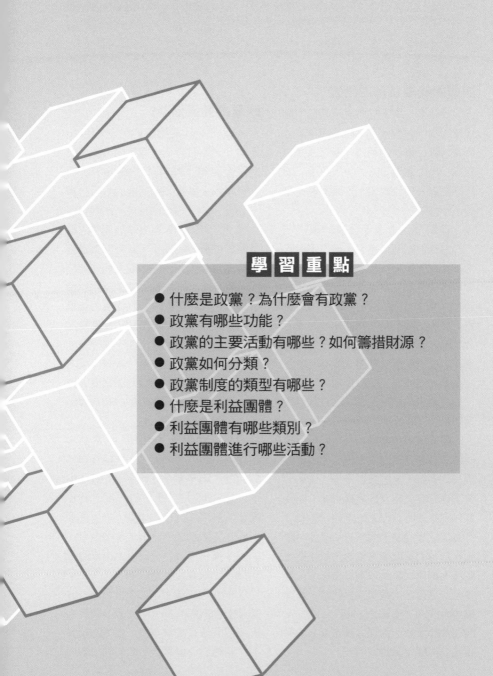

學習重點

- 什麼是政黨？為什麼會有政黨？
- 政黨有哪些功能？
- 政黨的主要活動有哪些？如何籌措財源？
- 政黨如何分類？
- 政黨制度的類型有哪些？
- 什麼是利益團體？
- 利益團體有哪些類別？
- 利益團體進行哪些活動？

政黨的意義與歷史演進

自西方開始發展議會政治以來，爭取議會席次、掌握更大的代表權日漸成為政治運作的重點，整合人民的意見與資源以贏得選戰、進而影響政策制訂的政黨也因而成為政治舞台的要角。現今幾乎每個國家都有政黨的存在。

政黨的意義及形成原因

政黨是一群人基於某種利益、需求或主張，而設定了某種共同政治信仰或目標，進而集結為一個有制度的組織；經由選舉等方式爭取政權，以控制政府人事及政策，進而實現其理念。

政黨是西方民權發展的產物，十七、八世紀時傳統君王勢力逐漸消退、人民開始嘗試參與政治，諸如向中央表達意見、參選議員等；然而，零星的個人勢單力孤，為了壯大聲勢，於是部分觀點、利益相同的政治菁英組織起來，以定期集會商議公共事務、推派候選人等方式取得更多公共資源，而成為一個以追求相同政治目標而結合的政治團體，即政黨的雛形。

隨著選舉權逐漸普及，政治目標的達成有賴當選席次的提高，而需要選民的支持，便開放群眾加入政黨，並因應訂立更完善的組織規範，如明訂一黨主要從政理念的黨綱、對黨員行為加以規範獎懲的黨紀、設計象徵政黨精神的黨旗或黨徽等，使其更有制度、紀律，現代政黨於是誕生。政黨是民主政治中匯集人民利益、影響政府組成的主要媒介，現今，除了少數獨裁國家外，大部分國家都立法保護人民組織政黨的權利。

政黨的發展沿革

最初的政黨雛形始於十七世紀英國光榮革命時期，議會內出現代表庶民階級的「輝格黨（Whig）」與貴族與教士階級集結而成的「托利黨（Tory）」。輝格黨支持共和制、托利黨支持君主制，雙方基於理念的歧見而形成敵對的關係，政黨間各自持有政見且互相競爭的基礎型態逐漸浮現。直到十九世紀初，由於英國投票權日益普及，輝格與托利兩黨各自爭取選民支持而發展出固定的組織活動，形成為「自由黨」與「保守黨」兩大黨，並制訂了由單一政黨組成內閣主導政府決策的議會內閣制度，自此由兩大黨互相競逐政權的政治運作方式已然成形。

美國則繼承了英國的兩黨制，在訂立憲法時，形成了主張建立聯邦政府的「聯邦黨」、與主張在憲法中更注重保障人民權利的「民主共和黨」。到了十九世紀中期，則是逐漸形成在經濟議題的立場上較強調平等的民主黨、與較為強調自由市場的共和黨，由兩黨競逐執政權。

十九世紀後半至二十世紀初是政黨蓬勃發展的時期，一方面多數民主國家已開放公民選舉權，政黨的動員力、組織力急劇擴大，政黨在代議民

主制度的重要性已不容忽視；另一方面，採君主專制或原屬殖民地的國家紛紛出現領導革命或推翻殖民政權的革命政黨，例如印度國大黨、中國國民黨等，政黨的蓬勃發展可見一斑。然而，二次大戰前，由於社會、經濟狀況混亂，民主政府動輒倒閣，無法迅速維持秩序，反而催生了提出領袖崇拜、種族主義、崇尚暴力等偏激主張的納粹黨，這也顯示出政黨可能為遂行奪權的目的而罔顧人權，進行殘酷的屠殺、挑起戰端。因此二次大戰後納粹黨瓦解，各國在認同政黨之餘，也普遍於憲法條文當中規定「政黨違憲解散」做為防範。

政黨的發展過程

17、18世紀			
人們獲得參政權 17、18世紀傳統君王勢力消退、人民開始參與政治，嘗試表達意見、參選議員、投票等。	**個人力量過小** 零星的個人參政時，勢單力孤，不受重視。	**整合個人之力** 觀點、利益相同的政治菁英相互組織，以求整合資源，發揮更大影響力。	**政黨的雛形** 懷抱相似理念、追求相同政治目標的政治團體，即政黨的雛形出現。

19世紀

政黨擴大發展
選舉權逐漸普及，政黨開始發展選民組織，與更多民眾連結，以增加政治實力以及當選的機會。

19世紀末、20世紀初

現代的政黨

黨員	**黨綱**	**黨紀**	**黨旗、黨徽**
由抱有相同政治理念的人組成政黨。 **例** 國民黨由孫中山為首的革命志士創立。	該黨主要的從政理念與原則。 **例** 國民黨旨在推行三民主義與五權憲法。	對黨員行為加以規範。 **例** 國民黨規定非所提名人選執意參選，則予以申誡或開除。	政黨的識別標誌。 **例** 國民黨定有黨旗。

政黨有哪些功能？

政黨以爭取民意支持、獲取執政權為目的，同時聯繫與人民、政府兩端，在運作上發揮反應民意、選拔人才、監督政府、避免僵化等正面功能；但另一方面卻也可能有分裂社會、操縱民意等負面功能產生。

政黨的正面功能

　　政黨在政治理念的傳播、黨員召募、參與選舉、取得政權……等運作過程中，發揮了下列四項主要的正面功能。

　　①**代表選民**：由於政黨要達到執政的目的，其所提出的政見必須能充分地代表選民意見、反映需求，才能取得認同與支持、維持政黨的生命，因此擔當了政治代表的角色。例如學者唐斯將政治比喻為市場，政黨如同企業，所提供的是傳達意見與主張的服務，民眾則如同消費者，選擇最能表達其意見的政黨，因此政黨具備了代表民眾意見的能力。

　　②**政治菁英的培養與甄補**：為了推出具能力與號召力的候選人，政黨會招募社會菁英，培養其政治技能與經驗，以期能進入政治場域中成為領袖人物。一般而言，有能力角逐大選的候選人皆由政黨提出，有志於從政者也會尋求加入志同道合的政黨。

　　③**型塑社會集體目標**：政黨可藉所提出的理念或政綱，整合一般民眾分歧的意見形成集體價值與目標，並朝目標的達成而努力，進而帶動整體政治與社會的發展。例如世界各國的綠黨以保護自然環境資源為目標，並以反核、生態保育、永續發展等社會運動爭取民眾的認同。

　　④**組織穩定的政府**：政府由大選中取得優勢的政黨所組成，依其黨綱與競選時提出的政見施政，使政體維持一定的穩定度，並符合大多數人民的期待。例如英國的行政部門為內閣，內閣成員由議會選舉席次過半的政黨或政黨聯盟的議員兼任。內閣施政時已有凝聚力與共識，政策的制定與執行過程也能因此更為穩定、順暢。

政黨的負面功能

　　然而，在政黨執行正面功能的同時，亦可能會伴隨出現下列三種負面

非民主國家的政黨功能

非民主國家通常只有唯一的執政黨，其為領導國家的中堅，主要的功能是「塑造民意」，以傳播政黨意識型態、影響人民意見，進而動員社會的人力、物力來支持政府。例如共產黨國家即以教導人民接受共產主義，以達到資源公有化的終極目標。

功能與影響。

①**分裂社會**：當眾多政黨各自代表民意時，可能會出現意見對立、不易整合共識，甚至造成社會分裂的後果。例如在一次大戰後德國威瑪共和時期，納粹黨、共產黨、社民黨（屬於左派政黨）等多黨林立，各黨意見分歧之下激化了社會的對立。

②**操縱民意**：政黨在宣揚其黨綱與目標時，可能使民意不自覺地受其操縱、控制而失去自主性。例如威瑪共和施政不力造成人民擔憂經濟惡化、工作不穩，民心動搖之際，需要一個強大的領袖帶領其度過難關。納粹黨的希特勒便趁機累積個人聲望，並宣揚種族歧視、發動戰爭等偏激的政策以凝聚向心力，吸引民眾情緒上的強烈認同，終於獲得民意支持勝選，進而遂行其野心。

③**侍從主義化**：「侍從主義」是指農業社會中，在上位的地主將土地租予在下位的佃農耕作、並保護其安全，以換取佃農的勞動與效忠，而形成一種不平等的利益交換關係。侍從主義可推演至政黨與地方的關係。政黨在表達民意的過程中，大多會與利益相近的團體如地方勢力、財團等接觸，並可能與這些團體建立私下的利益交換關係，甚至形成為團體利益護航的情形，使政黨表達民意的正面功能轉為包庇或勾結的負面狀況。例如在台灣的政黨會給予某些地方派系一些特權，諸如對於當地的產業發展、經營權、特殊優惠待遇等，以交換在選舉時的支持。

政黨的功能

代表選民

政黨必須提出能充分反映需求、表達民意的黨綱與政見，才能取得民意支持。

例 學者唐斯將選民比喻成消費者、政黨比喻為企業，提供傳達意見與主張的服務，消費者會選擇最能代表其意見者。

政治精英的培養與甄補

政黨平日即會培養訓練政治人才，以期能成為有實力的候選人，進而擔當政治領袖。

例 選舉中有當選實力的候選人大多由政黨所提名。

型塑社會集體目標

政黨所提出的黨綱、政見可以推動社會集體價值與目標的形成，進而帶動整體政治與社會的發展。

例 各國的綠黨以推動保護自然環境為目標，得到許多有志於環保民眾的認同。

組織穩定的政府

政府通常由大選中取得優勢的政黨所組成，依其黨綱與競選時政見施政，使施政具穩定與一致性。

例 英國的內閣由議會選舉席次過半的政黨或聯盟組閣，政府運作能維持一貫性。

正面功能

政黨運作
政黨以爭取民意支持，進而勝選，取得政治權力為目的。

負面功能

分裂社會

政黨各自代表對立意見時，可能會造成社會分裂、針鋒相對的不良後果。

例 黎巴嫩的基督教長槍黨、回教阿瑪爾運動各擁民兵，造成流血紛爭不斷。

操縱民意

政黨宣揚黨綱與目標時，可能操縱、控制民意。

例 納粹黨以種族歧視、發動戰爭等偏激的政策鼓動人心。

侍從主義化

政黨與地方勢力、財團、黑道等利益相近的團體建立利益交換關係，甚至為其利益護航。

例 台灣的政黨會給予地方派系一些特權，以交換在選舉時的支持。

政黨的主要活動

活躍於政治舞台的政黨，為了結合更多支持者、吸納更多政治資源，平日即會從事許多活動將其理念推廣於社會，使一般民眾理解、進而認同；各項活動皆需要龐大的財力來支撐，因此募款也是政黨活動的主要關注焦點之一。

政黨的主要活動有哪些？

政黨主要以參與選舉競爭、取得政權為目的，一般政黨平日會進行理念宣傳，積極參與各種選舉，選後反對黨則可能以號召示威遊行來監督政府等，以贏得民眾青睞，進而厚植其政治實力，主要從事下列三項活動。

●宣傳：宣傳可以提高大眾的認知，使其了解政黨的目標與理念進而認同，因此是政黨活動裡不可或缺的一環。通常政黨會設立宣傳部門，或聘任相關人員擔任宣傳工作，宣傳方式包括新聞報導、政治廣告、書籍、宣傳車、傳單、活動等。例如當執政黨發覺民眾對政策滿意度高時，即會趁機發布民調數字廣為宣傳，以鞏固其地位；而反對黨遇到執政黨聲勢下滑時，也會趁機鼓吹其理念。

●參選：政黨的目標是取得政權，以合法控制政府人事及政策，進而實現其政見，因此，參選是最重要的活動之一。政黨平日即會吸收政治菁英加以培訓，大選時經由黨內初選等程序推舉參選者，並傾全力助其勝選，舉凡擬定選戰策略、發布政見、全黨總動員助選等，都是勝選的關鍵。例如二〇〇八年民主黨推選歐巴馬為總統大選參選人，以「Yes we can（是的，我們可以做到）」做為選戰策略主軸，強調民主黨的改革能力，並發表經濟復興計畫、醫療改革、環保政策等，以及於各州成立助選團等。

●示威遊行：在野黨對於執政黨的監督、制衡方式，除了在議會內的政策參與、協商之外，有時為了表達對執政黨的不滿，會動員群眾上街頭遊行抗議，藉以反應民意，且宣示政黨的監督能力與影響力。例如二〇〇八年南韓政府公告取消有狂牛病疑慮的美國牛肉進口，引發反對黨號召群眾示威遊行，要求政府撤回公告。

政治獻金的流弊

由於政黨召募資金與捐獻的過程中，容易與財團或大企業過於接近，甚至受財團賄賂，出現利益輸送的弊端。為了杜絕弊端，許多國家都訂有「政治獻金法」，規範捐贈的法定額度與方式。

政黨的財源

　　政黨的各項活動都需要充足的經費支應，尤其競選耗資甚鉅，因此政黨無不以籌措財源為最重要的活動。

　　一般來說，政黨的財源有四：首先，最直接的財源為向黨員收取一定金額的黨費，例如英國工黨黨員每年繳納黨費三十六英鎊，無工資收入黨員則繳納十二英鎊。二為平時的小額捐獻，政黨會向民眾或基層黨員徵募政治獻金，例如英國保守黨、工黨皆有常設的捐款專戶，以便隨時募款。三為舉行公開性活動進行募款，例如義賣、餐會、音樂會等。美國的民主黨便經常舉辦募款晚會，知名演藝人員登台表演以籌措競選經費。四為向企業募款，為了募得較大額的資金，政黨也會向財源充足的企業募款，而有商業利益的大企業也樂於捐款支持特定政黨。例如美國共和黨的財經政策主要為發展商業投資環境、降低高收入者的稅賦負擔，符合大企業的利益，因此諸如大型銀行等大企業捐款都很踴躍。

政黨從事哪些政治活動？

平時	選戰期間	政府施政不力
↓	↓	↓
宣傳	**參選**	**抗爭**
政黨會藉由理念的宣傳以提高大眾的認知，使民眾了解進而認同、給予支持。	政黨以取得政權為目標，因此，參選是最重要的活動之一。	在野黨為對執政黨進行監督與施壓，在其執政不力時會使用抗爭的手段。

⬇做法	⬇做法	⬇做法
政黨會設立專職宣傳的部門，透過新聞報導、政治廣告……等方式傳播理念。	平日培育政治菁英，大選時透過初選程序推選參選人，並擬定最佳選戰策略助其勝選。	針對某些重要議題，在野黨會動員黨員與民眾遊行抗議，且表明其立場，並宣示政治實力。
例 日本自民黨籍首相小泉純一郎曾為該黨拍攝形象廣告，備受肯定。	例 日本自民黨2010年參議院選舉，以「保衛日本的責任」為競選主軸，強調重整經濟、安定生活等理念，終於勝選。	例 2008年南韓反對黨針對政府開放美國牛肉進口的公告，號召群眾示威遊行。

各項活動皆需要龐大的財力來支撐。 ← **財源籌措**

收取黨費	小額捐獻	公開活動募款	向企業募款
大部分政黨會向黨員收取一定金額的黨費，不繳交者予以罰則處分。	政黨平時即會向民眾或基層黨員徵募政治獻金。	政黨會舉行公開性活動如義賣、餐會、音樂會等方式募款。	政黨也會向有商業利益的大企業募款。
例 英國工黨黨員每年繳納黨費36英鎊，無工資收入黨員則繳納12英鎊。	例 英國工黨及保守黨皆於官方網站公布募款專戶，供民眾以刷卡、匯款方式小額捐獻。	例 美國民主黨經常以舉辦大型募款晚會的方式一次募得大筆款項。	例 美國共和黨的財經政策受大企業歡迎，因此捐款踴躍。

政黨的類型

政黨組織的型態可依據不同的分類角度和標準分類。一般而言，多從組織目標、領導者與支持者之間的關係形成方式、組成起源、以及意識型態等角度，區分出下列四種類型。

理念型政黨 vs. 掮客型政黨

政黨可依據組織所追求的目標與價值，分成「理念型」和「掮客型」政黨。理念型政黨著重於某種政治信仰，或是以某一特殊社會階級或團體為主要訴求。其源於階級、宗教等間隙較大的歐洲社會，故其人民所組織的政黨較為堅守理念、立場，例如德國社會民主黨於十九世紀創立時即以社會公平為主要理念，英國的工黨於二十世紀初期成立時以追求勞工階級的利益為己任。

相反地，掮客型政黨的重心在於追求與保護本黨利益，以在各項大選中得到多數選民支持為主要目標，並不具更高層次的根本理念與強烈的信仰，其源於較多元型態的社會，政黨需要爭取更廣泛的選民支持才能存續，不能只依賴特定理念或階級的支持，例如美國的共和黨與民主黨即為最佳範例。

然而，理念型政黨隨著社會日趨多元化、階級對立降低或政黨規模增大等變化，也可能轉型為掮客型政黨，例如原為理念型政黨的工黨隨著勢力增強成為執政黨，使其訴求的選民與提出的政見相形之下更加大眾化，成為掮客型政黨。

菁英型政黨 vs. 群眾型政黨

政黨也可依照領導者與支持者之間的關係形成方式，區分為「菁英型（骨幹型）」與「群眾型」。菁英型政黨是由顯赫人士如社會名流、議會菁英等所組成。由於早期選舉權尚未普遍、政治動員度不高，所成立的政黨半是菁英型政黨，例如英國的王黨、早期的國民黨和印度國大黨。菁英型政黨黨紀通常較寬鬆，平時只有少數積極黨員處理黨務，鮮少舉辦政黨活動，競選時才會組織動員。

相反地，群眾型政黨是經由廣納黨員而組成，這類的政黨主要形成於十九世紀到二十世紀之後，由於當時選舉權普及化、政治動員度相對較高，政黨組織方式與成員更深入地方，得以吸收更多黨員，推展更普遍、有效的政黨活動。群眾型的黨紀通常較為嚴格，大部分有繳交黨費的義務，以便維持常態性的組織運作。多數歐洲社會主義黨都是當時成立的群眾型政黨，例如德國的社會民主黨、基督教民主黨等。而原本的菁英型政黨也可能為了爭取更多支持者而轉型為黨員來自多方的群眾型政黨，如現在的國民黨。

內造型政黨 vs. 外造型政黨

若依照政黨組成起源與議會政治體系之間關係的不同，則可以分成「內造型（內生型）」政黨與「外造型（外生型）」政黨。內造政黨形成於議會之內，由意見相似的核心議員形成團體，進而招攬選民而成；政黨的權力核心集中在議會黨團。內造型政黨源於十八、十九世紀的議會政治，議員藉由連合為政黨以取得更多席次，例如英國的王黨和保守黨。

外造型政黨則是形成於議會之外，先經由組織與社會運動等招攬黨眾，最後才形成政黨組織，進而於國會選舉中大勝奪取政權。外造型政黨源於十九世紀末、二十世紀初民眾為爭取參政權而結合為政黨的契機，例如英國的工黨源於工會組織與勞工運動。外造型政黨自議會外的社團組織形成，政黨權力核心不必然會進入議會。此外，歷史上建國型的政黨也多為外造型政黨，是因應特殊政治危機而組成，例如國民黨的前身興中會是孫中山於夏威夷檀香山所建立，以推翻滿清、建立民國為志。

左派政黨 vs. 右派政黨

以政黨秉持的意識型態所區分的政黨類型，在現今的歐洲政黨較為明確。歐洲國家諸如法國、德國、義大利……等依意識型態分類成「左派（翼）」政黨與「右派（翼）」政黨。左派政黨大多指涉支持共產主義或社會主義，或是提出改革與社會革新觀念的政黨。政策上以推行社會福利和社會改革等為主力目標，其支持者以勞動階層的民眾為主，例如法國共產黨及人民黨。

反之，右派政黨則偏向維護既有秩序與民族傳統價值，帶有保守色彩，較為注重移民管制以及公民權有限開放等議題，支持者多為對現狀較滿意的中上階級，例如法國自由民主黨、在歐洲聯盟議會占多數的歐洲人民黨與歐洲民主黨等。

政黨屬左派或右派，亦可能因客觀情勢的影響而移動，如東歐民主化之後，共產主義不再是絕對的信仰，東歐的共產黨甚至更改黨名，如塞爾維亞共產主義者聯盟改名為社會黨，表示其認同由極左派走向偏左政黨。

左派與右派的意義

左派、右派的概念源於法國大革命時所召開的國民會議，當時革命的支持者不約而同地坐在講台左邊、反對者則紛紛坐往右邊，逐漸引申為以「左派」一詞代表傾向改革的力量、「右派」一詞代表擁護傳統價值觀的立場。至今，左派代表重視推動公民自由與社會地位平等的立場，對於經濟上則要求政府干預市場機制，提供應有的社會福利，凡立場接近的政黨皆為左派政黨；右派則是傾向維持既有的傳統與秩序，對於改革較為審慎，在經濟上則認為政府應順應社會自由發展，不應干預市場機制。

四種政黨類型比較

❶ 依政黨組成的目標區分

理念型政黨

意義
政黨具有某種強烈的政治信仰,或是訴求某一特殊社會階級或團體之利益、價值。

特質
政黨的目標與政見較富有原則性。

淵源
歐洲屬於有階級、宗教團體等固定間隙的社會,人民所組織的政黨較為堅守理念、立場。

實例
德國的社會民主黨、英國早期的工黨。

→ 可能轉型

因應社會的多元化、階級對立降低、政黨擴大而轉型。

掮客型政黨

意義
政黨組成的目標主要在於取得最多數選民的支持,以於選戰中勝選,而非在於某些特定的價值觀。

特質
政黨所提出的政見較富有普及性。

淵源
多元型態的社會,政黨需要爭取更廣泛的支持才能存續。

實例
美國的共和、民主兩黨。

❷ 依領導者與支持者之間關係區分

菁英型政黨

意義
政黨的組成分子主要為顯赫人士或是社會名流。

特質
黨紀偏向柔性,平時只有少數積極黨員處理黨務,鮮少舉辦政黨活動,競選時才會組織動員。

淵源
因應早期選舉權未開放,政治動員度較低之故,政黨歷史通常較為悠久。

實例
英國的王黨與民黨。

→ 可能轉型

為了爭取更廣泛的支持者而轉型。

群眾型政黨

意義
廣為招攬一般民眾為黨員,組織組成深入地方。

特質
黨紀偏向嚴格,大部分有繳交黨費的義務,以便維持常態性的組織運作,動員程度高。

淵源
是政治權普及化的產物,近代才出現。

實例
德國的社會民主黨、基督教民主黨。

❸ 依與議會政治體系的相對關係區分

內造型政黨

意義
形成於議會政治體系內，由議員團體開始組成。

特質
權力核心集中在政黨內部，亦即議會黨團。

淵源
因應議會政治運作的需求而產生。

實例
英國的王黨與民黨。

外造型政黨

意義
形成於議會政治體系之外，多為建國型的政黨，也有可能是因應特殊危機而形成。

特質
自議會外的社團組織形成，政黨權力核心領袖多不進入國會（今日英國的工黨運作例外）。

淵源
民眾為爭取參政權而結合為政黨。

實例
英國的工黨、中華民國國民黨。

❹ 依意識型態分布區分

左派政黨

意義
樂見改革與社會革新，多為社會主義性質政黨，政策上以推行社會福利和社會平等改革等為主力目標。

特質
支持者以勞動階層的民眾為主。

概念淵源
法國大革命時召開國民會議，革命的支持者坐在演講台左邊所引申而來。

實例
法國共產黨、人民黨。

右派政黨

意義
維護既有秩序與民族、傳統等價值的政黨，對於移民與國內公民權開放議題上多半較為封閉與保守。

特質
支持者以對現狀滿意的中上階級為主。

概念淵源
由擁護傳統者坐在演講台右邊所引申。

實例
美國的共和黨（對移民政策的封閉）。

政黨制的種類

現今無論獨裁或是民主國家,皆以代議制度為政府組成的依據。然而,在代議制度的外表下,透過「政黨制」的落實程度,諸如該國政黨數目、規模、實際運作情形等進行檢視,即可判斷是否為名副其實的代議制度,抑或只是表面功夫。目前主要的政黨制有一黨、兩黨及多黨制三種。

一黨制①:一黨獨裁制

當一國代議制度僅有單一政黨存在,即為「一黨制」,其可再細分成「一黨獨裁」及「一黨獨大」兩種不同型態。

一黨獨裁表示該國家當中只有唯一一個合法政黨,不存在任何可監督其執政或取而代之的政黨。由於缺乏政黨公平競爭贏取選票與公職的機會,該黨長期獨占國會席次,壟斷整個國家行政資源與體系。在此之下,政黨與政府的運作結合,只有政黨高層能擔任政府官員,政黨的黨綱即為政府施政的方針,稱為「黨政一體」。例如二次大戰時期的義大利法西斯黨、德國納粹黨,或二戰後東歐、波蘭和蘇聯等國的共產黨,乃至今日的中國、越南、古巴等國,都是一黨獨裁制的典型。

一黨獨裁制出現於獨裁國家,支持與奉行某種意識型態的政黨建立政權後,以意識型態做為施政的唯一方針,任何反抗分子試圖組織政黨,都會被視做叛亂行為,遭到迫害與壓制。一黨獨裁制的動員迅速、力量集中、步調劃一。但由於人民沒有組黨和思想言論的自由,一黨專斷、獨行之下,容易濫權腐化,尤其面臨領導人接班問題時,常發生權力鬥爭、整肅異己的狀況。

一黨制②:一黨獨大制

一黨獨大制是一國之中雖有數個政黨存在,但只有一個大黨長期在議會席次過半,掌握執政權力,小黨始終無法影響其地位。一黨獨大制雖然亦由執政黨獨攬大權,但與一黨獨裁制不同的是,各黨在法律上是平等的,同樣有宣傳黨綱、政策的自由,也有從事公平競選的權利,但選舉結果只有優勢政黨能獲得多數選民支持而長期掌握行政大權,其他小黨只能贏得少數席次。在亞、非、拉丁美洲地區,一黨獨大制相當普遍,如我國自一九八七年解除黨禁、至二〇〇〇年總統大選政黨輪替之間的國民黨,以及二十世紀五〇至九〇年代的日本自民黨、印度的國大黨皆為典型代表。

一黨獨大制的成因主要有二。一為歷史因素:採該制的國家通常在建國前處於君主專制或殖民統治,經由政治菁英組織政黨起而革命追求獨立。待革命成功,該黨便成為功在國家、地位鞏固的建國政黨。建國政黨除非過分腐敗,往往都能吸納政治菁英投入,達到一定反映民意的功能,故能維持其優勢地位於不墜。二為經濟社會因素:通常經濟發展落後、社會現代化不足的國家,很難產生強而有力的團體足以與執政黨競爭政權或

發揮制衡作用，因此造成一黨長期居於優勢的結果。一黨獨大制的優點在於由一黨主導政局，易保持安定；且政府重大施政時無強大反對力量掣肘，故措施迅速、易於貫徹。然而，在缺乏有效制衡之下，有權力易趨於腐化的缺點。

兩黨制

「兩黨制」意指一國有兩大主要具有影響力量的政黨。在此之下，兩黨在議會中均有席次過半的機會，政治勢力互有消長，保持「一黨執政、一黨在野」的交互執政的動態。此制可形成由單一執政黨主導、在野黨監督的政府型態；在政治責任明確、且監督力量強大之下，也較可望形成強勢且能負責任的政府。典型的兩黨制有英國、美國、加拿大等英語系國家。

兩黨制的成因主要是社會文化因素與選舉制度的設計。兩黨制興起於英語系國家，其社會較少受革命的衝擊或是嚴重的意識型態對立，選民的政治態度主要採實用主義，亦即關注的問題在於與自己生活有關的實用層面。因此，兩黨制的政黨訴求著重於政策的效用，以博得最大多數的中間選民支持為務，其立場通常偏向中間溫和路線，逐漸形成能吸納最廣泛民意的兩大政黨相爭。立場偏激或採極端意識型態的兩大政黨則只能吸引少數選民，政治實力不足。

在此種社會文化下，選舉制度則採行在一區只選出唯一一席的「單一選區相對多數制」（參見第211頁），只有得票最多數者能當選，使

得票數少的小黨更被排除於議會之外，限制小黨發展之下，有助於兩大黨勢力的鞏固。

兩黨制度是目前多數學者認為最具有和諧性的制度，由於兩黨交替執政，可發揮互相監督制衡之效果。執政黨為求連任，會積極提升施政水準，若施政不力也無可推諉卸責；在野黨取得政權，也必須盡力揭弊，盡其批評監督之責，有促進責任政治之作用。但兩黨制也有三項缺點。一為政府施政會趨於保守，由於兩黨均以勝選為目標，淪為討好選民的「選票至上論」，不願提出重大改革的主張。二為兩黨制對於民意的反映不如多黨制來得完整。三為民主素養不良時易出現黨爭，兩黨制可能淪為執政黨依恃多數強行通過法案、漠視在野黨；反之在野黨可能訴諸杯葛、抗爭、暴力等極端做法，使政局不安。

多黨制

多黨制意即一國之內有兩個以上的主要政黨，沒有一個政黨能在議會有過半的席次。在此之下，通常由最高席次政黨與理念相近的較小政黨結盟使席次過半，再組成政府共享政權，即「聯合政府」；政策通常為各黨政見折衷妥協的結果。多黨制常見於歐陸國家如北歐、義大利、德國和以色列等。

多黨制與歷史及選舉制度的設計密切相關。近代以來歐洲國家的人種、語言、宗教、意識型態分歧較大、隔閡不易消弭，且難以建立共識、政治主張林立，因而出現了抱持各種對立意見、無法融合的政黨，埋

下了多黨制的因子。而其所採行各黨依得票比例分配議會席次的「比例代表制」（參見第212頁），也更確保了各政黨勢力的維持，即使立場偏激的小黨亦有生存空間。

　　多黨制的優點在於社會上各種意見與利益皆可透過政黨來提出、並爭取權益，更能實現代議民主政治的理想。其缺點則是政局不穩。由於多黨制需籌組聯合政府，任何一個政黨若因其主張或利益不能滿足憤而退出，則政府可能瓦解，造成政局變易頻繁的後果。另外，政府由多黨聯合組成，人民無法判斷施政功過的責任屬於何黨，對於責任政治的建立有不利影響。

一黨制、兩黨制與多黨制的比較

	一黨制		兩黨制	多黨制
定義	國內僅有一個主要政黨存在。		議會是由兩大主要政黨輪流取得過半席次。	議會內沒有任何一個主要政黨可取得過半席次。
	一黨獨裁制 國內僅有一個主要政黨存在。	**一黨獨大制** 只有一個大黨擁有議會席次過半的優勢。		
政府運作	**黨政一體** 一黨獨占整個國家行政資源與政治體系。政黨與政府的運作結合，所有高階官員皆為政黨同意的人選，政府施政的方針來自黨綱的規定。	**一黨長期執政** 由於只有一個主要優勢政黨能獲得多數選民支持，因此長期掌握行政大權。	**兩黨輪替執政** 形成一黨主導執政、一黨在野監督的政府型態。施政方針則為選時政見與黨綱。 ●採「單一選區絕對多數制」：在一區只選出唯一一席，只有得票最多數者能當選；小黨則被排除於議會之外，限制小黨發展。	**聯合政府** 由最高席次政黨與理念相近的較小政黨共組聯合政府共享政權，政策經各黨政見折衷妥協做成。 ●採「比例代表制」：各黨依得票比例分配議會席次，大小政黨皆有生存空間。

成因	某意識型態政黨建立政權後，以所奉行的意識型態為唯一方針，鎮壓反抗分子組織反對黨的行為。	●歷史因素：大黨領導獨立建國，故地位鞏固，若非過分腐敗都能維持優勢。 ●經濟社會因素：經濟社會發展較落後，民間尚未形成具足夠能力與資源的政黨與執政黨競爭政權。	社會文化因素：英語系國家並無價值觀對立的問題，選民關注實用層面的議題。政黨採中間路線較受支持，而立場偏激的小黨則不受青睞。逐漸形成能吸納最廣泛民意的兩大政黨競爭的情況。	歷史文化因素：歐陸國家的人種、語言、宗教、意識型態等社會分歧較大，故產生抱持各種對立意見、無法融合的多個政黨。
特色	●動員迅速：力量集中、步調劃一，能促進全國上下團結。 ●濫權腐化：一黨專斷獨行，缺乏制衡，容易腐化。 ●權力鬥爭：面臨領導人接班問題時，常發生權力鬥爭、整肅異己的狀況。	●政局安定：一黨主導之政局易保持安定。 ●施政迅速：無強大反對力量掣肘，故措施的訂定與執行較為迅速。 ●趨向腐化：因缺乏有效制衡，權力易趨於腐化。	●責任明確：執政黨必須負起執政不力之責；在野黨須負起監督之責。 ●施政趨於保守：兩黨為求勝選可能淪為討好選民，不願進行重大改革。 ●民意反映不足：只有兩黨存在，對於民意反映仍不夠完整。 ●出現黨爭：若民主素養不良，兩黨可能衝突不斷。	●反映多元意見：各種意見與利益皆獲得政黨代為反映與爭取，不致被忽視。 ●政局不穩：許多聯合政府根基不穩固，政黨可能輕易退出，造成政府瓦解。 ●政治責任不明：政府由多黨聯合組成，較難分辨判斷施政功過的責任歸屬。
典型案例	二戰時義大利法西斯黨、德國納粹黨；共黨執政時期的東歐、蘇聯，今日的中國、越南、古巴等。	我國國民黨（1987～2000年）、日本自民黨（1950～90年代）、印度的國大黨。	英語系國家如英國、美國、加拿大等。	北歐，義大利、德國等歐陸國家，以色列等。

什麼是利益團體？

除了政黨外，政治舞台上還有一個基於共享利益或共有價值觀而組成的「利益團體」存在。不同於政黨以獲取政權為志，利益團體企圖藉由遊説、施壓等方式影響政府決策方向，成為集結、傳達社會意見的重要管道。

利益團體的形成與功能

　　利益團體是指一群抱持某項共同利益或目標的人所組織的團體，意在影響政府決策與行動以獲取利益。例如關心經濟利益的紡織工人共組紡織工會、關懷女性權益的性別平等基金會等。

　　由於現代政治運作皆已制度化，各國政府皆以一定的程序來進行利益的安排與分配，如立法機關制訂法律、行政機關統籌計畫與執行，並在各環節中皆已公開，民眾可參與並給予意見。如選民可向立法部門如議員傳達其要求、或是針對行政機關的措施表達看法等。但僅憑個人的力量在爭取利益上難免處於劣勢，因此，許多擁有特定目的或訴求的個人為免其利益被忽視或犧牲，會集結起來成立利益團體，以集體的力量參與政治運作過程，對政府形成更大的壓力，使其目的與訴求更易於達成，因此利益團體又稱為「壓力團體」。例如，宗教人士組織成以「反墮胎合法化」為主要理念的團體，積極遊説議會通過反墮胎法案，或是以遊行、請願的方式引起公眾的注意，藉此向政府施壓。

　　利益團體在表達各種社會需求與利益時，可以促進政治參與，無形中發揮了強化民主政治的功能；同時，利益團體對其訴求的倡導，給予了政府採取行動、回應民意的壓力，亦可發揮監督政府的功能。

利益團體的種類

　　為了深入了解各種利益團體的本質與運作原則、區別彼此間的差異，學者海伍德進一步根據利益團體的目的性將其分類為保護成員利益的「部門性團體」與增進集體利益「倡導性團體」；以及依團體地位分為距離政治核心較近的「核心團體」與遠離核

利益團體的出現

利益團體是在人民逐漸取得參政權的過程中所誕生。十八世紀在英國即有一些富商、地主結合成團體，企圖影響議員立法方向；在十九美國世紀成立了全國性的勞工聯盟；法國則成立了女權社，以推動婦女取得選舉權為目標。目前世界各地的利益團體則大多源於二十世紀六〇、七〇年代蓬勃的社會運動時期，例如提倡環保的綠色和平組織於一九七〇年成立於加拿大，且已將其理念推向國際。

利益團體的形成與類型

現代政治運作	個人表達其利益與要求	組織團體
各國政府皆以一定的程序進行利益與資源分配等政治事務的安排。	每個人都需要在政治過程中爭取更多利益或理念實現的機會。	為免個人的力量受忽視，有共同利益的人們會組織團體對政府部門施壓。

形成

利益團體
一群共享某種利益或共同關注公共事務的人所組織的團體，旨在影響政府決策。

根據利益團體的目的性分類

部門性團體
代表社會某個部門成員的利益，如商業人士、勞工、教師、醫師等。通常以爭取其經濟利益或福祉為主。

商會、工會、教師聯誼會、醫師公會等。

倡導性團體
成員基於對公眾利益的共同理念、價值觀而建立，例如兩性平權、環境保護等。

婦女新知基金會、台灣環保聯盟。

根據與政治核心的關係分類

核心團體
該團體有直接與政府接觸的管道，較貼近政治核心，例如工會、商會等。

團體目標與政府長期施政目標相容。	政府在擬定政策時需與其諮商以獲取意見、提升可行性。	團體可直接與政府或政黨決策核心接觸。

核心外團體
該團體缺乏直接與政府接觸的管道，往往需向大眾尋求支持，例如環保團體、動物保護團體。

主張社會改革，與政府目標並不一致。	政府在擬定政策時並不特別重視其意見。	團體較難直接與政府或政黨決策核心接觸。

心的「核心外團體」，分述如下。

●部門性團體與倡導性團體：部門性團體代表整體社會中某類部門成員的利益，例如商業人士組成商會、勞工組成工會；或是專業人士如教師組成教師協會、醫師組織醫師公會等。此類利益團體通常訴求維護該團體分配與交易的利益，例如知名的「美國勞工聯盟（AFL-CIO）」，是以薪資與政府財稅政策等議題為主要關切焦點。倡導性團體則基於成員對公眾利益的共同信念、價值或信條等而建立。例如台灣有支持性別平權的婦女新知基金會、反菸害的董氏基金會等，也稱為「公益團體」或「非政府組織（NGOs）」。

●核心團體與核心外團體：核心團體是較接近政治權力核心的利益團體，享有某種特定的權限，藉由直接管道定期與政府或政黨成員進行諮商與協商。由於此種利益團體目標經常與政府長期施政目標相容，政府需與其諮商以獲取資訊，且當政策訂定時也需與其協商、交涉，以利未來施政順利。諸如追求成員利益保障的商會、工會……等都是核心團體。相反地，核心外團體則缺乏直接與政府接觸的管道，往往會以公開尋求大眾支持的方式達成影響政策制定的目標。通常此類團體主張社會改革，因與政府目標並不一致而不受重視，故無法接近政府核心，例如環保團體、動物保護團體屬於此類。

利益團體的活動方式

利益團體最主要的活動即為以遊說方式影響政府決策，又可分為直接與間接遊說兩種方式。直接遊說是派遣專業的遊說人員經常性地向決策者（如議員、政府官員等）或其幕僚直接提供充分且必要的資訊，如與國會議員溝通、與政府官員接觸、在政府單位舉辦的公聽會做證等，讓議員及官員了解各方的意見及可能後果，在資訊充足的情況下做出符合該團體利益的決定，像是通過對其有利的法案、或修訂公共政策。間接遊說則是指影響決策者之外的一般群眾，以爭取大眾的支持、間接影響政策的訂定，例如訴諸媒體發布廣告、動員團體成員發動一人一信攻勢、公開支持相同理念的候選人等。舉例而言，「美國以色列人公共事務委員會（AIPAC）」以促進以色列的利益為成立宗旨，自一九五一年在華府成立以來，便透過對參眾兩院議員的接

利益團體與政黨的相同與相異處

利益團體與政黨皆為抱持相同理念或目標的團體，且需由政治運作來達成。然而，相較於政黨，利益團體涉入政治的程度較淺，所提出議題的範圍幅度小、且特重於某個焦點，不同於政黨所關注的範圍通常較為全面。利益團體多半是以施壓的方式影響政治人物與政府決策，基本上不派人參選；而政黨的運作則以取得政權為最終目的，故會直接派人參加競選，並取得席次。

觸、對行政官員提供政策諮商與協助等遊說活動，為以色列爭取到有利的中東政策。

除了溫和的遊說外，利益團體也會採取較激烈的抗爭方式，這也是以保障弱勢、社會改革為訴求的核心外團體所採取的主要活動方式。諸如聚眾請願、示威遊行、罷工等，促使大眾注意團體的主張，同時也對政府施加壓力，不得不正視其訴求。例如台灣環境保護聯盟發動數次反核遊行，博得大眾對其主張的認同。

利益團體影響政策與進行活動的方式

直接遊說	間接遊說	抗爭
派遣團體成員或專業遊說人員向有權決策的議員、政府官員及幕僚接觸，提供意見以影響政策。	說服決策者之外的一般大眾，以民意影響政策的訂定。	以較激烈的抗爭促使大眾注意團體的主張，也迫使政府重視其意見。
做法 與國會議員溝通協商、向政府官員建言、參與政府單位舉辦的公聽會等。	**做法** 在媒體刊登廣告、動員團體成員發動一人一信、公開支持相同理念的候選人。	**做法** 遊行、請願、靜坐抗議、示威、罷工等。
實例 各國工會皆會對政府所制訂的勞動條件、勞工保險等進行遊說，使所制訂的法案符合其利益。	**實例** 工會將其決議刊登於媒體廣告，宣示其政策立場，並號召群眾支持。	**實例** 工會因對政府勞動政策不滿，發動全體成員罷工，對政府施加壓力。

政府因應利益團體的處理方式

利益團體會藉由遊說、交涉等互動方式影響政府部門的決策與立場；然而，眾多利益團體之間可能存有緊張或衝突關係，如各持己見的勞工團體與資方團體。政府的處理方式則分為主動介入團體協調的「統合主義」、與開放利益團體競逐的「多元主義」兩種政治模型。

統合主義

統合主義是指政府在制訂政策時，主動地安排、引導相關利益團體代表參與商議與溝通的過程。若政策能形成充分共識，其推行將更為順暢無礙。此種制度在實際運作時，會有法律規範利益團體（尤其是工會、僱主聯盟等從業人員所組成的利益團體）的組織，凡從業人員均需加入，團體內的組織層級也較為嚴謹。例如勞工都必須參加地區工會、企業主需加入地區商會等，並組成全國性的總工會、總商會，其領導人可做為代表對外參與協商，對內則整合組織成員的共識，且決策對其成員具有一定的約束力。

北歐國家、德國和日本等皆採行統合主義。例如，瑞典的企業主與工人各自加入僱主聯盟與勞工聯盟，在政府訂定勞動基準法時，雙方對工資、勞工保險等若有爭議，政府、企業與勞工可透過正式的協商進行利益的分配與調整，最後在雙方妥協下達成決策、並共同遵行，如此一來，利益團體間發生罷工等嚴重衝突的狀況也會相形減少。

由於歐陸國家的社會階級明顯，勞資對立問題尤其嚴重，政府為了兼顧各方利益，從而發展出統合主義的協商機制，不但可保障較弱勢勞工的發言權，亦可使社會更為穩定和諧。然而，由於人民經由政府強制加入團體，可能有違個人的意願，不符合結社自由的原則；且利益團體的代表或領導人享有過大的權力，可能有獨斷與腐化的問題。

多元主義

相對地，多元主義則是許許多多的利益團體在完全自由、開放之下進行遊說活動，政府則在匯集眾多意見後做出決策。在此模式下，政府並不以法律或公權力介入利益團體，成員主要是自主性參加，若各團體意見不一時則需自行協調，政府並不介入干預。英、美、加拿大為採行多元主義的代表國家。例如，美國的勞工不一定會加入工會組織，且全國大大小小工會皆有自主性、其中無層級或指揮的關係，各自代表的利益也不盡相同。政府方面則採中立角色，開放所有利益團體的溝通與遊說活動，最後再匯集多方意見制訂出相關政策。

由於英語系國家較少有階級對立的問題，也沒有單一團體長期占有主導地位或支配優勢，因此利益分配問題採取開放競爭的方式即可獲得解決，政府不需主動涉入商議過程。多元主義發表意見、影響政策的權力是公平且分散的，免除了統合主義將權

力集中於單一領導階層時可能出現的官僚或腐化問題；且政府不強制人民加入利益團體，對個人自由較為尊重。然而，因利益團體的資源、地位不同，也可能出現強勢團體凌駕弱勢團體的不平等情況，或是團體間對立衝突難以化解的危機。

多元主義與統合主義的比較

	統合主義	多元主義
基本特徵	政府在相關領域政策制訂時，主動地安排特定利益團體的代表或領導者參與商議，將所獲致的共識做成政策。	社會中有許多利益團體共存，在完全自由、開放之下進行遊說活動，政府匯集各方意見做出最後決策。
運作狀況	●政府訂定法律規範主要利益團體如工會、僱主聯盟的組織，強制業者加入。 ●利益團體具有層級組織，其領導者的決策具有拘束力。對外可做為代表參與協商、對內可統一指揮，且決策對其成員具有一定的拘束力。	●利益團體自由組織，政府不加以干預，也不強制加入。 ●形形色色的利益團體皆有自主性，彼此互不干涉也無層級隸屬關係。
政府角色	**主動者** 政府主動將利益團體納入政策制定過程。	**中立者** 政府做為各方利益的總結與執行角色。
背景	有階級對立、不易協調的歷史背景，因此發展出政府介入協商的機制。	無階級對立的歷史背景，故利益分配可以開放眾多團體競爭。
特點	●保障較弱勢的一方在更平等的地位下參與談判。 ●避免各團體間的衝突，社會較為穩定和諧。 ●政府強制成員加入團體，不符合結社自由的原則。 ●利益團體的領導人享有無異於政府官員的權力，有腐化或獨斷之虞。	●利益團體的資源、地位不同，可能出現強勢團體凌駕弱勢團體的不平等情況，容易淪為形式上的多元。 ●政府不強制人民加入利益團體，對個人自由較為尊重。 ●團體間出現對立衝突時難以化解。 ●權力較分散，少有單一領導階層可能出現的官僚或腐化問題。
代表國家	北歐國家如丹麥、瑞典，德國和日本等國。	英語系國家如英、美、加拿大、澳洲等國。

Chapter
06
政府的類型
與組織

　　在人類共組的群體生活中，為了維護公共秩序，以及進行資源合理分配，產生了「政府」做為領導、統治的機構。在古代，政府主要是由君王擔任領導者，且統攬所有統治事務。至十七、八世紀隨著經濟及社會迅速發展，公共事務的數量及繁複程度擴增，於是政府順應分化為推動政務的行政、制訂法律的立法、解釋及執行法律的司法三大部門。同時，民主思想也帶動人民起而爭取統治權力，萌生了英國內閣制、美國總統制兩種以人民為統治主體、但以不同架構配置行政、立法部門權力的政府類型；至二十世紀下半葉又有法國第五共和兼採兩制所創立的雙首長制。其他國家則在訂立憲法時參考此三制的基本架構與精神來設計該國的政府體制。

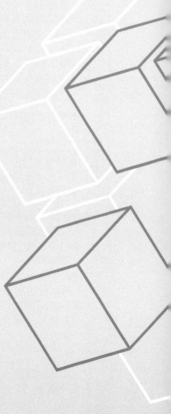

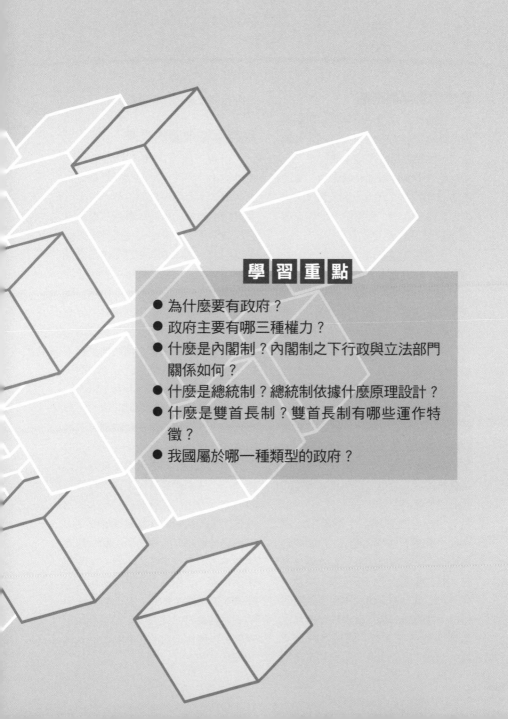

- 為什麼要有政府？
- 政府主要有哪三種權力？
- 什麼是內閣制？內閣制之下行政與立法部門關係如何？
- 什麼是總統制？總統制依據什麼原理設計？
- 什麼是雙首長制？雙首長制有哪些運作特徵？
- 我國屬於哪一種類型的政府？

政府的意涵

政府的設立是為了滿足人們群體生活所出現的各種生存需求。由歷史發展看來，人類由最初的生存與安全的基本需求，擴展到能擁有自由與人權；與此相應，政府的權威也由世襲王權轉變為人民擁有主權，且政府的組成也有了更嚴謹的分權與制衡的設計。

政府的意涵與形成

政府是人類根據現實需求所創造出的產物。在上古的初民時期，人類為了在險惡的自然環境中求得生存，開始組成群體，彼此互助合作、交換所擁有的勞力或資源。當人類日漸繁衍、聚落擴大後，簡單的互助或交換已不能滿足群體生活的需求。一方面，人們都想保護自己的生命、自由與財產，而與他人不能相容時就會產生爭端，所以需要一個公正無私的權威來訂立法律，明文規範每個人的權利與義務，並將之付諸實行，於爭端發生時，依法評斷孰是孰非，並對犯法者施以懲罰。另一方面，隨著公共需求日漸多元，也需要一個專門機構來統整各項人力、物力資源，進行妥善的分配，使需求能更快速、有效地解決。例如，眾人需要公共道路以滿足交通需求、需要公共灌溉設施以滿足農耕需求。於是，做為權威機關的政府便應運而生。

在政府的管理下，群體生活能在法律規範下有序地運作，也能在善用資源之下使群體的共同福祉獲得提升。在公元前兩、三千年前，埃及、中國、印度等地區便已出現了政府的雛形。在複雜的現代社會裡，舉凡促進經濟發展、就業、國民教育、交通、治安、醫療、社會福利等事務都是由政府統籌推動與執行。

政府權威來源的改變

自有了政府之後人們的生活便受其統治；然而，政府權威的基礎其實在歷史上有著長久的沿革。在十八世紀以前的傳統政府，權威主要來自於血統的世襲，其權力可任意擴張而不受限制。例如中國在夏朝的禹之後即開啟了君主世襲的制度，人民並沒有制衡君權的能力、也尚未出現質疑世襲是否合理的想法。即使君主暴虐無能，人民也會承認並接受其統治，直到民不聊生、民怨深種的地步，人們才會揭竿起義推翻舊政府。然而，改朝換代之後仍舊實行著君主世襲制度；西方各國亦有著類似的情形。一直要到十八世紀的民主化浪潮，才出現傳統政府經過內部改革逐漸削減君王的權力，或是革命推翻王權等重大轉捩點，逐漸轉型為民主立憲政府；政府的權力也由世襲轉變為經人民的授權而來。政府的建制與職權受到由民選議會所制訂的憲法所規範；政府的領導者則由民選產生，有一定的任期與權責。例如為對抗英國殖民統治而獨立的美國，建國之初即於憲法中明確規範政府的權力，並且設計民主制度，以確保政府的統治能出於人民的同意。

政府的出現

人類組成群體

上古時代人類開始以合作、交換的方式共組群體生活，以在自然環境中求得生存。

群體日漸擴大

當群體因人類的繁衍而擴大後，互助或交換法則已不能完全滿足群體生活的需求。

需要

公正的權威機構

個人有保障生命、自由與財產的需求，因此與他人產生紛爭時，需要訂立公正的法規以及仲裁的權威機關。

統籌資源的機關

各項人力、物力資源亟待妥善的分配，以解決公共需求。例如道路、橋樑、水利等公共設施需要設立。

形成

政府

由一套制度與一群人員構成，對一國之內的人民進行統治，包括進行秩序的管理與提供公共服務。

現代政府的組成

在政府的權威源自於人民授權的原則下，政府的組成需要精密的安排與設計。一來是因為現代政府統治範圍龐雜而需要一定程度的分工；再者，為防範政府權力集中於一人而不受限制，因此需要將其權力分配到不同的部門之中，並設計出相互制衡的制度，降低政府擅自擴張權力的風險。在此之下，大部分的政府切割為行政、立法、司法三個部門：行政部門負責公共政策的推行，包括擬定施政計畫、頒布行政命令等；立法部門負責審查行政部門的預算、審理法案、且對其施政進行監督；司法部門則主掌裁決法律的相關事務，對行政部門頒布的命令與立法部門的法案進行審查。三個部門彼此的職權環環相扣且相互牽制，其中又以行政部門與立法部門之間的互動關係特別重要。尤其是在人民對政府擴權有所疑慮的國家，其所設計的制衡機制就愈多。遇有兩部門互相對立、僵持不下時，便需透過司法部門釋憲的程序進行仲裁，藉此使政府能確實反映民意需求、同時防止政府擴權侵害人民權利。

而根據行政部門與立法部門互動關係的不同，又衍生出內閣制（參見第143頁）、總統制（參見第150頁）以及雙首長制（參見第156頁）三種主要的政府制度。

國家元首與政府首長的分殊

現代政府中還有一個「國家元首」的基本角色，是沿襲傳統政府的「君王」角色而來。傳統的君王即為一國的領袖，獨攬大權、身兼「國家元首」和「政府首長」的雙重角色。國家元首指的是一個國家的代表與象徵，對外可以展現國威，例如代表本國接見外賓、出訪友邦等；對內則可凝聚民心，例如於重大災難發生時公開發表演說以安撫民心等。政府首長則是實際進行統治相關決策與執行的最高指揮者，包括徵收稅賦、對外宣戰、對內發布緊急命令等。然而，在民主化之後，由於君王不再具有實際執政權力，僅扮演象徵性的「國家元首」角色，因此又稱為「虛位元首」。「政府首長」則改由人民選出，並定期改選，通常為行政部門的首長擔任。如此一來，除了能夠確保政府首長更迭時，國家一切事務仍能維持正常運作；且於國家發生重大爭議時，元首還可以扮演客觀中立的調解者。以英國為例，英王為虛位元首，負責執政的政府首長則為內閣首相。

現代政府的組成

現代民主政府
以主權在民、政府權力由人民授予為基本原則。

組成原則

部門分工
政府統治事務複雜,需要更精細的分工,各部門職有專精。

+

分權制衡
為防範權力由一人專擅無法制衡,必須將權力再分割。

形成

三權分立
政府分為行政、立法、司法三個部門,各有其職權,以防任一部門獨大而濫權的可能。

行政部門
掌理一國的行政事務。

- 訂定並執行政府施政計畫。
- 編列國家預算。
- 公布行政命令。

權力分立而制衡

權力分立而制衡

立法部門
掌理一國的立法事務。

- 監督行政單位施政。
- 反映人民對行政部門的需求。
- 訂立法律案。

權力分立而制衡

司法部門
負責法律的裁決。

- 處理人民生活中的司法糾紛。
- 解釋憲法。
- 釐清法律相關問題,判斷法律、命令是否違憲。

國家元首 vs. 政府首長

傳統政府
君王為唯一的政治領袖，集大權於一身。

國家元首
● 為國家精神與榮耀的象徵。
● 對外代表國家，包括接待外賓、簽署重要文件。
● 對內凝聚人民向心力。例如授勳予傑出貢獻人士、危難時發表安撫民心的談話等。

結合

政府首長
● 實際統治國家。
● 為政府決策與執行的主要人物，包括徵收稅賦、對外宣戰、對內發布緊急命令等。

經過十八世紀民主化過程。

現代政府
君王不再具有實權，原本合一的國家元首與政府首長的多重角色也有了分殊。

國家元首
在君主國，君王不再介入政務，只擔任禮儀、象徵性的角色。

例 英國女王為英國國家精神的代表。

分殊

政府首長
由民選決定政府首長，具有實質的政治權力。通常由行政部門的首長擔任。

例 英國首相為實際掌權者。

政府的類型①：內閣制

內閣制發端於英國，是從英國由王權逐漸轉變為內閣掌權的歷史經驗所產生；又因為英國帶來穩定的民主政治發展而廣受稱道。許多國家如日本、德國、澳洲等亦採用內閣制；且配合各國不同的文化與政黨制度後，使內閣制有了更豐富且多元的分支，成為政治學研究的重點之一。

內閣制是什麼？

內閣制即是以「內閣」為行政部門決策中心的政府制度。內閣的組成人選來自於議會選舉的結果，在議會選舉中獲得多數選民青睞、席次較多的多數黨成為執政黨，再由執政黨內的領導菁英（通常為歷經多次連任的資深議員）組成「內閣」，且大多仍兼任議員（日本、荷蘭則不兼任）。若議會無一政黨擁有過半席次時，則獲得較多席次的政黨會與理念相近的友黨結盟使席次過半後再共組內閣，稱為「聯合內閣」（例如以色列、澳洲曾由第二大黨組閣）。內閣的領導人為首相（或稱為總理，通常為執政黨領袖擔任），舉凡一國行政事務的外交、內政、財政、交通、文化……等，在內閣皆有相應的專門部會職司；各部會首長則由首相挑選任命。

總的來說，內閣的職責為國家整體政策的制訂、依據政策目標提出法案、與推動整個行政體系落實法案；其施政方針需向議會報告且受其質詢、監督。由其實際工作來看，內閣的基本任期即為議員的任期（一般多為四或五年不等）。然而，由於內閣可能會因執政不力、重大政治爭議無力解決等進行閣員汰換、或是內閣總辭、甚至經議會發動倒閣而提前下台，因此並不一定任滿；且若內閣執政深獲支持，在下一屆大選後亦可能留任；因此任期並非固定不變，需視議會是否支持現任內閣而定。例如英國前首相艾登帶領工黨組閣四年即下台、而柴契爾夫人則曾帶領保守黨組閣長達十一年之久。

內閣制的組成分子除了掌理立法權的議會、行政權的內閣之外，還有做為國家主權象徵的「國家元首」。其僅為虛位元首，亦即不具政治實權的儀式性角色，其工作內容包括對外行使外交禮儀、應首相提請任命官員、以及簽署並公布法律，並不具有改變法律實質內容的機會，僅有為政策施行背書的功能；故元首會恪守中立，不介入政事。國家元首通常是由世襲君主擔任，若該國無世襲君主，則也可能透過選舉（通常為間接選舉，即由民意代表而非選民直接投票選出）另選任一位固定任期（通常為四年至五年不等，得連選連任一次）的總統擔任國家元首，但亦為虛位元首。目前採用內閣制且有君主做為元首的國家居多，例如英國與日本；另選出總統做為元首的則有德國、以色列、印度等。

內閣實際做些什麼？

在內閣的實際作為方面，通常在議員競選期間，各政黨即會各自提出政策方向，各黨未來總理及閣員人選也幾乎底定（即資深或最具眾望者）；當選舉結果出爐，獲最多民意支持的多數黨或多數黨聯盟就可立即組成新內閣。接著，總理與閣員即會依據其於競選時期的政見、民意的需求或是時勢所趨，研擬中長期施政計畫，訂定此期間內施政重點、策略目標及關鍵績效指標。每年再根據中長期施政計畫的步驟編定年度施政計畫，併同支應該計畫所需經費的年度預算提交議會審議。而議會則對於政府業務進行審核與檢討，審核通過後，內閣將督責所屬部會推動計畫使其落實。比方說，內閣擬定推動本國的觀光產業為中長期施政計畫，將加強文化建設、更新國家公園景觀、興建交通設施等列為下一年度施政重點。因此在以總理為首、會同全體閣員相關權責部門如文化、內政、交通等部門的合議之下，共同決定政策方案並依據所需經費擬定年度預算；待送交議會審議審核通過後，相關部會即需投入各項計畫的執行，達到推動觀光的目標。

內閣制的法案審理過程

內閣在運作上，其具體工作內容即表現在內閣擬訂法案、預算提交議會審議，及議會通過法案後督責所屬部會執行。因此，由一個法案的實際審理過程可以呈現內閣制的運作重點。以內閣制的發源國英國為例。內閣根據其施政目標提出欲推動的法案（議員亦可主動提出法案），並交由議會「三讀」才能通過。「三讀」亦即法案經過三次在議會全體出席的「院會」中宣讀，使議員完全了解此案的內容，並確認其適宜施行。

三讀的過程是當法案被提出後，會送到議會秘書處著手編擬三讀的議事日程，並依據編定後的議程進行審議。「一讀」的具體工作事項為由議事人員引介法案、宣讀條文，目的在使全體議員知道此案。接著，即依據所排定的議程進入二讀，二讀的目的在對法案的立法精神與原則進行討

●內閣制發源於英國

內閣制是英國歷史洪流中各項因素匯集的結果。英國自公元九世紀以來，國王雖握有行政大權，但亦有與貴族、宗教領袖聚會磋商國政的傳統，此即是議會體制的雛形。十七世紀時，國王又於其中遴選親信組成「內閣」商議國政，內閣所商議的政務均需議會的支持，成為今日內閣制的發端。至十九世紀人民以民主投票選舉議員逐漸普及後，確立行政實權由內閣掌握，國王不再介入政務，內閣制的各項條件於是臻於完整。

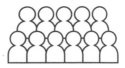

內閣制的概念

人民

選出　　負責

議會

 少數黨　　 多數黨

●任期通常為四或五年，得連選連任，但可能提前解散。
●審理內閣所提的法案（本身亦可提案）。
●監督內閣預算、施政。
●握有對內閣質詢的權力。

組成　　監督　負責

內閣

●任期為四或五年，但可能連任或提前下台。
●向議會提出預算案與施政報告，並接受議會的質詢。
●向議會提出法案。

形式上任命　　 國家元首

●國家元首為國家主權的象徵，須保持政治中立。因此只擁有形式上的權力，僅能依據選舉實際結果發布任命。
●在君主國（如英國）為世襲君王擔任，任期為終身。
●在共和國（如德國）則另選出一位總統擔任，通常任期為四或五年不等，得連選連任一次。

人民可藉由選票來間接控制內閣。

行政部門的作為符合民意。

論。相關委員會如內政、國防、外交等委員會審議法案的細節並做出結論，再將結論向全院會報告；並交由院會徹底地審查與該法案有關的評估與報告，再逐條表決。接著，法案就會在院會進行三讀，此時除非法條有內容互相牴觸或牴觸憲法等不符合法理的狀況需再退回二讀再行審議，否則僅會做文字上的修正，並將全案付諸表決，如果獲全體議員過半的贊成票過即表示通過。

因英國有雙議院，即代表平民的下議院及代表貴族的上議會，該案在下議院三讀通過後將送交上議院依同樣程序進行第二階段審議，若雙議會皆通過，再經元首發布即正式成為法律。整個過程中，由於組成內閣的執政黨占人數優勢，再配以嚴明的黨紀，基本上法案皆能成功通過。因此內閣可以主導法案的審議，達到預期的政策目標。例如，內閣為了推動觀光產業，提出維護古蹟文物的「古蹟管理條例」法案，內容為古蹟的修復與保存相關規定，在執政黨議員過半支持下，順利通過三讀而成為法律。

內閣與議會的關係

由於內閣閣員同時兼任議員，從內閣與執政黨議員之間合作推動政策的層面來看，行政部門與立法部門是緊密結合的關係。但在此之下，內閣制為了避免內閣的行政權力權無限制地擴張，設計了立法權與行政權對抗的機制，包括：內閣必須定期向議會進行施政報告，說明政策方向與接受議員的質詢；以及「不信任案」制度的設計。

「不信任案」是指一旦內閣的政策偏離議會多數意見，不再獲得議會支持時，議會即可提出質疑內閣執政能力的法案。如果不信任案通過，內閣即被推翻，需進行總辭。相對地，為了避免議會的立法權超越過內閣的行政權，內閣制又賦予了內閣「解散議會權」，亦即在被倒閣成功時可向國家元首要求解散國會、提前改選，以探求當時民意向背。若內閣確信自己符合民意，縱然議會不予支持，仍可在大選時獲得民眾的支持，並藉由重新改選的結果來決定是否可以續任。若改選後原執政黨或支持現任內閣的議員較多，內閣仍可繼續留任；倘若反對黨勝選，則代表民眾明示不支持現任內閣的意向，則理當由符合最新民意的新議會多數來組織內閣。例如，一九七九年英國由工黨所組的內閣在勞工政策和通貨膨脹上引起爭議，做為反對黨的保守黨趁機提出了

●議會的委員會

議會所要處理的政務或審查的議案大致分為內政、外交、經濟、財政、教育、社會福利等領域，議會之下皆會設有各領域的專門委員會，專責該領域的民意調查、官員質詢及政策法規審查等事項。議員則依據其專精領域登記參加，或由政黨推派參加。

內閣制的立法過程

內閣擬訂法案、預算案提交議會審議，議會經三讀通過後，內閣再督責所屬部會落實該法案，過程大致如下：

立法過程

內閣擬定政策目標
內閣依據其競選政見、民意要求或時勢擬定施政計畫與目標。

例 A國採內閣制，內閣因應環保的呼聲，訂定宣導企業節能減碳的施政目標。

內閣向議會提案
內閣針對所欲推動的政策起草一項法案，提交議會審議。

例 內閣為推動減碳，起草「低碳標章法」，規範業者產品產銷過程產生的碳量，並予以認證。

議會擬定日程
法案送交議會祕書處，進行三讀議事日程的擬訂作業。

例 內閣將「低碳標章法」草案送至議會，擬定議程。

一讀會
在全院議員參與的院會公開向全體議員引介法案、宣讀條文。

例 議事人員向全場宣讀「低碳標章法」草案條文，使議員知悉此法案。

三讀會
除非法案有不符合法理的狀況，否則僅做文字細部修正，並將全案付諸表決。

例 「低碳標章法」全案付諸表決。

院會審議
院會取得委員會報告與相關評估後，將徹底地檢查法案，並逐條表決。

例 院會審議「低碳標章法」的委員會報告以及相關評估後，進行逐條表決。

委員會
法案交由相關委員會審查內容，可舉行公聽會，邀請相關人士出席表達意見，做為審查該議案參考。審查結果將做成修正建議報告送交院會。

例 「低碳標章法」法案送交環保委員會審查，並邀請環保團體、業者等出席公聽會發表意見，供委員審議參考。

二讀會
在院會討論與審議法案的立法精神、原則等細節。

例 議員討論「低碳標章法」的精神，審議碳量與檢驗標準等。

未獲通過
未獲過半議員支持，則法案可能在修正後重新進行提案的過程，或是被擱置。

例 「低碳標章法」表決未能獲過半席次贊成，則被退回由內閣再擬新案。

法案通過
獲全體議員過半席次支持，則經國家元首批准，內閣首相副署後正式成為該國法律。

例 「低碳標章法」表決獲過半贊成，即呈交A國元首批准，內閣首相副署後正式成為法律。

內閣通常可透過執政黨多數優勢影響議會，法案大多能獲通過。

不信任案，結果以一票之差通過。工黨內閣提出解散議會，重啟大選；然而，大選結果保守黨大勝，工黨被迫下野，由保守黨組閣。

由各種機制設計看來，內閣制的精神即在於行政部門與立法部門處於既結合又對抗的關係：內閣來自於議會，執政能力獲得議會支持與信任；但同時，內閣與議會間又有提出不信任案與解散議會權的相互制衡設計，無非是為了避免任何一方濫用其權力，以達到保障人民的權利的目的。

內閣制的優缺點

內閣制的優點最主要在於內閣是由民選議會產生並對其負責，本就符合民意所趨，再輔以不信任案與解散國會的設計，內閣與議會成員可隨時依據民意的變化而改變，不致有背離民意的狀況產生。例如英國自內閣制施行以來，一直以民主國家的模範著稱。再者，內閣與議會結合之下，行政與立法部門的意見也較為一致，更容易溝通合作以確保法案通過，使內閣執政較為順利。即使當行政與立法部門意見僵持不下時，亦可訴諸不信任案與解散國會的設計來解決僵局。

然而，其缺點也正在於內閣與議會關係過於緊密，當問題發生時，容易有權責不清的情形。且當無席次過半的大黨出現、需由兩個以上政黨共組聯合內閣時，經常由於包容許多不同的理念，而出現衝突與分歧，有時會導致內閣成員更替過於頻繁，甚至動輒倒閣的狀況，對於政策的延續相當不利。例如法國第四共和便有聯合內閣極度不穩定的記錄，在一九四五至一九五八年之間即有多達二十五次的政府更迭。

內閣與議會發生爭議時的解決方法

重大爭議發生

內閣所推行的重大法案或總預算案無法獲得議會支持。

例 1979年英國的工黨首相卡拉漢所組內閣在勞工政策和通貨膨脹等做法上失去眾望，在野的保守黨趁機取得民心。

發生過程

議會對內閣執政能力產生質疑。

例 1979年保守黨對工黨內閣的效能產生質疑，並拉攏工黨內的游離票使勢力壯大。

議會可以對內閣提出不信任案（即倒閣）。

例 保守黨議員對內閣提出不信任案。

不信任案獲過半通過則倒閣成功，內閣必須總辭。

例 保守黨僅以一票之差險勝，工黨內閣因而必須總辭。

提出不信任案

解散議會

議會

內閣

內閣有權解散議會、提前改選。

例 工黨內閣仍有信心在大選中獲勝，故呈請女王解散議會，重新選舉。

內閣與議會爭議交由選票結果決定。

例 保守黨由柴契爾夫人率領參與選戰。

執政政黨獲勝，則前任內閣留任。

若在野黨成為新議會多數黨，則成為新執政黨，可組成內閣推行新政策。

例 保守黨贏得過半席次，改由柴契爾夫人擔任首相組織新內閣。

依循民意解決爭議

內閣可以隨民意變動而機動調整其組成，使政治爭議以更符合民意的方式獲得處理。

例 英國1979年的政爭由提前大選的訴諸民意方式獲得解決。

政府的類型②：總統制

總統制發端於美國，主要以三權分立的學說為基礎，使行政、立法、司法各自獨立又相互制衡，以達到限制政府權力以保障人權的目的。隨著美國國力的強盛，許多國家亦紛紛仿效，與內閣制並稱為最重要的兩種政府類型。

什麼是總統制？

　　總統制是指以總統為行政首長的政府制度。總統大多是經由人民直接投票的總統大選產生，直接對人民負責，有固定任期（各國不一，通常為四或五年不等、可連任一次）。總統是一國施政方向的最高決策者，並會任命一群部會首長做為幕僚（其幕僚也通稱為內閣），專責其專業範圍內如國防、財政、內政、勞工、教育、外交等事務，並依循總統之命令執行指派的政策。總統有權對任一部會首長任用與解職（但人事任命需經過議會同意方能通過），施政的成敗責任由總統承擔。

　　總統每年需對議會提出國情咨文，內容包括揭示施政方針、重要政策等，以做為推動立法進程之用。例如每年美國總統都會向參眾兩院提出國情咨文，暢言其施政方針、成果及未來願景，並透過電視向全國廣播，已成為美國年度政治大事，也彰顯了總統做為行政首長的權力與影響力。但因行政、立法嚴格分立，總統並非直接對議會進行法案的提案，需情商同黨議員代為提案；每年的年度預算亦需經過議會的審核才能撥款。

　　總統制中的議會則同樣是由人民選出，亦有一定任期，一般為四至六年不等、得連選連任（美國代表各州的參議院任期為二年，代表所有人口的眾議院為六年）。其掌有立法權，扮演監督行政權的角色；除了負責行使部會首長的同意權、法案的審查、預算的通過之外，在行政部門官員違法失職時，議會還擁有「彈劾權」，亦即控訴其不法行為使其去職。

　　由於總統制的起源是脫離英王統治而獨立的美國，並無君主制的歷史傳統，因此做為國家象徵的國家元

總統制發源於美國

總統制是由美國獨立革命過程中逐漸成形的制度，由於美國為英國殖民地，深受英國專制王權壓迫，故在獨立之後極力擺脫君王制度，而設立民選總統掌理行政部門。又為了避免總統權力過大反過來侵蝕人權，因此在其制訂憲法規範政府組織時，援引孟德斯鳩「三權分立」說，設計了行政、立法、司法互相分離且制衡的制度，以防止獨裁專政。另又以議會選舉賦予人民參政的權利。

總統制的基本概念

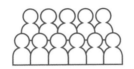

人民

負責　選出　　選出　負責

議會

- 有一定任期（通常為四至六年不等，連選連任）
- 專司立法權，審議法案。
- 監督行政部門、同意其人事案。
- 審核政府預算。

各自獨立互不隸屬

總統

- 有一定任期（通常為四至五年不等，可連任一次）
- 代表行政權，包括內政、外交、財政等。
- 有權任命及指揮部會首長進行施政。
- 提出政府預算。

兼任

國家元首

總統同時擔任國家元首，為國家主權的象徵，可對外代表國家、對內整合民意。

總統無權解散議會、議會亦無倒閣權。

行政、立法機關的權力皆來自於人民選舉，無法像內閣制可不信任或解散對方。

藉由制度確立權力的嚴格區分，使權力不集中於某一機關手中。

減低政府擴權、甚至侵犯人權的機會。

首是由總統兼任，不另立虛位元首；總統即可代表國家公布法案、簽署條約、任命大使等。目前採用此制度的國家除創始且沿用該制度至今的美國外，還有大部分的美洲國家如墨西哥、尼加拉瓜、巴拿馬等。

總統實際上做些什麼？

在總統的實際作為方面；通常總統會代表某一政黨參與大選，在競選期間即會依據政黨方針提出政見以吸引選民。選後則依據政見主持國家大政、任命並領導部會首長、擬定施政計畫與預算、當國家突然發生危難時有權發布緊急命令以度過危機。

一般而言，總統與其幕僚會擬定中長期施政計畫，並落實於各年度預算編列中，然後將預算提交議會審議，議會便是藉此對總統進行監督。由於總統、議會各為民選產生，總統與議會多數黨可能為不同政黨，因此在預算審核時並非皆能順利通過。例如一九九五年，美國眾議院以共和黨籍為多，與民主黨籍的總統柯林頓在減稅議題上針鋒相對。眾議院不批准政府預算，竟使大多數政府機構因缺乏經費而被迫休假，反倒使人民感覺

不便，最後共和黨才因民意壓力讓步。由此可見，總統與國會的僵局並不罕見，且需要透過雙方的協商、甚或政治壓力與手段來解決。當預算通過後，總統則將率領全體部會與行政體系落實其施政計畫。

總統制的法案審理過程

總統制的法案提案權屬於議會，總統的立法計畫僅能透過同黨的議會議員代為提案以進入立法程序。法案審理亦需經過議會的三讀審議；法案在由議員提案後會由祕書處編列日程。一讀只朗讀標題，由提案人說明提案旨趣及大致討論後，即交付各相關的常設委員會。總統制的議會通常採「委員會中心主義」，意即把委員會審理視為法案制訂的最關鍵環節。委員會對法案的立法原則與精神進行審查，為了對法案進行深入了解，可以邀請有關人士列席說明，亦可廣徵民意，邀請持正、反意見者出席公聽會以供參考，委員會也可直接修改法案條文。委員會審查完畢後，法案即送至二讀，朗讀法案及相關審查資料。議員們多半會尊重委員會的專業審查而不會有太多的修正，最後往往

總統的緊急命令權

總統制在面對重大政務時，需經由議會通過法案才能施行；但憲法明訂當國家發生緊急危難如天災地變、財政經濟變故等，因議會立法三讀程序需時較久，為免曠日廢時，總統可藉由發布緊急命令來應急，事後再由議會追認。例如二〇〇九年美國新流感疫情擴大，美國總統歐巴馬發布緊急命令宣布進入全國緊急狀態，授權美國各醫院在處理大量新型流感病患時，得權宜行事，不受聯邦健保法規的限制，使防疫速度加快。

總統制的立法過程

基於權力分立原則；只有立法部門有權提出法案，行政部門無提案權，需交由同黨議員代為提案。法案經三讀通過後，需由行政部門督責所屬部會落實該法案。立法過程各國不一，大致如下：

立法過程

總統提出國情咨文
總統藉由每年的國情咨文揭示其施政目標及理念，藉以尋求議員支持。

例 B 國採總統制，因新型傳染疾病肆虐，B 國政府希望能加強防疫措施。

議會提案
議會因應民意所需，或同黨議員受行政部門之託提出法案。

例 對國民健康特別關注的議員提出「傳染病防制法」草案，規定防疫網的建立以及相關措施。

議會擬定日
法案送交議會祕書處，進行三讀議事日程的擬訂作業。

例 提案議員將「傳染病防制法」草案送至議會，擬定議程。

一讀會
在院會公開向全體議員引介法案、宣讀條文。

例 議事人員向全場宣讀「傳染病防制法」草案條文，使議員知悉此法案。

委員會審議
● 法案交由相關委員會進行全案審查。
● 可邀集正反意見人士及學者專家出席公聽會，做為審查該議案參考。
● 委員會可直接修改法案。

例 送交衛生委員會審議「傳染病防制法」。在醫界、社福界等相關人士建議之下，訂定法條、規定防疫網的建立。包括政府發布疫情警報、對患者採取隔離措施等。

二讀會
基於對委員會的尊重，二讀多半會在不做大幅修改的狀況下通過委員會版本。

例 議會二讀通過委員會提出的「傳染病防制法」版本。

三讀會
除非法案有不符合法理的狀況，否則僅做文字細部修正，並將全案付諸表決。

例 「傳染病防制法」全案表決。

未獲通過
未獲全體議員過半支持，則法案可能在修正後重新進行提案的過程，或是被擱置。

例 「傳染病防制法」表決未能獲過半席次贊成，則被退回由議員再擬新案。

法案通過
獲全體議員過半席次支持，尚需經總統批准及簽署。

例 「傳染病防制法」表決獲過半贊成，即送交 B 國總統。

總統批准
總統簽署批准即正式成為該國法律。

例 「傳染病防制法」經總統批准並公布施行。

總統否決
若總統不予批准，則需連同異議退回議會。

總統可行使「覆議權」，將反對的法案退回議會重審。

議會重審
總統否決的法案需三分之二以上議員投下贊成票，才能維持原案。

能順利進入三讀並且通過委員會的版本；而如美國等有雙議會的國家，則需再送交第二議會依據相似程序審議，最後呈請總統公布施行。此時，若總統認同該法案，則可予以批准，法案即成為法律；若總統無法接受，可行使「否決權」，意即將該案退回議會要求重新審理；而議會若要維持原案，必須再進行「覆議」，以一定席次如三分之二的高門檻才能通過。因此總統只需掌握三分之一以上的支持，便能阻擋其所反對的議案。

總統與議會的制衡關係

總統制創建的精神便在於不使權力集中於單一機關以免專制。因此代表行政權的總統、代表立法權的議會完全獨立，且各自對其選民負責，二者之間並沒有如內閣制中議會對內閣提出不信任案，或內閣解散議會的權力；而是另行設計了行政與立法相互牽制的特定功能。

總統有部會首長的人事任命權；相對地，議會對總統所提的行政首長有同意權，可影響總統的人事安排。議會有法案提出及審議權，總統則相對地擁有否決權，可阻擋所反對的法案施行。總統有權提出施政計畫與落實計畫的預算，議會則相對地可審查預算。在總統率領整個行政體系運作時，議會可以在不干擾正常運作的前提下，對行政部門的運作狀況進行偵察與了解，包含：調閱行政部門的文件、調查行政人員的職務內容等，若有發現行政人員違法失職時也可提出彈劾。種種皆可看出總統制著重權力分立而制衡的用意。

總統制的優缺點

總統制的優點主要在於總統與議會皆有固定的任期，因此相對於無固定任期的內閣而言，政局較為穩定，人事更迭頻繁的問題較少。再者，由於總統是由人民選舉產生，因此與民意之間有著直接的連繫，具有更高的代表性與正當性；相對地，當施政出了差錯時，責任的歸屬也較易釐清。另外，由於行政部門大多是由總統提名任命的專業人才，因此相對於內閣制由政治人物出身的議員兼任，較能施行專家政治。

然而，由於任期的限制，當行政與立法部門分屬不同政黨而產生對立時，更容易形成僵局；且雙方皆為民選，各擁民意之下，歧見也難以化解，往往只能等到選舉時才能解決。另外，儘管總統制中有著權力制衡的設計，不過由於總統有眾多聽命其指揮的幕僚、且握有較多的行政資源，相較於採合議制、需經多數議員支持才能下決策的內閣制而言，行政效率較高；但在民主發展尚未健全的國家卻可能出現總統獨裁的問題。另一方面，總統制中的總統選舉結果是採「贏者全拿」，亦即只要在總統大選中贏得多數選票，就一舉囊括行政大權、且維持一段固定的期間；而非如內閣制的總理需獲得議會半數以上的支持、且隨時可能因政情轉變或施政不力而縮短任期。總統大選中的敗選者即使已獲得可觀的選票、或與勝選者僅有些微選票差距，也無法取得相對的資源，因此有些敗選者會忿忿不平，甚至號召支持者挑起政治動亂。

總統與議會的抗衡

議會

總統

審議法案權

議會有權制訂、審議法案。

例 美國參眾議院於2006年通過「幹細胞研究增進法案」，支持胚胎幹細胞研究以促進醫學發展。

否決權

總統有權批准法律，不認同的法案得以否決送回議會覆議。需三分之二以上議員投下贊成票，才能維持原案。

例 美國總統小布希基於道德因素否決該案，眾議院覆議結果未達三分之二以上贊成，總統否決成功。

人事同意權

議會對總統所提人事案有同意權。

例 美國總統小布希於2001年提名查維斯任勞工部長，但查維斯被揭聘用非法女移民而未獲通過。

人事提名及任命權

總統有權提名並任命部會首長如財政部、司法部、勞工部、教育部、交通部、能源部長等。

例 小布希改提名華裔趙小蘭任勞工部長，終於獲得通過。

調查權

議會基於監督，在不干擾行政部門正常運作之下，可以調查行政部門，包含：調閱文件資料、調查職務執行。

例 美國共和黨籍總統尼克森於1972年總統大選中涉及闖入水門大廈竊聽民主黨選情的「水門案」，眾議院司法委員會負責調查該案。

行政權

總統有權領導行政部門執行日常政務。

例 總統尼克森應於合法範圍內執政，翌年因水門案醜聞而辭職下台。

彈劾權

在行政部門人員違法失職時，議會可提出彈劾，彈劾獲通過即去職。

例 在美國彈劾案由眾議院提出、參議院審判。1998年柯林頓因性醜聞案遭眾議院提出彈劾，送交參議院審判。

總統應依法行使職權，若有失職或濫權則應接受議會彈劾。

例 總統柯林頓雖被控以違法、作偽證等罪名，但彈劾案因參議院審判未通過而保住職位。美國史上尚未出現彈劾通過而去職的總統。

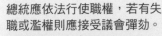

Chapter 6 政府的類型與組織

政府的類型③：雙首長制

雙首長制是在法國第五共和時期所創立，其目的是糾正第四共和時期採行內閣制造成立法權過大、倒閣頻繁的困境。因此賦予內閣制的虛位元首部分行政實權做為壓制立法權的力量，設計出兩位行政首長同時掌權、介於內閣制與總統制之間的複雜制度。

什麼是雙首長制？

雙首長制亦即一國內有內閣總理以及總統兩位行政首長，且皆有管理政務的實權，是混和了內閣制及總統制兩種理念的制度。其引自內閣制的部分為設有內閣。內閣依慣例亦由民選議會的多數黨領袖出任總理，部長則由總理提名，內閣人事由掌實權的總統握有同意權（內閣制的內閣人事由虛位元首在形式上任命）；內閣的成員不一定要由議員中選出、且一旦入閣通常不得兼任議員（內閣制的內閣成員大多身兼議員）。內閣需對議會負責，議會亦得提出不信任案倒閣。總的看來，內閣通常擁有內政、經濟、教育、社會福利等對國內的行政權力；諸如制訂國家政策、領導行政部門等。

雙首長制引用總統制的部分則為設有一位民選且有著固定任期（通常為四至五年，得連任一次）的總統擔任國家元首之職。總統通常擁有在國家安全、外交政策的行政權力，且有權主持內閣部長會議以及召開討論國家安全的「國家安全會議」。其對行政部門的權力則包括不需經議會同意即可任命內閣總理及部長等成員、對議會通過法案的否決權、以及在內閣制中屬於總理的解散國會權等。在此之下，立法部門的權力相形減弱，倒閣或掀起政潮的機會因而減低。此制即為法國第五共和為解決倒閣頻仍而欲抑制立法權所創制。採用雙首長制的國家有法國、俄羅斯、冰島、南韓、台灣等，每個國家會隨著歷史文化與政治環境的不同而有著程度不一的調整，但皆設有兩位行政首長。

雙首長制淵源於法國的第五共和

法國自二次戰後建立的第四共和乃是採內閣制。但因小黨林立而組織成聯合內閣，致使倒閣頻仍而無法穩定民心；又一九五八年法國政府承認阿爾及利亞獨立的政令無法獲得大多數人民的認同，使得統治正當性受到相當大的威脅。爾後，在二戰時期率先號召法國人民抵抗納粹德國、深受擁戴的戴高樂出任新總理，於議會的授權下擬定新憲法，成立第五共和，創立賦予總統實權的雙首長制，以強化行政權力。

雙首長制的基本概念

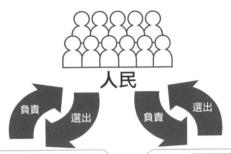

人民

負責　選出　　負責　選出

議會
- 有一定任期（約為四至五年不等）。
- 審理內閣所提的法案（本身亦可提案）。
- 監督內閣預算、施政、質詢的權力。
- 可以提出不信任案倒閣。

少數黨　　　多數黨

總統
- 有一定任期（通常為四或五年不等）。
- 握有部分行政權力，包括國家安全、外交政策。
- 有任命內閣人員的權力（按慣例會任命議會多數黨菁英）。
- 有解散國會的權力。
- 身兼國家元首，做為國家主權的象徵。

解散

負責　監督　　組成　　負責　任命

內閣
- 受總統任命，通常不能兼任議員。
- 握有部分行政權力，以內政、經濟、教育等國內事務為主。
- 為行政體系的領導者。
- 向議會提出法案、預算案與施政報告，並接受議會的監督、質詢。

總統不需經議會同意即可任命內閣成員。

議會的人事同意權減弱。

減低倒閣或政局動盪的機會。

總統與總理實際做些什麼？

雙首長制的總統與總理皆參與政務；然而，制訂對內政策、支配行政體系運作等行政部門主要任務皆屬於內閣的權限。因此各政黨平常即會體察民意，在選舉期間提出適當的政見吸引選票，才能勝選。多數黨在經總統任命為內閣後，即會依其競選承諾或是政策規劃制訂施政計畫；施政的相關作為包括提出法案、預算案、領導行政部門等事項，與內閣制相似（參見第143頁）。行政權中對外的國家安全、外交政策則屬於總統權限，因此總統亦會於大選中提出未來的施政方針。當選後，平常工作的重點為在主持內閣部長會議時出席提出意見；以及當國家發生重大危安事件時召開並主持「國家安全會議」，來召集總理、相關部會首長商討解決方案且共同進行決策。例如二〇〇五年法國巴黎因移民問題發生暴動，總統席哈克召集國家安全會議，並透過政府的各項保安措施恢復穩定。

雙首長制的法案審理過程

雙首長制的法案審理過程也綜合了內閣制與總統制的做法。無論內閣、議會議員或總統皆可進行提案，但主要仍為內閣提案。法案審理亦需經過三讀，法案在提案後亦會編列三讀的日程。以法國為例（台灣的法案三讀過程亦雷同），一讀只朗讀法案條文，並由提案人說明該案，即交付各相關的常設委員會，或是組織新的專門委員會進行審查。委員在對法案深入調查、了解後提出報告，法案即送至二讀。議員們再參照委員會報告進行全案審查與修正，最後再進入三讀，若經過半贊成即通過；而如法國等雙議會國家則需送交第二議會審議，通過後呈請總統公布施行。雙首長制為總統設計了類似總統制的否決權，總統接到法案後若認同該案，則可予以批准成為法律；若總統無法接受，可對該案行使否決權退回議會要求覆議，議會需以超過二分之一的票數才能覆議通過、維持原案，否則就得重新審議。此門檻低於一般總統制的三分之二，所以法國總統對法案的否決較難成功，至今尚未動用此權。台灣覆議門檻亦為二分之一；南韓則採三分之二以上多數才得以覆議。

總統、總理與議會的關係

雙首長制把內閣制中內閣的實際權力部分分割給了總統、又因總統為民選且有固定任期，故同為民選的議會無法以不信任案迫使其辭職。因此使內閣、議會的實際權力大為減弱；而總統的實際權力則視其是否與議會為同一政黨而定。

當總統與議會多數黨屬同一政黨、控有國會多數議會席次時，總統會任命其黨內親信為內閣總理和成員，此時內閣自然退居與總統制中部會首長類似的地位，總統成為實質上施政的領導者，使得雙首長制趨近於總統制。但相較於實際的總統制，雙首長制的議會因缺乏對內閣的人事同意權，且其所監督者為內閣、而非總統，因此立法部門對行政部門只有基本的審理預算、法案權力，對總統的

雙首長制的立法過程

內閣、議會議員及總統皆可進行提案，主要提案方式偏向內閣制。法案經三讀通過後，需由內閣率行政部門落實該法案，立法過程大致如下：

立法過程

總統提出意見
總統於主持部長會議、或召開國家安全會議時與內閣交流意見。

例 C國採雙首長制，基於推動本國觀光業發展的目的，總統提出友邦至本國觀光免簽證的意見。

內閣向議會提案
內閣針對所欲推動的政策起草一項法案，提交議會審議。

例 C國內閣起草「友邦觀光客免簽證」法案，優惠交流良好、經濟實力強的友邦觀光客永久免簽證。

議會擬定日程
法案送交議會祕書處，進行三讀議事日程的擬訂作業。

例 內閣將「友邦觀光客免簽證」法案草案送至議會祕書處，擬定議程。

一讀會
在院會朗讀法案條文，並由提案人說明該案。

例 議事人員朗讀「友邦觀光客免簽證」法案草案條文。

三讀會
除非法案有不符合法理的狀況，否則僅做文字細部修正，並將全案付諸表決。

例「友邦觀光客免簽證」全案表決。

二讀會
取得委員會報告與相關評估後，將廣泛地審查法案並逐條討論與表決。

例 二讀會聽取「友邦觀光客免簽證」的委員會報告以及相關評估後，進行逐條表決。

委員會審議
●法案交由相關委員進行全案審查。
●可邀集正反意見人士及學者專家出席公聽會，做為審查該議案參考。

例「友邦觀光客免簽證」法案送交專案委員會審議，商請外交、國貿、國家安全相關專家出席公聽會，認為此案可吸引更多觀光客，以加強國際經濟往來。

未獲通過
未獲過半議員支持，則法案可能在修正後重新進行提案的過程，或是被擱置。

例「友邦觀光客免簽證」法案表決未能獲過半席次贊成，則被退回。

法案通過
獲全體議員過半席次支持，尚需經總統批准及簽署。

例「友邦觀光客免簽證」法案表決獲過半贊成，即送交總統。

總統批准
總統簽署批准即正式成為該國法律。

總統否決
若總統不予批准，則需連同異議退回議會。

例 C國總統審核「友邦觀光客免簽證」法案，認為尚須加入更嚴格的反恐及國安維護規範，故退回議會。

議會重審
總統否決的法案需二分之一以上議員（如法國）投下贊成票，才能維持原案。

例「友邦觀光客免簽證」法案再經半數通過，維持原案。

監督制衡則相對不足。若總統與議會多數黨屬敵對政黨、總統屈居少數時，總統為順應民意，依慣例會任命敵對政黨領袖為內閣總理。在總理本身即掌控多數之下，施政不必聽命於總統，使得內閣總理成為內閣的實質領導者，總統對於政策的影響力相對變小、只侷限於憲法所規定的國防、外交領域之上。這種情況下雙首長制度就會趨近內閣制。

　　然而，在雙首長制中內閣閣員通常不能兼任議員，因此內閣與議會多數黨的執政黨議員之間的結合並不似內閣制來得緊密；但內閣制中立法權與行政權的對抗機制，包括內閣向議會進行施政報告、接受質詢等則是雷同。議員也可提「不信任案」以策動倒閣，但內閣制中內閣的「解散議會權」在雙首長制裡則被移轉至總統之手，使得雙首長制中立法權和行政權的制衡機制有所不足。統括來看，雙首長制的變動性較內閣制和總統制都來得大，容易形成依賴大選結果而擺盪於內閣、總統之間。

雙首長制的優缺點

　　學者普遍認為雙首長制的優點僅在於該制度較總統制和內閣制更富有彈性，可依據最新選情所代表的當下民意而調整統治者的權責；然而也因其彈性而有許多模糊地帶，產生規範面與實際運作面不相符合的弊端。其一是在行政權割裂之下，總統與內閣總理間常有權責歸屬不清而難以究責的問題。雖然總統以領導國防、外交政策為主要權限，內閣則為內政相關事務；但在實際上率領政府行政體系運作的是內閣，而總統所訂定的方針仍須內閣的配合與落實，因此權責難以截然二分而可能產生「雙頭馬車」的弊病。

　　第二是總統有擴權之虞。由於總統是經由人民選票所選出，所代表的民意較內閣更為廣大、相形之下也更為有力，即使當總統與議會多數黨屬敵對政黨、趨近於內閣制時；若總統意欲越過其專屬的國防、外交領域，企圖干預或影響內政領域，內閣也不能忽視總統的意見，此時，雙首長制的實際運作便不再依循制度規範的精神而出現了總統權力過大的狀況。甚至，總統在任命內閣成員時，可能忽視應由多數黨組閣的慣例，不願任命敵對政黨人士、反而任命同黨人士為閣員，出現少數黨組閣的狀況；而同時議會在評估倒閣後的提前改選恐將失敗的風險下，亦可能反將力量集中於抵制少數黨內閣施政之上，造成運作空轉與政局動盪。

法國三次左右共治的經驗

創制雙首長制的法國就曾遭遇了三次總統與議會分屬敵對的左派、右派陣營的情況，稱為「左右共治」。一黨主政（此時政府體制偏向總統制）與左右共治（偏向內閣制）兩種情況之間的轉換則稱為「換軌」。在一九八六至八八年出現首次左右共治的經驗。一九八一年左派的密特朗當選總統，議會則由右派居多數，密特朗見當時民意傾左，趁勢解散議會提前進行大選，左派果然大勝，密特朗遂順利組成左派政府。在一九八六年議會再改選時，右派取勝，密特朗只好任命右派的席哈克為總理，形成由左派總統主政、偏向總統制的情形轉換至左右共治、偏向內閣制的換軌先例；但一九八八年又回復為左派密特朗總統主政，又出現換軌的情形；一九九三至九五年又出現左派的密特朗擔任總統、右派的巴拉度擔任總理，也就是政府制度又由偏向總統制換軌為偏向內閣制；一九九五至九七年右派的席哈克總統上任，由左右共治重回總統一黨主政，換軌的情形也再度發生；一九九七年至二〇〇二年由右派的席哈克為總統、左派的喬斯潘為總理，此為史上第三次共治，又從偏向總統制換軌為內閣制；二〇〇二至〇七年席哈克總統連任、議會亦由右派占多數，又換軌轉為總統主政；二〇〇七年薩科齊上任後，維持右派占多數、偏向總統制的情形。

雙首長制的兩種運作情況

情況 **1**	情況 **2**
總統所屬政黨或聯盟在議會中獲得多數席次	總統所屬政黨或聯盟在議會中獲得少數席次
▼	▼
總統擁有內閣任命權，可任命同黨親信為內閣成員。	總統依慣例需任命敵對政黨的領袖來組閣。
▼	▼
內閣退居幕僚地位，施政時將依據總統的大政方針行事。	內閣掌握內政實權，進行施政時將依據該黨的政策主張行事。
▼	▼
總統除了本身的國防、外交之外，還可以涉入屬於內閣的內政事務，發揮更大的影響力。	總統只保有本身國防、外交權力，不能過問內政事務，權力與影響力相對較小。
▼	▼
趨近總統制 行政權主要握於總統之手，憲政運作趨近於以總統為行政首長的總統制。	**趨近內閣制** 行政權主要握於內閣之手，憲政運作趨近於以內閣總理為行政首長的內閣制。
不同之處	不同之處
●議會缺乏對內閣的人事同意權。 ●議會監督的對象為內閣、而非總統。	●內閣閣員通常並未兼任議員。 ●解散議會的權力屬於總統而非內閣。
造成	造成
對總統的監督制衡能力較低。	內閣與議會之間的結合不夠緊密，且相互制衡的機制有缺陷。

需要更多的互相尊重、妥協才能免於政爭。

我國的政府體制

我國的政府體制是以國父孫中山融合了西方三權分立與中國傳統制度所設計出的「五權憲法」為基礎。原偏向內閣制精神，總統是內閣制中的虛位元首；但歷經多次修憲，總統被賦予愈來愈多行政權力，現在所施行的體制多被認為屬雙首長制。

我國特有的五權憲法

我國於一九四七年所公布施行的憲法條文，是遵循孫中山先生所創立「五權憲法」的思想。在西方政府體制中的行政、立法、司法三權之外，額外設立了考試權及監察權。考試權是指公務人員的考試、任用、考績等事項的權力，在西方原屬於行政權之下，但孫中山基於我國既有重視科舉考試的傳統、以及行政權兼有考試權可能產生任用私人的流弊，故特將考試權獨立出行政權之外。監察權則是監督政府的權力，包含彈劾、糾舉不法公務人員，以及審核政府機關財務的審計事項等；在西方原屬於立法權之下，但孫中山亦基於我國設立御史監察官員的傳統、以及立法權兼有監察權可能產生議會專制，故將監察權由立法權之下分離出來。因此，我國的政府包含了行政、立法、司法、考試、監察五院。

從內閣制轉為雙首長制

我國於一九四七年頒布的憲法中雖未明示屬於何種政府體制，但觀察其精神趨近於內閣制。總統由國民大會代表間接選出，真正掌有行政實權的是行政院長。雖然總統有權提名行政院長，但須得到立法院的同意，且總統頒布法令也需要行政院長的副署。這些情況皆顯示出總統僅為虛位元首。

但自一九四八年因共產黨勢力擴大，國民政府下令動員戡亂，在憲法本文之後增設與憲法具有同等效力的「動員戡亂時期臨時條款」（又稱臨時條款），以因應戰亂發生而實施軍事統治。臨時條款擴張總統的緊急命令權、取消總統連任次數，使總統權力高張，立法院以及國民大會代表也未進行改選；另一方面又宣布戒嚴，限制人民言論、出版、集會、組織反對黨的自由。在此之下，也大為降低原初偏向內閣制民主政府的憲法精神。

一九九一年五月動員戡亂時期結束、臨時條款遭廢除。迄今，原本傾向內閣制的憲法歷經七次的修訂。其中，一九九七年第四次修憲（又稱「九七憲改」）時，根據朝野協商所達成的仿效法國雙首長制共識，藉由賦予總統實權、壓抑立法權來穩定政局，廢除了立法院對於行政院長人選的同意權，改由總統可逕行任命行政院長、且賦予總統於倒閣後解散立法院的權力。自此，我國政府體制在五權憲法架構不變之下，轉而傾向總統、內閣皆握有部分行政權的雙首長制。

在此之下，我國有一位經民選產

生的總統擔任國家元首，對外代表中華民國，任期為四年，有權任命行政院長而無須立法院的同意；另外，司法院、考試院、監察院正副院長及大法官、考試委員、監察委也都由總統提名，但需經立法院同意才得任命。總統除了人事任命權外，還握有國家安全大政方針的決定權。包括了兩岸、國防、外交及國家重大變故等事務，由其主持國家安全會議，可邀集外交、內政、國防、經濟等相關政府首長商討國家安全大政。例如陳水扁總統曾於二〇〇六年針對國際形勢、兩岸關係，邀集各部會研討後提出「國家安全報告」，做為未來國家安全戰略方向的宣示。

相對應於雙首長制中內閣的角色在我國則由行政院長及部會首長擔任，並對立法院負責。其主要的職責為向立法院提出法律案、預算案供其審議，以及提出施政報告並接受立法委員的質詢。例如二〇〇九年行政院為了提振景氣、刺激人民消費而提出「振興經濟消費券發放特別條例」，經三讀通過後，進而編列特別預算以支應所需，預算獲通過後於隔年全面發放。

我國政府體制的施行狀況

我國採用法國的雙首長制做為政府體制。按其制度精神與憲政慣例，總統與行政院長的權力應會隨選舉結果轉換。當總統與立法院多數黨屬同一政黨時，總統權力大增而成為實質上的主政者；相反地，當總統與立法院多數黨分屬敵對政黨時，總統應任命敵對黨人士為行政院長，施政核心轉移至行政院長與其所領導的內閣（參見第158頁）。但實質上卻不然。由於我國並未將此慣例明文訂於法條中，因此總統在任命行政院長時，可能忽視慣例、逕行任命同黨人士擔任行政院長，出現少數黨組閣的「少數政府」的情形。例如在二〇〇〇年、二〇〇四年兩次總統大選，當選人陳水扁總統屬民進黨籍，但立法院內民進黨席次並未過半，陳總統卻多任命同黨籍人士組閣，爭議之下出現行政院執政遭到立法院抵制、衝突對立不斷的僵局。例如二〇〇四年總統所提名的監察院正副院長及監委人選一案即遭立法院擱置，人選出缺長達三年，政府官員的糾彈、政策措施的糾正等因此停擺，造成嚴重的憲政危機。

我國的政府體制

人民

負責 ← 選出 → 選出 → 負責

立法院
- 基本任期四年，得連選連任，但可能提前解散。
- 審理內閣所提的法案（本身亦可提案）。
- 監督內閣預算、施政、質詢的權力。
- 可以提出不信任案倒閣。

負責 ↑ 監督 ↑

內閣
- 任期基本上為四年，但可能連任或提前下台。
- 內閣首長為行政院長，由總統任命；部會首長則由行政院長任命。
- 握有部分行政權力，以內政、經濟、教育等國內事務為主。
- 向議會提出法案、預算案與施政報告，並接受議會的質詢。
- 被倒閣後可提請總統解散立法院。

任命 ←

總統
- 任期四年，得連任一次。
- 握有國家安全大政方針的決定權。包括了兩岸、國防、外交及國家重大變故等。
- 有逕行任命行政院長的權力。
- 司法院、考試院、監察院的人事提名權。
- 有應內閣要求解散立法院的權力。
- 身兼國家元首，做為國家主權的象徵。

司法院
同意任命
- 司法院正副院長、大法官由總統提名，經立法院同意後任命。
- 仲裁人民或政府的法律問題。
- 大法官有宣告法律、命令違憲的權力。
提名

考試院
> 五權憲法將考試權獨立出行政權之外，以防任用私人。

同意任命
- 考試院正副院長、考試委員由總統提名，經立法院同意後任命。
- 掌考試權，包括舉辦公務人員的考試、任用、考績等。
提名

監察院
> 五權憲法將監察權獨立出立法權之外，以防國會專擅。

同意任命
- 監察院正副院長、監察委員由總統提名，經立法院同意後任命。
- 掌監察權，包括監督公務人員行政，若有不法則有權彈劾、糾舉、審計政府會計帳務等。
提名

主要政府制度的比較

	內閣制	總統制	雙首長制	我國政制（偏雙首長制）
掌行政權者	內閣，以內閣總理（或稱首相）為領導者。	總統，由總統任命部會首長為幕僚並領導施政。	總統通常負責外交、國家安全事務；內閣總理負責內政及領導政府。	總統負責外交、國家安全、兩岸事務；行政院長負責內政事務及領導行政機關。
國家元首	由世襲君王或是另選一位總統擔任虛位元首。	由總統兼任國家元首，故握有實權。	由總統兼任國家元首，握有部分實權。	由總統兼任國家元首，握有部分實權。
總統（來源）	若該國無世襲君王，則民選一位總統，有固定任期（一般為四或五年不等），得連任一次。	由人民選舉，有固定任期（一般為四或五年不等），得連任一次。	由人民選舉，有固定任期（一般為四或五年不等），得連任一次。	由人民選舉，任期為四年，得連任一次。
總統（權責）	擔任國家象徵性的代表，不具政治上的實權。	●扮演國家代表的角色。 ●擁有完整的行政權，包括人事任命權、決策權、執行權、預算權。 ●對議會通過的法案具否決權。	●扮演國家代表的角色。 ●擁有部分行政權，包括國家安全事務方針決定權、內閣人事任命權、主持部長會議及國安會議。 ●解散國會權。 ●對議會通過的法案具否決權。	●扮演國家代表的角色。 ●擁有部分行政權，包括國家安全及兩岸大政方針決定權、行政院長任命權、四院院長提名權、主持國安會議。 ●應行政院長之請解散國會權。 ●對立法院通過的法案具否決權。
議會（來源）	由人民選舉，有基本任期（通常為四或五年不等），但可能提前解散。無連任限制。	由人民選舉，有固定任期（通常為四至六年不等），無連任限制。	由人民選舉，有固定任期（四或五年不等），無連任限制。	立法委員由人民選舉，任期為四年，無連任限制。

議會（權責）	●有質詢內閣之權、對內閣所提預算有審查權、法案提案權。 ●有提出不信任案倒閣之權。	●有人事同意權、審查總統所提預算之權、法案提案權。 ●對總統及行政部門有調查權及彈劾權。	●有質詢內閣之權、對內閣所提預算審查權、法案提案權。 ●有提出不信任案倒閣之權。	●立法院有除了行政院外，立法、司法、監察、考試四院院長的人事同意權、質詢行政院長及部會首長之權、對行政院所提預算之審查權、法案提案權。 ●對總統及行政部門有調查權及彈劾權。 ●有藉由提出不信任案倒閣之權。
內閣（來源）	內閣總理通常由議會多數黨領袖擔任，內閣成員由總理任命。	總統幕僚亦稱為內閣，由總統提名、經議會同意後任命。	內閣總理由總統逕行任命，依慣例為議會多數黨領袖擔任。內閣成員由總理任命。	行政院長由總統逕行任命，副院長及內閣成員由行政院長任命。
內閣（權責）	●擁有完整的行政權，包括決策權、執行權、預算權、法案提案權。 ●當內閣與議會意見僵持不下時，有解散議會提前大選之權。	主要依總統之命行政。	擁有部分行政權，包括內政事務的決策權、執行權、預算權、法案提案權。	●行政院擁有部分行政權，包括內政事務的決策權、執行權、預算權、法案提案權。 ●在被倒閣後有提請總統解散國會之權。
特色	為英國歷史自然發展成形的制度。	為美國獨立時依據孟德斯鳩三權分立思想所創設的制度。	●法國第五共和時期為反制第四共和倒閣頻仍而增強總統實權所創立。 ●可依據最新選舉結果來轉換兩位首長的政治權力。	●以孫中山五權憲法為政府部門設立的基礎。九七憲改後仿效法國雙首長制。 ●實際施行時有總統逕自任命同黨人士組閣的爭議。

Chapter
07
行政機關的組織與運作

　　在現代政治的運作中，立法部門的功能為依民意訴求制訂法律；司法部門針對各項規章制度的運作進行約束、規範與懲戒；行政部門則負責採集民意需求、擬定公共政策與執行，占有實際進行領導統治作用的核心地位，可以說是與人民的福祉最直接相關、也最為重要的政府部門。為了確實達成其功能，行政部門須由行政首長、官員體察民意、情勢以規劃出適當的政策方案、進行決策；進而透過精密分工的行政組織人員專職處理。而在政策推動後，決策者與執行者皆須進行持續的政策評估，以了解其對於人民與社會環境的影響與利弊得失，做為持續精進效能的依據。

學習重點

- 行政機關有哪些部門？
- 什麼是政務官？什麼是事務官？各有哪些職責？
- 如何規劃公共政策？
- 政策執行時所需注意的要點有哪些？
- 為什麼要進行政策評估？如何評估？

行政部門的構成

人民林林總總的需求皆需要行政部門推行政策做為回應。行政部門會進行組織分工，包括：垂直分工的決策者及執行者、橫向分工的各部會及單位等兩種主要分工方式。透過設計精密的組織架構，可有效完成工作、並防杜濫權。

行政部門的分工①：垂直分工

行政部門是一個相當精細的龐大組織。由於現代社會需要處理的公共需求眾多，行政部門經辦事務相當龐雜，且需要專門知識與技術。為達到行政效率，因而建置了垂直分工的管理流程，使各項專門事務皆能由專職才能者承接運作。此外，透過垂直分工也能達到分權制衡，防範單獨一人在掌有多重權力之下，容易發生濫權、疏於職守等有違行政部門宗旨的情況。

在垂直分工架構中又可以區分為兩種角色：一是做為決策者的行政首長（如總統制的總統、內閣制的總理）及各部會首長。其負責制訂政策、監督政策執行，又稱為政務官。二是做為執行者的行政官僚體系，負責輔助政務官制定政策、擬定實行計畫，以及執行政策，又稱事務官或文官。

在民主概念引進政治運作機制後，擁有決策大權的行政首長皆須透過民選，多由政黨推派菁英角逐，提出符合民意的政見吸引選票，上任後需受立法部門的監督。若政務官有違人民託付，則可於下次選舉改選他人、或透過罷免程序使其下台。相較於較具黨派色彩、有一定任期的政務官，做為執行者的事務官則由公職考試取得任用資格，任期則為常任，其行動皆受政務官領導，即使因政黨輪替或政務官下台，也會忠實地接受新任者的指揮、執行新的任務。

行政部門的分工②：橫向分工

由於行政部門所因應的各種需求複雜程度日增，行政首長之下又橫向分工為各專門部會，對應負責領域且各自達成目標，並接受首長的協調、指導，使目標能整合一致。一般而言，行政部門會區分為掌理國內事務的內政、對外關係及國際事務的外交、財務收支管理的財政、經濟建設的經濟、保衛國家安全的國防……等部會，各部會首長為職司指揮統御的政務單位。配合垂直分工原則，各部會再細分為若干司處等負責執行的事務單位，如內政之下有管理地方行政事務的民政司、戶籍國籍的戶政司、社會福利的社會司、土地測量及地價的地政司等，各司處下又分為科或小組，且於全國各地設立辦事處。藉由如此細密的分工，可以直接、明確地將人民的活動納入管理；而人民有行政需求時，亦可至相對應的單位辦理。

例如，我國為保障國家安全，憲法規定成年男子需服兵役。因此，在掌理統治事務的行政院之下有專司

內政事務的內政部，其下則設有兵役署，辦理徵集、甄訓、管理役男等役政相關事務。並配合管理戶籍的戶政司，進行每個役男的戶籍異動管理，再由役男所在地的縣市政府兵役科辦理兵役行政事務，例如兵籍調查、體檢、抽籤等，並寄發徵集令通知入伍。

行政機關的構成

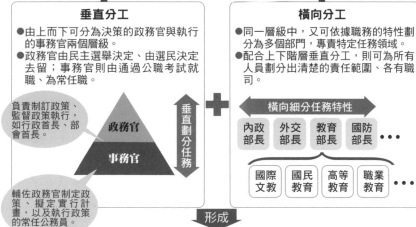

行政機關職責
制訂公共政策以解決社會生活的問題、以及增進成員的福祉，並使政策付諸實行。

符合

效率原則
公共事務繁複多元，且需要專門知識、技術。為提升解決問題的效率，需要有細密的分工。

防弊制衡原則
基於當一人掌有決策與執行多重權力時，容易出現濫權、怠忽職守的情形，需將運作過程細分以防弊。

進行

組織分工
將行政部門的任務依事務的屬性，分給各個部門或人員專門從事，並在彼此互助之下共同完成任務。

垂直分工
● 由上而下可分為決策的政務官與執行的事務官兩個層級。
● 政務官由民主選舉決定、由選民決定去留；事務官則由通過公職考試就職、為常任職。

負責制訂政策、監督政策執行，如行政首長、部會首長。

政務官

事務官

垂直劃分任務

輔佐政務官制定政策、擬定實行計畫，以及執行政策的常任公務員。

橫向分工
● 同一層級中，又可依據職務的特性劃分為多個部門，專責特定任務領域。
● 配合上下階層垂直分工，則可為所有人員劃分出清楚的責任範圍、各有職司。

橫向細分任務特性

內政部長　外交部長　教育部長　國防部長 ・・・

國際文教　國民教育　高等教育　職業教育 ・・・

形成

有效的行政運作
在一致的政策目標下，透過嚴密的組織、明確的職責，使政策得以貫徹至人民的生活。

政務官的職能

在行政體系中，政務官扮演著決策與領導的重要角色，具有社會上的崇高地位與形象，同時也需承擔政治責任。其職能除了需指揮與監督整個政治過程外，還衍生出可宣導、動員大眾支持政府政策，以及於危機時立刻採取因應對策等功能。

政務官的決策職能

政務官最主要的職能即為依據民意需求提出一套施政計畫，再向立法部門提出法案，議會通過後則指揮其下的官僚落實執行。因此，依據其職能所需而賦予的權限包括了人事任命權、提案權、支配督導權等。

人事任命權指的是政務官可依據人員的專才、聲望或黨籍同志酬庸等原因任命輔佐其行事的官員，但須經議會同意始可就任，以期人事任命皆具一定民意基礎。例如美國總統獲選後，即可任命國防部、司法部、勞工部、教育部等首長以及駐外大使等重要官員，但皆須經參議院通過。提案權則是政務官在探求民意、尋求專家意見、蒐集有關資訊後，對議會提出草案，並與議會協商、斡旋，使立法過程順利運作，達到通過法案的目標。例如美國大部分的法案來自總統國情咨文的建議、或總統委託同黨議員代為提案（參見第150頁）。支配監督權則是指政務官對其政策領域部門的行政官僚有控制之權，以確保其服從指揮。例如美國國務卿為掌理外交事物的國務院最高負責人，領導院內人員依據總統施政方針辦理外交政務，並進行監督、考核等工作。

政務官的大眾領導職能

由於政務官出自民選、或由民選首長所任命，大多具有極高的民間聲望與支持度。因此，政務官平日即可扮演促進社會團結合作的要角，於新政令推出時期，更可透過新聞報導、發表談話、廣告播出……等方式，動員大眾對尚不熟悉的政策給予支持、信任，進而於推行時更有遵守的意願。例如，美國總統可以參與國慶公開活動以凝聚全民的團結；又如羅斯福總統當時推動新政時，透過收音機直接向大眾發表「爐邊談話」爭取支持，最後新政獲得極高的成效。

政務官的危機領導職能

當國內外發生自然災害、恐怖攻擊、經濟動盪、社會失序等危機時，比起程序繁複瑣碎、且需一再溝通協商的立法部門而言，有嚴密組織結構、具專業人才且可一貫領導的行政部門更能迅速且果斷地因應危機。因此，大部分國家憲法皆會賦予政務官及時處理危機的「緊急權力」，即越過平常的立法程序，直接發布緊急命令，如提撥專款、徵用民間資源、調派國軍執行等，以爭取抒困時效。我國於九二一震災後，總統經行政院院會通過後就曾立即頒布緊急命令，全力進行救災、災民安置及重建工作。

政務官的職能有哪些？

政務官的角色
- 做為政府行政體系的領導者、政策的總體指揮者。
- 經選舉上任（如總統、做為議會多數黨派領袖的總理、市長等首長），深具民意支持。

職能

決策職能

政務官需依據民意或選舉的政見、所屬黨綱等提出一貫施政方針與計畫，並向立法部門提出法案促其立法。法案通過後則指揮行政官僚執行。需擁有以下權力：

人事任命權
政務官依據個人才能、聲望或黨籍同志酬庸等原因任命輔佐其行事的人員，須經議會同意始得上任。

法案提案權
政務官有權對立法部門提法律案，並進行協商、斡旋，使提案能順利通過。

支配督導權
對其所負責部門的行政官僚進行指揮、控制、督導的權力。

大眾領導職能

有民意基礎、聲望重隆的政務官可凝聚社會共識；對大眾推行、宣導新政令也有正面的作用。

例 A 市推行垃圾減量的新環保政策成效未達預期，市長以拍攝公益廣告示範居家垃圾分類的方式宣導政策。

危機領導職能

國內外出現政治危機或緊急狀況時，政務官可行使「緊急權力」。不需經正常立法程序，即可率行政體系直接發布緊急命令，以立即應變，處理問題。

例 A 市突發新型傳染病，市長下達緊急防疫措施，立即隔離疫情嚴重地區民眾，以控制疫情蔓延速度。

事務官的職能

由常任事務官所構成的官僚體制是現代國家發揮治理功能不可或缺的角色,而其核心的運作精神即為專業分工。以個人才能為任免標準,避免政黨色彩或私人意志的干擾,以達成行政講求效率及公平的目標。

事務官的職責與立場

事務官的主要職能是執行決策者所頒布的政令。如行政院提出節能減碳的政策方針,並以推動環保標章制度做為落實辦法時;則行政院環保署就必須率領其下各處室執行相關業務,像是進行碳排放量的登錄與檢測、對通過檢測企業核發合格證明、持續追蹤其進度,甚至對各企業提供減碳資訊與建議等,皆屬政策執行的範圍。

為貫徹事務官配合政務領導的職責,不同於民選政務官依據民意或黨綱等價值進行決策,事務官必須抱持中立立場,強調的是依法行政,不將個人價值、情感態度帶入組織中,以免為特定政黨或人士所用,出現謀取私利、妨害公益的情況,而危害政策的確實執行。例如民主國家的選舉法以公平辦理選務為宗旨來規定投開票的程序,選務執行人員應依法辦理,不得為偏私特定候選人而造假或污損選票,有違選舉法初衷。

事務官的運作機制

為確保事務官恪守行政中立、表現出專業知識技能而非個人價值,執行例行公務時所採取的運作機制為二十世紀德國社會學家韋伯所提出的「科層制」。其核心在於將組織運行階層化、法律化、專業化、制度化,使所有人事皆能在層層隸屬之下維持一貫穩定的作業。

科層制的特點包括了:①**階層化**:是指組織結構的分層,即利用職權地位高低規定人員之間命令與服從關係。上級指揮下屬,而下屬僅有一位上司,僅需服從其領導,使領導得以貫徹。例如環保署長對其下各處室的指揮與被指揮關係。②**法律化**:是指人員之間工作關係依循明文規定、公私分明,目標在完成特定行政事務。例如環保署人員皆須依據組織條例的規定秉公行事。③**專業化**:指行政組織內部成員皆有固定職掌、所有職能也清楚規定,人員依其專長接受技術訓練以提升效率。例如環保署設有空污處、水保處、廢棄物管理處等,各有專司。④**制度化**:指的是有合理的考核及升遷制度。公務員薪資依照人員職位、年資給予固定報酬;而升遷則以人員工作績效與年資深淺做為判別標準。例如環保署設有人事單位負責考核及升遷事項。

在此之下,行政機關形成一個如金字塔型的嚴密組織;上層指揮、下層服從,一切行事皆為了公務執行及貫徹命令,使事務官能排除黨派之見或政治紛爭的干擾,維護機關的獨立性,以保有社會的公信力。

事務官的職能與運作原則

事務官的角色

忠實地執行政務官的政令，達成整體部門任務。

事務官立場

立場需保持中立，不受個人價值、情感所影響。

運作原則

科層制

由20世紀德國社會學家韋伯提出，其核心在於以層級節制、專業分工原則建構如金字塔型的組織。其運行能符合組織規章、紀律嚴明。

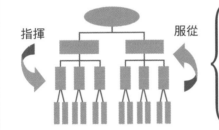

指揮　　服從

- ●階層化：上級指揮下級，下級服從上級命令。
- ●法律化：事務官的作業程序皆有法律明文規範。
- ●專業化：事務官負責某項專門領域範圍的業務。
- ●制度化：有正式的升遷考核制度。

表現

高度穩定與一致性

事務官的工作有明確規範，無論任何人任職，都能有一致的工作表現與態度，完全摒除私人因素的干擾。

贏得

社會的信任

排除黨派、政治紛爭的介入，使行政機關行事具有獨立性，贏取社會的信任。

達成

更確實、有效的政策執行

事務官的甄拔、任用

事務官甄拔方式一般是透過公開競爭的公正考試制度，以學識才能做為鑑別是否足以承擔政策執行的依據；且在通過考試後將進行嚴格的公務員培訓，使其更為稱職。就職後則給予終身保障，除因違法失職等原因遭免職外，事務官皆能就職直到退休，且由政府給付退休金。其目的為降低事務官因個人金錢利益、或為職務升遷而受利誘、威脅，導致喪失中立的惡果；藉此確保其專業性與民意的信賴度，使政策執行阻礙降低。例如我國即有完備的公務人員考選及任用制度。

事務官的監督

然而，為了避免職位常任可能帶來的腐化、怠惰，對事務官的監督也不可少。一般可分為外在監督與內在監督。外在監督是指來自自身之外、其他相關的機關和團體的監督，包括立法部門、司法部門、政黨、輿論……等，皆是一般具監督權的機關團體。如立法機關可以預算審核、質詢制衡行政部門；司法機關則可透過彈劾來追究公職人員的違法瀆職；在野黨可監督執政黨政府的效能；輿論則可對事務官做為進行公評。而內在監督是指組織內部的權責劃分與評鑑獎懲制度。包括機關首長直接運用指揮監督權，命令或獎懲下屬；以及另設機構監督內部作業，例如人事部門監督人力資源的配置是否適宜、會計部門則監督預算財務上的運用是否妥當。

公務員可以參加政黨活動嗎？

在民主國家人民皆有參與政治、加入政黨或政治團體的自由。然而，由於常任公務員身分特殊、具有行政中立避免政爭的義務，因此公務法規皆規定不得於上班、公務時間內從事政治相關行為（如發起遊行、領導連署活動，在媒體上刊載具職銜或具名之廣告），亦不能在職務單位內輔選，違者將予以懲戒。

政務官與事務官的比較

	政務官	事務官
職責	●制訂政策。 ●監督政策執行。	●提供政策建議。 ●執行政策。
甄拔方式	**選民決定** ●付諸民選，如總統、議會多數黨領袖的總理。 ●由民選首長任命，如總統任命的外交、內政……部長等。	**用人唯才** 以通過公職考試為甄用人員的唯一標準。
負責對象	選民及代替選民監督的立法機關。	向所從屬的上級主管負責。
立場	**有意識型態取向** 以民意、所屬政黨意識型態為制訂政策的依歸，帶有政治價值觀及判斷。	**嚴守中立** 服從中立、客觀原則，不得因個人政黨立場或主觀判斷影響公務。
任期	**不保障任期** 隨選舉的成敗或是民意的信任而進退，使其關注民意。	**保障任期** 除犯法瀆職遭免職外，皆保障人員任期，使其忠誠於組織。
退職後待遇	**回歸本業** 政務官通常會回歸從政前的本業，除部分官員享有退職禮遇或退職金外，不因去職而有特殊待遇或保障。	**有退休俸** 事務官長期為政府服務，屆齡退休後可領取退休俸保障其生活無虞。

公共政策①：規劃

與人民切身相關的公共建設、社會福利、教育文化等公共事務，皆有賴公共政策做為計畫藍圖及行動綱領。因此，公共政策可以說是政治觀念、主張的具體表現。公共政策始於規劃，亦即政務官發覺、認知政策議題，再透過資訊蒐集、方案設定與決策等一連串的過程使其成形。

政策如何形成？

　　一項政策的形成，發端於群眾關心的某一項事務、或亟待解決的問題，引起行政部門的重視，因而成為一項政策議題，進而納入議程之中。

　　這些重要的政策議題通常有四種來源。①**既有政策**：在既有政策落實時，可能衍生新的需求與問題需要回應。例如政府推行重大公共建設時，由於基層勞力需求增加，衍生出外勞引進政策的議題。②**政治菁英的建議**：身居領導地位的政府官員或民意代表等菁英體察民意需求，主動提出政策議題。例如大選時，參選人皆會提出擬定未來政策方向的「政策白皮書」。③**社會人士的提倡**：非政治人物、但關心自身權益的一般社會人士也會提出政策要求。例如旅遊業者提出拓展觀光的訴求、環保人士倡導保育生態等。④**突發事件的影響**：當環境出現目前政治體系無法立即因應的緊急問題時，也會催生新政策。例如

美國在遭受九一一恐怖攻擊後，反恐政策便積極排入政治議程之中。

政策訊息的蒐集與方案的設定

　　在行政部門將政策議題排入議事程序後，接下來需進行客觀的調查與研究，藉此掌握該議題的相關資料，以利擬定各種解決的方案。資訊蒐集需包括：該問題出現的具體資訊（如數據）、其間經歷的變遷、介入其間的因素、爭議或困難所在等。例如 A國出現失業的民怨，則行政首長與就業相關的內政、經濟、財政等部會都需負起解決之責；除了蒐集媒體報導與輿論外，更需尋求研究人員、學者專家等專業人員調查掌握何時發生、失業率多少、為何發生等問題。調查結果為失業率於畢業季之後陡升○‧五％，發生原因是經濟不景氣造成人力緊縮，同時學生畢業後待業人數增加，才造成就業人口過剩的狀況。

　　蒐集足夠客觀資訊後，需再由專

重要學者的理論也是政策來源之一

許多學者、思想家的著作與理論經世致用，也是政策制訂的主要來源。例如二次大戰剛結束時，許多西方國家採取擴大政府支出以提振經濟的社會民主主義方針，即是源自於經濟學家凱因斯的思想；而二十世紀八○年代英、美等國傾向縮減政府支出、減稅等則是出自新自由主義學者海耶克與傅利曼的主張。

政策的規劃

Step1 **政策的發軔** 決策者由多種來源接收一項新政策的要求。政策議題來源包括：

1 延續既有政策
執行既有政策時衍生新的需求與問題需要回應。

例 某國政府推行國民教育，產生勞動人力品質提升、產業轉型等新議題。

2 政治菁英建議
菁英體察民意需求而提出政策議題。

例 選舉時參選人皆會表達未來政策的調整與更新方向。

3 社會人士提倡
一般社會人士或意見領袖也會提出政策要求。

例 工會領袖呼籲政府修法保障勞工權益、改善勞動條件。

4 突發事件影響
當環境出現無法立即因應的緊急問題時，也會催生新政策。

例 水災災情影響巨大，政府立即將水患防治排入議程。

Step2 **蒐集政策訊息** 尋求研究人員、學者專家等專業人員針對四層面進行資訊蒐集，以A地水患的防治為例：

1 具體數據
蒐集可客觀掌握的數據資料。

例 A地豪雨導致嚴重水患，縣政府需蒐集雨量、人員財物損失等數據。

2 經歷的變遷
經由歷年變遷研判問題的形成原因。

例 A地自前年開始就有每遇豪雨則淹水的情形，今年更為嚴重。

3 介入的因素
分析可能導致問題的幾種原因。

例 A地水患可能是雨量過大、排水不良或是堤防過低無法擋水等原因。

4 爭議或困難
找出問題解決的客觀困難所在。

例 A地民怨沸騰、居民對於縣政府信任度低，需提出更積極有效的方案。

Step3 **擬定解決方案** 由專業人員擬定解決問題的各種可行方案，例如針對水患防治提出以下三種方案：

方案甲：遷村
A地地勢過低，不易根除水患，故需全體遷出移居他地。

方案乙：築堤
興築堤防使水位不至溢出河道，減低水患威脅。

方案丙：改道
將河流改道至其他地區，根絕水患的發生。

Step4 **選定方案** 政務官了解各方案利弊影響，選定一案或排定先後順序。對A地水患問題，決策者的優先選擇為保護居民安全的方案甲，乙、丙則再研究其可行性。

方案甲
優點：居民不會受到水患威脅。
缺點：居民不願遷村、且成本最高。

方案乙
優點：收效快速、成本最低。
缺點：不能治本。

方案丙
優點：根除水患發生的可能。
缺點：工程過於浩大、且影響範圍過大。

業人員提出解決問題的方案。例如方案甲為政府全額補助職前訓練，以提升待業者的職能，促進就業機會；方案乙為政府擴大支出以提振經濟，增加就業人數的總需求；方案丙為政府媒介應屆畢業生以基本薪資至企業職場實習，並補助實習期間部分薪資，以增進企業進用新鮮人的意願。

決策做成

　　行政官員等決策階層對方案進行利弊評估、個別成本效益的計算後，會依據其影響、施行困難性、成效等對方案排定先後順序。例如，A 國行政首長經評估後，認為方案甲優點為能全面提升勞動職能、缺失為需時較久；方案乙有可提升總體經濟的優點，缺點為成本高、可能導致財務吃緊；方案丙則有立即解決失業問題的優點，缺點為政府對於企業對實習內容的安排無法控制、且會壓低薪資水平。經由決策者的判斷，優先選擇收效最快的方案丙，方案甲、乙則再研究其可行性。

公共政策②：執行

一項政策制訂完成、進入執行階段時，必須由稱職的執行者及有效的組織分工執行；包括加強宣導、遇困難時即時修正，甚至在必要時叫停……等，這些都是確保執行順暢、政策原意不被扭曲所必須考量的重點。

由誰來執行公共政策？

公共政策的執行者包含了政府機關與民間機關。在政府機關方面會依據公共政策的特性與目標適當地劃分任務、分配各項工作予對應的事務單位，並交付司職單位忠實執行政策使其落實。例如行政院制訂的環保政策牽涉多個執行單位，如能源局掌管再生能源使用、林務局負責水土保持、環保署負責廢物利用及垃圾回收等；各單位再由細密分工的下級單位，高度合作下達成任務。

在民間執行方面，由於社會互動益趨複雜，人民要求政府提供更多的公共服務及管理，在無法相對開發更多財源之下，常有財政困難的問題；且隨著政策領域擴大、專業程度增加，當政府的熟悉度相對不足，運作效率亦無法提升。因此，政府為解決財政吃緊、增進效率，近年來各國採用「BOT（興建、營運、移轉）」的情形相當普遍。也就是政府執行公共政策時，引入民間資金、技術與管理能力等資源，將部分公共建設由民間團體負責興建、並在一段時間內營運獲利，期間屆滿後歸還政府。例如台灣高鐵即是由幾大民間企業出資成立的台灣高鐵公司所興建及參與營運。

執行的阻礙與解決方式

縱然政策制訂前已經審慎規劃，但政策執行經常會出現阻礙，主要有幾個原因：一為執行機關條件不足。執行機關可能出現人力物力等資源的缺乏；如在環保政策上，若執行人力、設備不足，會導致成效不佳，此時政府會再研擬員額與預算增加的可行性。二為執行對象的反抗。執行對

什麼是「關說」？

在民主國家中，民意代表為人民所推選、負有代為關切政治事務、政府行為的職責。因此，在公務執行時，若民眾違犯法規或有特殊需求，可能會循私人管道請託民意代表代為處理、給予公務單位壓力或傳達其意思，稱為「關說」。若關說內容僅為表達監督、關切而無脅迫、威嚇或利益交換，則為合法行為，公務員可於職權範圍內裁量處理方式；但若牽涉利益輸送、官商勾結等有違公務立場的情況，則屬需定罪的違法行為。我國有「公職人員利益衝突迴避法」對關說進行規範。

象可能對政策認知不清、或因損及己身利益而拒絕合作。如執行禁菸政策時仍有吸菸者堅持在公共場所吸菸。此時執行單位可以透過有效的政策宣導克服執行政策上的阻礙。另外，也可能出現政策執行結果與其設定目的有重大差距的情況。例如美國訂定反恐政策，且以二〇〇三年入侵伊拉克做為掃除恐怖組織及殺傷性武器的途徑，結果卻引發戰亂死傷、且更鞏固好戰分子的信念，反而使反恐政策成效減低。為避免此類阻礙出現，決策者應事先思考政策規劃的周全性、且於執行期間接受公共監督與批評，在政策效果疲弱時及時調整方針。如美國於二〇一〇年重新審定戰略，結束伊拉克戰爭。

政策的執行過程

政策執行

為使政策目的與推行前後一貫，需由一定的執行人員、方式完成任務。

執行者1
政府機關

政府機關依據公共政策的特性、目標，適當地劃分任務、分配各項工作予責任單位。

例 行政院決定健康保險政策，由衛生署執行，並交由健保局、國民健康局等附屬機關通力合作完成目標。

執行者2
民間機構

政府基於節省公共建設支出、增進效率、專業取向等原因，將部分公共建設交由民間團體興建且營運一段時間，期滿後歸還，即 BOT。

例 台灣高鐵 BOT 案、高速公路電子收費專案 BOT 案等。

執行阻礙

1 執行機關條件不足

所投入的人力、物力不足以支應執行所需。

例 衛生署在執行防疫政策時，若專業醫事人員、設備、技能不足，會導致成效不佳。

2 執行對象不配合政策

執行對象對政策認知不清、拒絕配合政策。

例 內政部推行禁酒駕政策時，仍有許多駕駛人拒絕酒測，且酒駕車禍事件頻傳。

3 政策設計與執行有差距

經執行後發現其結果與政策初衷有重大差距的情況。

例 美國為履行反恐政策，於2003年入侵伊拉克，卻引發戰亂，反而強化了好戰分子的信念，與反恐政策目標相違背。

解決

決策者再考量投入新的人力物力與預算的可行性。

例 衛生署再增設更多防疫站，且投入更多預算添購最新防疫設備。

解決

一方面強力執行、一方面加強對社會大眾的政策宣導，降低執行對象的反抗程度。

例 增加酒測的執行地點，且以公益廣告宣導酒駕肇禍的危險性。

解決

於規劃政策時加強其周全性、執行期間需接受監督，且有調整政策的備案。

例 美國於2010年結束伊拉克戰爭、不再投入武力。

公共政策③：評估

公共政策投入資源可觀，於執行後評估政策效果也是不可偏廢的一環。判斷政策是否符合制訂目的、評量計畫與執行之間的差距等，以做為修正政府作為的殷鑑，可避免錯誤政策造成資源浪費。

由誰來評估政策？

負責把關政策執行的評估者可分為三類。第一為內部評估者，即來自執行部門人員本身的考核。由於政策於規劃時期即會設定其具體目標、執行進度，負責者皆需按時考評其績效。例如水災防治政策由水利、工務相關單位執行，執行者需評估其執行活動績效。內部評估者由於較熟悉執行過程，其意見能快速傳達到各領導層次，達到確實修正的效果；但也有可能身於部門之中而造成主觀偏見，有評估不公正的缺點。第二為外部評估者，則是來自執行部門之外的一般民眾、媒體及公益團體等，例如水災防治效果可由民眾對水患災情是否改善的回應來得知。外部評估者可反映出政策執行對社會利益的影響，但其缺點在可能無法確實了解執行面上的困難與處境。第三為特設評估機構。當有重大政策被提出或議題發生、需投以更大關注時，政府可能另設評估機構，由學者、專家或具聲望人士組成，如由水利與地質調查專家組成防洪評估委員會。評估機構更為專業且保持客觀公正的超然立場，然而其僅能提供建議而無決策權，評估仍須經政府機關採納才能發揮效果。

評估的面向與作用

為了全盤考量政策執行期間可能發生的各種變數，政策評估可著眼於以下四大面向，以確保其績效。

①**政策計畫執行的狀況**：評估此項政策是否已按照既定計畫進行、各項要求是否達成。例如某縣市政府的防洪主要措施為編列兩百億預算、計畫於五年內興建水庫時，則需評估水庫是否按照既定計畫時間表及既定預算興建，若未如預期則需追究其原因。②**政策執行的成本效益**：即評估政策是否達到具體效果。例如水庫建成後評估其是否帶來蓄水、滯洪的效益，是否與已投入的人力物力資源相抵。③**政策與其執行對社經環境的影響**：即評估其對其他社經條件或政策

●**獨裁國家的政策評估**

獨裁體制是由獨裁者個人下達政令，政策過程不透明、也缺乏監督機制，也難以進行客觀、全面性的政策評估；例如共產國家常有經濟政策失效造成農產欠收、民不聊生等困境，但獨裁者卻由於下屬不敢上達真相而自認為政策執行良好，而錯失了及時調整政策的時機。

衍生的其他影響為何。例如水庫建成後水患災區居民是否安居樂業、水庫是否造成生態破壞的副作用。

④**政策與政策執行的長期效果**：亦即持續追蹤該項政策長期而言的影響。例如水庫是否因長期泥沙淤積而降低功用、該採何種預防或補救措施。

政策的評估方式

政策評估

對政策的制訂與其執行狀況進行分析、考核，使政策得到控制而降低出現偏差的風險。

執行者1
內部評估者
相關部門人員對自身是否達成目標、執行進度的績效考評。

例 執行防疫政策的衛生署需評估其執行績效。

優點：內部評估者熟悉執行過程細節，且意見能快速傳達到各領導層次，可達到確實修正的效果。
缺點：身於部門之中造成主觀偏見，有評估不公正的缺點。

執行者1
外部評估者
來自執行部門之外的一般民眾、媒體及公益團體等進行評估。

例 內政部推動禁煙政策效果可由民眾對公共場所吸煙情況是否改善的滿意度來得知。

優點：外部評估者可反映出政策執行對社會利益的影響。
缺點：部門之外的人士無法確實了解執行面上的困難之處。

執行者1
特設評估機構
針對需投以更大關注的政策或議題。政府可能另設由學者、專家或具聲望人士組成的評估機構。

例 由水利與地質調查專家組成防洪評估委員會考核其執行績效。

優點：特設評估機構更為專業、保持客觀立場。
缺點：評估機構提供的評估報告仍須經政府機關採納才能發揮效果。

評估面向

1 政策計畫執行的狀況
評估此項政策是否按照既定計畫進行、是否達成各項要求。

例 A市政府為建立地下捷運，編列1000億預算、要於5年內興建完成時，則需評估捷運是否按既定計畫時間、預算興建。若未如預期則需追究其偏離原因。

2 政策執行的成本效益
評估政策是否達到具體效果。

例 捷運是否帶來交通便捷效益，是否符合成本效益。

3 政策與其執行對社經環境的影響
該政策對其他社會、經濟、環境條件所衍生的影響。

例 捷運建成後是否帶來商業更為興盛的正面影響、或是造成沿線房價過高的副作用。

4 政策與政策執行的長期效果
評估者需持續追蹤該項政策長期影響。

例 捷運是否因老舊而有毀損、故障等不敷使用的狀況，應採取何種預防或補救措施。

Chapter
08
憲法與司法體系

法律是在維持公共秩序的目的下，用以約束個體相互關係的規範；而政治必須在法律的約束、規範下才能順利運作。從最基礎而言，做為國家根本大法的憲法，其規範的是國家組織、政府形態及人民的利權義務，以保障人民權利免於政府侵害。一般法規如民法、刑法等，則是規範人際的互動，是處理社會中各種衝突、紛爭不可或缺的工具。在政治的實際運作過程中，代表中立、公正無私的法律更是在理念相異、政黨相爭的政治局勢中，用以維繫基本人權及自由，促進社會公平正義的最重要防線。

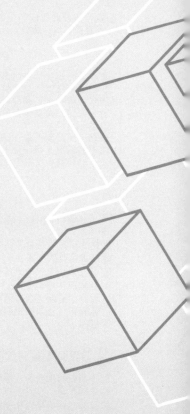

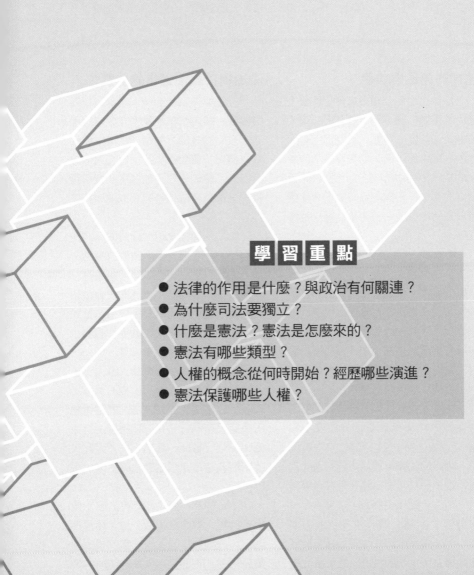

● 法律的作用是什麼？與政治有何關連？

● 為什麼司法要獨立？

● 什麼是憲法？憲法是怎麼來的？

● 憲法有哪些類型？

● 人權的概念從何時開始？經歷哪些演進？

● 憲法保護哪些人權？

法律與政治的關係

現代社會透過一套嚴密、周詳的法律規範個人行為及群體生活，以處理爭端，並發揮維護社會秩序、保護人民權利的功能。不僅是人民的生活，政府的作為也需遵行法律，意即「法治」。如此一來，即使政治情勢出現變動，仍能長保政府的權威及公信力。

法律的意義與功能

法律是經由公權力來界定社會生活中「可為」與「不可為」的基準，使個人及群體的權利、義務都能有一致的判斷標準；而人們在互動中所產生的糾紛、利害衝突，也可在法律所樹立的規範下得到一致的處理，使群體成員有所適從、社會生活得以維持秩序。

在此之下，法律可發揮三大功能：一為保護人民權利、免於他人或政府的侵害。例如民法對人民訂定契約、買賣、借貸等行為加以規定，可落實對人民財產權的保障。再者，所有社會生活的事務，如人民的權利義務、政府的作為等皆以法律為準則，則可發揮法律維護社會秩序的第二功能。如噪音管制法規定噪音管制區、音量等，使大眾的生活維持安寧和諧。三為主持公道。在法律的規範下，相同的法律事件適用於共通的判斷準則，合法者得保障、受害者得補償、違法者則接受制裁，以實現人民對群體生活應有的公道及正義的期待。例如國家賠償法規定公務員於行使公權力時，若因故意、過失或怠惰而侵害人民自由或權利，國家應負起損害賠償責任，即是由法條表現出社會對人民權益的重視與保障。

法治對於政治運作的重要性

以法律做為規範個人與群體行為的準則，稱為「法治」。在政治層面上，政府的統治行為諸如政策推行、命令發布、資源徵集等；與人民的參與行為，諸如表達政治意見、選舉投票等，都需經法律規範、以法定程序為之。

在法治運作之下，政府的所有決策需以法律型態表現，政府自身的行為、活動也受法律的規範，並不存在特權或偏祖。如此一來，即使政治情勢幾經變遷或主政者有所更替，其運作都有規則可循，人民的權利義務也才得以被掌握而能適當表現。例如，為了避免當權者恣意濫捕異議人士，各國憲法皆有對人身自由權的保障。政府不分黨派，非經司法、警察機關依法定程序執行，執行皆不得逕行逮捕、拘禁、審問、處罰人民；因此，當出現非依法定程序執法時，人民得以拒絕之。

法治的另一層功能則在於賦予政權正當性。政府在採取一致法律標準之下，政治運作能保有一定的權威性及公信力，更能獲致人民的認同。例如，「集會遊行法」規範集會遊行需經申請許可，且必須於適當的時間、場所、路線內以維護遊行之安全，違

者經警察機關舉牌三次則予以驅散。而警察機關執法時需依法行政，無論參與者的訴求為何皆然，才能維繫政權的正當性。

法治仰賴司法獨立才能落實

現代國家政府的職能是由制訂法律的「立法」、推行法律的「行政」、以及裁決法律的「司法」三大部門的運作所構成；其中，對落實法治最為關鍵的是司法部門。司法部門可具體適用、解釋、裁斷法律糾紛，以最公正、公開的態度處理個人與個人、個人與群體、個人與政府、群體與政府、政府內部各部門等的紛爭。在法律的一體適用下，才能確實推行法治。

因此，各國莫不以「司法獨立」為司法部門運行的方針。亦即司法部門獨立行使其審判、懲戒等權力，不受行政、立法部門的干涉，也不為任何個人或政黨權威所控制。如此，無論面對行政立法之間的僵局、政權的變動、朝野的歧見、黨派的紛爭或輿論的壓力，司法部門都能維持其不徇私、不涉入紛爭的立場，做出最公正的裁決。例如，「集會遊行法」推行之下，若法院遇集會遊行者與警察機關的糾紛，皆應依法裁決；而非依據參與者的訴求、所屬政黨或言論是否反對當前政策等政治因素進行考量，即使有來自外在諸如政府、輿論施予壓力甚至行賄，也會嚴守分際，不輕易妥協。

法律的由來與演進

自公元前五、六千年人類進入有規模的群居生活以來，為了維繫群體生活的秩序，諸如道德規範、宗教信仰、風俗習慣等有約束力的社會規範相繼出現，而伴隨著近代文明進展、社會的複雜度提高，領導、統治功能提升的政府也因應出現。為了便於管理，政府融合了傳統社會規範，制訂了更嚴密、周詳的法律與落實法律的司法制度，針對個人行為、群體生活加以規範，且有專門的司法機構有效地付諸實行；若有違法情事時則由司法機構介入懲戒。自此，法律才能發揮規範、懲罰的實質作用。

法律與政治的關連

法律
一套有約束力的社會規範與行為準則，用以判斷權利義務、解決紛爭。

功能

保護人民權利免於侵害

法律對個人、國家行為的規範可做為明訂各方應為、不應為的判準，達到保障權利的功能。

維護社會秩序

法律可解決衝突、紛爭，使大眾的生活秩序得到維護。

主持公道

藉由對行為的規定及對違犯者的制裁，可體現公平正義的精神。

應用於

政治層面
關於眾人之事的管理，以政府的統治、人民的參與等行為為主。

形成

法治
所有政府統治行為皆有一定的法律規範，以法定程序處理，不得任意為之。

效果

政府行為受約束

政治的運作與政府的行為在一定的規則下，減低濫權、偏頗的可能。

賦予政權正當性

即使政治情勢緊張、政黨鬥爭時，政府仍依法運作，可維持人民對政權正當性的肯定與支持。

仰賴

司法獨立
司法部門依法審判，行使權力時獨立於行政、立法部門，不受其干涉、也不涉入政治紛爭。

司法部門的組成與運作

依法施政、不受政治紛爭影響的「法治」精神，有賴立場超然、獨立的司法部門才能有效推行。司法部門的建制包括：專職法律應用的法官、審問及判決訴訟的法庭，以及做為司法行政組織的法院等要素。銜接搭配之下，能盡到解決爭訟、提升人權保障的法律功能。

法官的職能與甄拔

　　司法制度主要是在法律爭議發生時，經由代表政府司法權的法官根據法律進行裁斷，因此，法官可說是法律過程中最重要的核心角色；其職能在於發現案件的真相、正確地了解、解釋法律並做出公正的裁決。因此，法官需符合具備足夠的法律知識與超然的立場兩大要件。法官的甄拔各國並不相同，可能是來自司法考試、資深執業律師轉任、或是由擁有社會聲望的公正人士中選拔，但皆為具深厚法學素養、且能嚴格扮演獨立角色者。除法官本身品質的篩選外，大部分國家保障其終身任期，除非有職務上的過失，不得罷黜；在職務無虞之下，讓其能保有獨立性、不受政權更迭或政治壓力的影響。

法庭的運作程序

　　法庭是判決進行的處所，其使命為幫助法官做出獨立、公正的判決，故設立了依據法定的訴訟程序，提供爭議雙方平衡的攻防機會。如法定辯護人、民事訴訟代表兩造的律師、或在刑事訴訟的控方檢察官與被告辯護律師，皆能憑藉其法律專才為當事人爭取權益；且審判過程公開，允許任何人蒞庭聆聽審理過程中的辯論以及裁判的宣示事項，使法庭的運作也受人民監督。英美法系國家還設有由公民組成的陪審團，代表一般人的觀點認定案件事實，可能較法官更為客觀，對於當事人的保障也相形提高。以我國為例，訴訟當事人通常會聘請律師為其辯護、或是由公設辯護人，以保障其權益；且除部分特別隱私的

陪審制與陪審團

陪審制是指除法官主持法庭之外，再由一般成年公民中隨機選出若干名陪審員，委派其參與刑事或民事訴訟的審理，其職責為認定案件事實以及決定適用法律。陪審團在刑事案件中做出被告有罪或無罪的判斷，而在民事訴訟中則會就被告有無責任或損害賠償金額等做出裁決；再由法官依照裁決結論作出判決。陪審制主要功能在可依據一般公民的常識或價值觀判斷訴訟、但有增加司法程序成本的缺點。目前用於美國、英國、及前英國屬地等英美法系地區。

案件外，審判全程公開，民眾可進入旁聽。

法院審級制度

　　法院即是司法權行使的各種環節，包括司法人員、法庭、司法行政單位等形成的組織，是處理司法事務的機關；當私人之間發生各種紛爭、或對政府機關的處分有所不服的時候，可以直接向法院提起訴訟，請求法院依法維護其權益。

　　法院的制度多為「三級三審」，亦即劃分為地方法院、高等法院、最高法院三級；審理依序分為初審、第二審、終審的三層級；法院等級與審判層級相互對應，由地方法院初審、高等法院第二審、最高法院終審。「三級」的目的是為了因應訴訟的性質，如牽涉金額不高的民事案件，或是證據充足的刑事案件等，可以直接在地方法院的簡易庭審理，以精簡程序、增進效率；而有些特殊案件如內亂、外患，則會跳過案件較多的地方法院、直接到高等法院審理以示重視。「三審」則是當訴訟當事人不服判決，還有循序上訴的救濟管道，可減少冤案的發生，達到力求公正的目的。

獨裁國家的司法部門

獨裁國家也會號稱尊重司法獨立以建立司法機關的威信；然而，其司法審判卻受當權者干預、甚至為其所用。舉例而言，獨裁國家在人民表達反對政府的意見時羅織以叛亂、顛覆政府的罪名，並予以長期監禁，並未真正落實司法獨立的精神。

司法部門的設計與運作

司法獨立

司法部門的最高價值在於獨立做出不涉入政爭、立場公正的裁決,發揮法律追求公道的目的。

組織設計

法官

法官代表國家行使審判權,需依法公正審判,故其甄選與任用皆須審慎。

| 法官職責為發現案件的真相、運用法律做出公正的裁決。 | 需有深厚法學素養、嚴守超然獨立立場。 | 甄拔方式
●公正司法考試
●資深執業律師轉任
●擁有眾望的公正人士 | 保障任期終身
除非重大過失不得罷黜;使其在職務無虞之下保有獨立性。 |

法庭

法官於法庭審問及判決訴訟,法庭需有一定的訴訟與運作程序,使訴訟雙方得到相等的保障,訴訟也得以公平。

設有法定辯護人
由有法律專才的辯護人為當事人爭取權益。民事訴訟為代表兩造的律師、刑事訴訟為控方檢察官與被告辯護律師。

公開審判
審判過程允許他人蒞庭聆聽審理過程,而非秘密進行,使法庭的運作能受到監督。

設有陪審團
(英美法系國家)
陪審團由一般公民組成,助法官認定事實,立場更為客觀。

法院審級制度

受理爭議當事人所提之訴訟,依法維護其權益,採行三級三審制度,使案件的審判更為公平、減少冤案、冤獄。

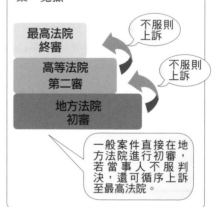

最高法院 終審

高等法院 第二審

地方法院 初審

不服則上訴

不服則上訴

一般案件直接在地方法院進行初審,若當事人不服判決,還可循序上訴至最高法院。

憲法與憲政

在法律體系中，憲法是位階最高的法律規範，關係著政治價值的判斷與政治體制的安排。其設定一國如何推行憲政、處理各種公共議題的主要架構，也提供人民凝聚群體意識、信任政府作為並遵行其政策的依據。因此憲法有「國家根本大法」之譽。

憲法是什麼？
為何與一般法律不同？

「憲法」一詞翻譯自英文的「Constitution」，該字原意為組織或結構，引申為如何組織、結構政府的基本原則，「憲法」取其引申意，因此又被視為國家的「基本法」。憲法的規範層面含括國家體制、政府基本組織以及人民權利義務等，其位階高於一國立法機關所訂定的所有民法、刑法、行政法等一般法律及行政機關所頒布的命令。所有法律規章皆須接受做為基本法的憲法之指導與約束，

舊有法規若有抵觸憲法則應廢除，新訂立之法規必須遵循憲法精神，否則無效；因此，憲法是一國最高的法律規範。

憲法如此特殊、崇高，最主要在於憲法代表著一國之所以組成國家的最高精神價值，可視為人民與國家締結的最重要契約關係，並將「人」做為治理國家的主體轉變為以「法」為主，規範政府的權力、組成方式與對人民的作為，藉此減低人治徇私濫權的弱點。例如，憲法保障人民享有人身自由、表達意見自由，不得被任

憲法的形成過程

憲法發源於英國。憲法概念成形前的法律主要是由君王頒布，用以約束人民活動、管理社會秩序、徵用兵勇及租稅等，屬於上對下的單向規約；相對地，人民則無法約束君王的權力。在一六二八年，英國議會以通過加稅議案為交換條件，迫使英王查理一世簽署向人民徵收租稅須得人民代表同意的「權利請願書」，開啟了統治者也應守法、不得恣意妄為的憲法概念。其後，隨著議會勢力躍升、王權步步衰落的歷史發展，君王的統治作為也得以用法律約束。諸如一六八八年光榮革命後，國會通過規範英王不得任意廢止法律效力、未經議會同意不得加稅或徵兵的「權利法案」。這些限制英王權力的法律成為判斷統治行為是否有效力、是否正當的依據。取得優於執政者所發布的一般法律規章之效力、以及當其他法律與之相牴觸時則視同無效的最高位階、保障人民權利免於政府作為侵害的憲政精神於是確立。影響之廣，其後的美國獨立、法國大革命等追求限縮政府職權、保障人民自由及權利的政治變革，皆制訂憲法做為規約政府行為的依據。

憲法的來源與意義

法律主要為上對下的規約

~16、17世紀以前的英國

法律主要為英王制訂頒布,其目的為約束人民的行為,如徵召服役、徵收租稅等;人民則無法約束王權。

出現 →

法律開始約束統治者

17世紀

英國議會權力逐步擴權之下,英王被迫簽署「權利請願書」、「權力法案」等限制君王統治作為的法律。

產生

較高位階法律的概念

這些專行規範統治者行為的法律成為一國所有法律制訂的基礎來源、享有較高位階。

限制王權的法律足以判斷英王統治行為及所頒訂法規的效力與正當性。 →

取得基本法的地位與優於其他法律的位階。 →

確立保障人民權利、免於政府侵害的憲政精神。

形成

憲法

規範一國最基本的國家體制、政府基本組織以及人民權利義務的事項,又稱為「基本法」。

政府作為的依據

政府施政必須受憲法的約束與規範,不得任意擴權違憲。

法規違憲無效

●舊有法規若有牴觸憲法即廢止。
●新訂立之法規抵觸憲法則無效。

意逮捕；政府在遵循憲法精神之下，即不能任意下達逮捕異議人士的命令，否則將導致一國立國精神的價值動搖、甚至瓦解，引發嚴重的憲政爭議與正當性危機，使該政權執政的合法性與存在基礎面臨質疑而有垮台之虞。

憲法的構成

由於憲法的目的是杜絕擅自擴權的「權力怪獸」政府侵害人民的權利，因此如何透過立法設計、規範政府組織與運作制度，即是憲法制訂的重要關鍵。因此，儘管各國的憲法內容有所出入，但歸納其構成，必然皆有政府制度和基本人權兩大部分。政府制度設計的基本原則是將政府組織分為若干部門，使各部門間相互制衡之下，無任一部門可掌控絕對權力、遂行獨裁。例如美國聯邦憲法引用法國學者孟德斯鳩三權分立的想法，將政府體制分為行政、立法、司法三大部門，任一部門行使權力都受另兩部門的牽制。

然而，僅有政府組織的規範仍嫌不足。憲法的主要目的與價值即在人權的維護與保障，因而有必要明文標舉人民基本權利的相關條款，藉此彰顯憲法的基本精神。例如美國聯邦憲法本文原只規定了政府組織，而後為了避免保障人權的宗旨被忽視，憲法生效後不久，國會即一次通過了十條修正案，修正內容均為明文條列人民應享有的基本人權。包括保障宗教信仰自由、言論自由、出版與集會自由、請願權、禁止軍人駐紮民宅、不受不合理搜索與逮捕的權利、公開審判的權利等，其內容成為現代憲法中人權規定的主要淵源之一。

憲法的解釋

憲法是一國所訂立所有法規的基本依據，凡違反憲法的法律、命令即屬無效。但由於施行於民間的法律為數眾多、內容又相當瑣細，即使制訂法律時經縝密的構思審議，也難免疏漏而出現違憲的爭議；因此，只要是實施憲政、頒布憲法的國家，大多設有一個權威性的機關進行統一的憲法闡釋、說明，又稱為「違憲審查」或「司法審查」，藉此活用憲法，使其更順應法律應用之需。

各國釋憲機關不盡相同，一般可分為普通法院即有權釋憲，以及特設專責機關釋憲兩種。前者如美國聯邦最高法院審理司法案件時，若法官認

獨裁國家的憲法

近代各國紛紛實施憲政，獨裁國家如中共、北韓等國為鞏固權位、收攬人心也頒訂了憲法，對政府制度與基本人權的規定也大致相同。然而，政府的統治作為並未完全依照憲法規定，憲法缺乏真正的約束力，只徒具形式而已。

為該訴訟所適用法律有抵觸憲法之虞時，即可逕行釋憲，並宣告法律合憲與否；後者如法國設有憲法委員會、我國司法院設立大法官會議專責釋憲。縱然機關不同，但所發揮的釋憲功能與效力則大抵相同。

例如，美國明尼蘇達州立法規定政府有權事前審查出版品內容，然而美國聯邦憲法第一修正案明訂國會不得立法剝奪言論自由及報業自由，因此報紙發行人在不服州政府審查行為之下，對政府提出告訴；聯邦最高法院於一九三一年審理該案時，認為州法與第一修正案可能有所抵觸而進行違憲審查，最後宣告除了少數例外如防止國家安全機密洩露、暴力推翻合法政府等重大事由等，政府事前限制言論的行為皆屬違憲，故判決該法違憲無效，州政府敗訴。透過釋憲的做法，憲法宗旨將得以應用於各種法規，對人權的保障重點及範圍也得到調整或補強。

憲法的主要內容與其解釋

憲法
防止政府擅自擴權侵害人民權利的根本大法。

內容1 政府組織
●規定政府制度及組織的方法，包括將政府分為幾個部門、各部門間如何相互牽制。
●各國政府可分為總統制、內閣制、雙首長制三大基本類型。

內容2 基本人權
●規定人民應享有不可剝奪的基本人權。
●保障宗教信仰自由、言論自由、出版與集會自由、請願權……等。

成為

一國政府施政及所訂定所有法規的基本依據，凡違憲者即屬無效。

運用

法規訂定後，其內容可能有疏漏而出現違憲爭議，需有憲法權威者的釐清。

設立

違憲審查機制
立憲國家大多設有機關進行憲法意義的統一闡釋、說明，使憲法切合實用。

普通法院釋憲	專責機關釋憲
如美國聯邦最高法院審理司法案件時釋憲。	如我國司法院設立大法官會議專責釋憲。

憲法的類型

自英、美國施行憲政以來，各國皆仿效其精神制訂憲法，但因各國改革進程的急緩、或因政治變動的頻率高低不一，而出現不同的類型。憲法呈現的形式可分為成文與不成文憲法；從制訂與修改憲法的難易程度而言，則有剛性與柔性憲法之分。

依形式分類：
成文憲法 vs. 不成文憲法

基於憲法制訂過程屬急遽或採漸進的不同經驗，而有一次性將具憲法性質的事項頒布於單一憲法的「成文憲法」；以及陸續集結各種重要憲章、法律、若干具憲法地位的文獻、法院判例，以及未形諸文字的習慣所匯集而成的「不成文憲法」。採成文憲法形式的有美國與法國等國。其皆有一部單獨名為「憲法」的法典，通常是經歷過激烈的政治改革過程，例如美國獨立戰爭、法國大革命。制憲者為了表彰憲法的政治改革精神、凸顯其號召人民支持的意義，並加深憲法的規範力，因此多會有體系地規劃一部完整的憲法法典。由於成文憲法的號召力量大、且成文規定較清晰明確，目前大多數國家皆採成文憲法的形式。

採取不成文憲法形式的有英國、以色列、紐西蘭等。政治改革過程則為緩慢平和地漸進發展，並未特意規劃一部有體系的憲法法典，而是於一般的議會立法或法庭判例中，將有關政府組織或人權保障等較高位階、具憲法性質的規章、文獻集結成憲法。例如英國屬不成文憲法，其具有憲法性質的規範見諸於數百年來因應政治改革所訂立的「權利請願書」、「權利法案」等憲章；及「人身保護法」（一六七六年頒布）、「歐洲共同體法」（一九七六年頒布）等法律；另有虛位元首、國會解散、內閣總辭等慣例。

成文憲法的規範力較強，政府權限與人民的權利、義務皆有明確規定，因而易於信守、形成對憲政的共識；然而，成文憲法在規範確切之下，相對地，當面臨國家社會快速變遷時，在原條文不切合實用之下，需依照制訂的修憲規範程序進行內容的修改，在彈性調整的速度上較為不便。

與此相對，不成文憲法因散見於各項法律文書而非一體化的完整法典，容易因為條文的適用範圍、出處不同而有解讀的差異，進而產生模糊或扭曲，因此也較難以形成共識；然而，因不成文憲法出自於議會平日的立法或法庭判例，在制訂新規範和實務應用上較能彈性調整。

依修改的難易度分類：
剛性憲法 vs. 柔性憲法

憲法並非一經制訂即固定不變，已頒布實施的憲法若因民意需求、政情改變或時代變遷等使得原規範不敷使用，便應該進行增刪、修訂。依據修改憲法的難易程度區分，還可將其

區分為剛性憲法和柔性憲法。

剛性憲法是指憲法必須經由特殊程序、通過較高門檻才能進行修改，藉著高修改難度減少修改頻率，以維持憲法的崇高神聖。美國、法國第五共和（一九五八年至今）、我國的憲法皆屬此類型。舉例而言，美國修憲制度極為複雜，需由參眾兩院全院三分之二以上議員簽署支持一項憲法修正案，再將該案送交五十州議會審議，經四分之三以上州（各州程序不同，但至少需過半議員的同意）的批准，該案才算通過。台灣的修憲則需由立法委員四分之一的提議、四分之三的出席、出席者四分之三決議才能提出修正案，並於提出後公告，經由大眾廣泛討論，再於六個月後付諸全國公民複決，有全國投票人口總數過半的同意票，該案才得以通過。

柔性憲法方面，其制憲與修改的機關、程序等同於普通法律，透過一般法律的制訂過程即可進行憲法的增修，因此修改難度低、修改頻率可能較高。採此憲法類型的包括屬於英國、法國第三共和（一八七〇～一九四〇年）等。例如，由於北愛爾蘭長期存在主張脫離英國獨立與維持統一兩大陣營的流血衝突，為了促進和平，英國及愛爾蘭政府與北愛爾蘭衝突雙方於一九九八年簽署「北愛爾蘭和平協定」，同年英國議會立即依據和平協定內容增訂一部設定政治體制及基本人權規範的「北愛爾蘭法」（一般立法過程即為由上、下議院三讀，經過半議席同意即通過）列入英國憲法之中，規定成立北愛聯合政府，採比例代表制平衡各黨派、保障少數族群的席次，且成立北愛爾蘭人權委員會等內容。

剛性憲法的修改不易，可減少不必要變動的紛擾，故穩定性較高，有促進政局安定的優點；然而其可能流於不合時宜，甚至有阻礙改革之虞。容易修改的柔性憲法則容易因應社會國家變遷的需求，具有與時俱進的優點；但相對亦可能有變動頻仍、不易建立穩定憲政秩序的缺點。

成文憲法 vs. 不成文憲法

項目	成文憲法	不成文憲法
意義	將政府制度、人民權利義務相關事項規範於一部單獨的憲法法典。	有關政府制度、人民權利義務等具憲法位階的規範散見於一般法律、憲法性質文獻、法院判例，以及未形諸文字的習慣中。
形成方式	經過激烈的政治改革，因此一次性地規劃一部體系完整的成品。	改革過程較為緩慢平和，漸進式地訂立具憲法性質的法律、形成判例及習慣。
特點	●易形成共識：規定較清楚明確，人民更易形成共識。 ●缺乏彈性：社會快速變遷、需求更新時，憲法尚需修改，缺乏彈性調整的空間。	●富有彈性：在議會立法或法庭判例上能隨時應用於實務層面，在適用上較能彈性調整。 ●不易形成共識：憲法散見各法律條文與慣例而有解讀的差異，容易產生模糊或扭曲，難以形成共識。
國家	美國、法國、我國	英國、紐西蘭、以色列

剛性憲法 vs. 柔性憲法

項目	剛性憲法	柔性憲法
意義	憲法必須經由特殊機關及程序修改。	修改機關、程序與普通法律相同（經由議會以普通多數決進行修憲）。
特色	●修改難度較高 ●修改頻率較低	●修改難度較低 ●修改頻率較高
特點	●較為穩定：減少不必要的修改及變動，穩定性較高，可穩定憲政秩序。 ●不易革新：可能因難以更動而阻礙改革。	●容易革新：可隨著社會的變遷與時俱進。 ●較不穩定：可能因為變動頻仍而難以建立穩定的憲政秩序。
國家	美國、法國第五共和（1958年至今）、日本、我國	英國、法國第三共和（1870～1940年）

人權的意義與演進

人權是憲法最重要的內容。自古希臘、羅馬萌生人文思想以降，近代人權意識隨著西方民主立憲思想的傳布而逐步提升；人權的內涵與範圍也隨著人民所遭遇的狀況、關心的重點而轉變與擴充，由消極防止政府侵害人民自由，到要求政府積極提供人民生存、教育、工作等福祉，人權的保障也更為完善。

人權概念的提出到實踐

人權意指人固有的基本權利與尊嚴。人權概念可以追溯到羅馬時代的斯多噶學派，認為宇宙有其自然的秩序、法則，蘊含著普世皆同的道德原理，例如正義、平等；而人是自然的一分子，理應由符合正義原則的法律所約束、且皆有平等的人格尊嚴。

然而真正將人權的概念落實、影響現代政治思想最深廣的，則是十七、八世紀的洛克和盧梭所主張的「天賦人權」。兩位學者經歷過王權藉由「君權神授」之名逕行專制統治的壓迫，因而發揚斯多噶學派人皆平等的自然法觀點，認為人有與生俱來的自由、平等權利，並且是優先於任何政府與政治制度而存在、而非君王或統治者的賜予。故任何統治者都應尊重人權，其所訂定的法律條文不可侵犯、剝奪人權，否則統治即不具正當性。此概念的出現與發展是順應了新興中產階級反對王權徵稅徵兵、侵犯其權益與人身自由的時代需求，從推動議會起到逐步制訂憲法，以天賦人權的概念為基本精神，並以人權的保障為憲法最重要的內容。

人權的演進

自從十七、八世紀天賦人權概念伸張、人權成為普世價值以來，人權的實質意涵也隨著時代的發展而演進，得以愈來愈全面且深刻。德裔美籍憲法學者佛瑞德里西便將西方人權演進發展分為十六、十七世紀主張自由權、十九世紀進一步強調參政權、二十世紀以來爭取受益權等三個階段。

①**自由權：**亦即人民擁有行動自由、宗教信仰自由、表達意見的自由、免於被非法逮捕拘禁的自由等，不受政府干預，又稱為「消極人權」。十六、十七世紀正值西方國家約束王權、爭取自由之時，人們最關心如何在權力強大的政府管理之下保有自由、人身、財產等權利。英國學者洛克即認為政府對人民的管制應該消極，以免危及人民的自由，故應立法限制政府本身的權力。例如美國聯邦憲法即以行政、立法、司法三權分立的方式限制政府擴權。

②**參政權：**即人民有藉由選舉來參與政治事務的權利。十九世紀西方各國大都已舉行民意代表選舉，卻對選舉權的範圍有所限制，如英國規定具有一定財產、教育程度的成年男性才有投票權。選舉權的不平等備受質疑，被提出應為基本人權之一。例如英國學者彌勒便認為，政治參與能提供參與者心理滿足，提升社會責任感，進而使社會進步，因此有必要擴

人權的演進過程

希臘、羅馬時代人文精神萌芽

公元前4世紀

斯多噶學派主張人人接受「自然法」的約束，皆有平等的人格，隱含著人權的思想。

「自然法」為宇宙所存有的自然運行秩序。	蘊含著普世皆同的正義、平等原則。	人身為自然的一份子，也接受自然法的規範。	肯定人人皆有平等的人格尊嚴。

經歷

王權專制統治

16、17世紀

君王假「君權神授」之名遂行苛捐雜稅等專制統治。

萌生

「人賦人權」觀

17世紀

啟蒙思想家如英國洛克、法國盧梭等主張「天賦人權」觀，統治者應尊重人權，任何人為的法律條文皆不可侵犯、剝奪人權。

人與生俱來皆享有自由、平等的天賦權利。	人權優先於任何政府與政治制度而存在。	統治者都需尊重人權。	任意侵犯、剝奪人權的政府不具正當性。

形成

人權的普世概念

人天生即具有基本權利、外界也無法剝奪。人權觀念推及全世界。

大選舉權。又例如日本於十九世紀訂立「明治憲法」，即明文規定人民有選舉及被選舉之權（但範圍仍限每年繳稅五圓以上的成年男性）。

③**受益權：**亦即政府有義務保障人民社會福利、財產、教育、工作機會等社經方面的福祉，以促進人民生存條件的提升，又稱為「積極人權」。十九世紀末、二十世紀初世紀以來資本主義社會迅速發展，衍生不少如貧富差距、失業、工作安全等社會問題。因此英國學者格林認為洛克「政府作為應趨向消極以免侵犯人權」的主張尚不全面，強調政府的統治作為應該更積極，為人民排除不利於人權發揮的障礙，才是實質的保障。例如，政府公權力應介入勞資關係，以免工資低於生存所需基本條件，侵害人民的健康、福利、自由等權利。我國即於一九四七年通過憲法，規定人民有生存權、工作權及財產權，應予保障。

什麼是「發展權」？

發展權的概念可朔源自一九八六年聯合國大會決議通過的「發展權利宣言」。其強調個人權利與集體的權利息息相關，人權應由促進社會經濟發展、解除貧困做起，故人權的保障應由改善經濟的不平等、消除制約發展的不利因素等方式著手。

人權內涵的演進

自由權
16、17世紀

意義

人民擁有人身自由、言論、遷徙等自由權利，政府不得侵犯。

背景

人民欲約束王權、爭取自由，關注於在政府統治下如何保有自由。

代表人物

英國洛克主張政府本身的權力以不侵犯人民自由權為限。

例1789年美國聯邦憲法以權力分立、相互制衡的方式設計政府部門。

參政權
19世紀

意義

人民擁有選舉投票及參選的權利。

背景

英美各西方國家的代議制度成形，卻對選舉的資格有不同的限制，造成爭議。

代表人物

英國彌勒主張政治參與能提供參與者心理滿足，提昇其責任感，促使社會進步。

例日本1889年明治憲法規定人民有選舉及被選舉之權。

受益權
20世紀

意義

政府有提供人民社會福利、財產、教育、工作機會等社經福祉的義務。

背景

資本主義迅速發展之下，出現貧富差距、失業等社會不平等問題。

代表人物

英國格林主張政府應該積極作為，提供人民更好的生存環境與條件，如失業時給予救濟。

例我國1947年制憲法規定人民有生存權，工作權及財產權。

Chapter
09

選舉與人民的政治參與

在群體生活中,大眾維生、安全乃至於福祉等多元的需求,有賴於領導者集合眾人需求、統籌資源,進而擬定適當的決策,達到解決需求、提升眾人生活品質的目的。領導者角色該由誰擔任、如何鑑別是否適任等問題,也成為政治的重要主題。在君權時代,領導者是由世襲的君王擔任;到了十七、十八世紀的民權時代,領導者則由人民選舉產生,需依據人民的意見及需求進行施政;即使是少數專政的獨裁體制,也會象徵性地實施選舉以強化其正當性。

民主國家為了讓選舉能確實地傳達民意,舉凡公正的選舉制度與規範、有效轉換選票為當選席位的制度,以及候選人公平參選的機制等,皆是需探討的關鍵。另一方面,為使人民參與政治事務的面向更為全面,又有藉由投票使不適任者去職的「罷免」、以及人民對法案直接投票的「公民投票」兩種制度做為選舉的輔助。

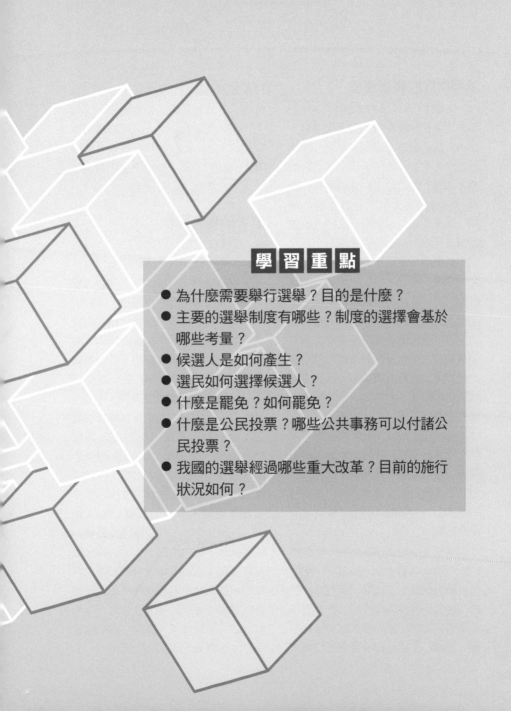

學習重點

- 為什麼需要舉行選舉？目的是什麼？
- 主要的選舉制度有哪些？制度的選擇會基於哪些考量？
- 候選人是如何產生？
- 選民如何選擇候選人？
- 什麼是罷免？如何罷免？
- 什麼是公民投票？哪些公共事務可以付諸公民投票？
- 我國的選舉經過哪些重大改革？目前的施行狀況如何？

為什麼要選舉？

選舉是一般人民參與政治最主要的管道，人民可以透過選舉表達自己的政治立場，以選票決定誰來立法和執政，促使所選出的政治人物不負所託，施行符合民意的政策，藉此體現民主政治的精神。

選舉制度的發展過程

人類過著群居的生活，公共事務的決策和處理都需要有人來領導。領導人以選舉方式產生乃是近代演進的結果。文明初始的游牧漁獵社會時期，領導人的地位是由強者憑恃自身武力與權勢來獲取；在君主統治階段，領導人則是經由一代又一代世襲或原任領導人欽點的方式產生。

直到十六世紀的英國，由於商業城市勢力興起，平民因頻繁的商業活動提升了經濟能力與社會地位，產生參與公共活動的需求，以表達對政治事務，如稅賦徵收等的看法；至光榮革命後，符合資格的公民可投票選出議員進入國會參與議事。這正是現代民主選舉制度的雛形，當時歐陸各國陸續加以採用。十八世紀美國獨立後，憲法規定總統由選舉產生；日本則至十九世紀明治維新開始選舉國會議員。隨著各國對選舉制度的採行，標誌了人民可藉由選舉影響政策制訂的發展方向，領導人必須回應與重視民意歸向。

然而，二十世紀以前，有資格投票的選民尚屬少數，只限有一定財產且繳納稅金、並曾受一定教育的男性才有投票權，因此貧民、教育程度不高者、女性、黑人等族群並無投票權。直到二十世紀初，舊有的特權或歧視逐漸破除後，全民皆可參與政治的觀念才開始普及，選舉權也相應擴充。例如英國在一九一八年取消男性財產限制，一九二八年開放女性投票權；美國對於黑人的投票權限制則至一九六〇年代才完全取消。

選舉的兩大要件

選舉的目的是要讓人民發揮參政的權利、促使政治人物順應民意。為了不讓選舉徒具形式，必須讓人民在多元選項中進行自由選擇，因此，「公正的選舉環境」以及「透明的資金流向」就成了選舉最重要的兩大要件。公正的選舉環境是指，凡是具資格的公民皆有權參與競選成為候選人，且能自由投票給支持者，不受外界的支配操縱。相對地，在威權體制之下常見情治單位對反對人士的監控、恐嚇，使選舉的公正性備受質疑。透明的資金流向則是指，由於選舉過程往往有龐大的費用支出，因此需確保候選人資金的收受公開、透明，以避免賄選、利益輸送或趁機中飽私囊等不公的情形。例如我國公職人員候選人依法需如實申報財產，專責辦理選務的中選會亦會公布於媒體以供選民了解；此外，也訂有「政治獻金法」規範候選人應設立政治獻金專戶，並需接受監察院的管理。

選舉的功能

選舉能夠發揮的功能主要有以下兩大項。第一是建立政權的正當性。由於執政者是透過選民投票方式選任，意即統治者獲得被治者的同意，政權是經由選民交付所產生，其最終決定權來自人民本身，符合「主權在民」的民主政治原則。如此，所選出的政府獲得行使統治權的正當性，可以合理、合法地推動政令、發揮處理群體各種公共事務的功能。

第二為釐清政治權責。由於執政者皆有任期規定，即表示在任期間握有執政的權力，但相對地也必須承擔施政成敗的責任，以示對人民負責。人民對執政者進行監督、檢驗的最主要方式則是投下手中的選票。當任期屆滿需進行下任執政者選舉時，人民可評估其執政表現做出決定，若任期間在諸如政局穩定、經濟繁榮、治安良好等人民所關心的面向皆有佳績，則執政者與其政黨可能繼續獲得支持；若表現不佳，如政局紛亂、經濟衰退、社會不安等，則人民可能轉而支持其對手，造成執政者的更換或政黨輪替的情形。

選舉的目的及功能

選舉

由合格選民選擇出政治領導人的方式。

↓ 要件

公正的選舉環境
具資格的公民皆有權參與競選成為候選人,且能自由投票給所支持的候選人,不應受外力干預。

例 嚴禁脅迫、恐嚇選民以免選舉結果不公。

透明的資金流向
選舉耗資龐大,資金流向應公開、透明,以免利益輸送、賄選或是中飽私囊等爭議。

例 我國有「公職人員財產申報法」及「政治獻金法」來監督候選人的財務。

↓ 發揮功能

建立政權的正當性
政治人物是透過人民的選舉所選出,代表人民擁有最終決定權,符合民主政治原則。執政者可以正當地行使統治權。

有權進行施政作為 →

正當

執政者

選出

授權給屬意的人選 →

選民

釐清政治權責
● 政治人物在任期間擁有執政權,同時也需對人民負責。
● 任期屆滿時人民可依據政績決定是否再賦予執政權,或給其競爭對手。

執政者

授權 / 負責

下一任

選民滿意其政績表現 →

執政者連任

選民對其政績感到失望 →

更換執政者、政黨輪替

選民

選舉制度

民主國家皆藉由定期選舉選出國會議員。選舉議員的制度關乎一張張的選票如何轉換為當選席次，一方面對各政黨的候選人提名策略與選戰訴求有著決定性的影響；另一方面也決定了選後國會內的組成與互動方式，是民主制度順利運作的重要環節。

選舉制度會影響選舉結果

舉凡選區的劃分、選票的計算、投票的方式等選舉規則與做法的設定，都會影響到選後在國會內的席次分配，並進一步決定各政黨在國會的勢力與發揮空間，自然也會影響其所代表的選民意見能否被充分地傳達、進而受重視，因此，各國都非常重視選舉制度的規劃與設計，以求國會組成更能正確地反映民意。設立選舉制度的考量因素包括社會結構、甄選民眾代表的傳統經驗與政治環境等，在此之下有了各種不同的選舉制度產生。雖然各國的選舉制度不盡相同，但基本的類型大致可分為單一選區相對多數決制、複席單記制（我國地方民代選舉採取此制）、比例代表制與混合制四種。

單一選區相對多數決制

「單一選區相對多數決」制會將一國依據約略相等的人口數，劃分為許多選區，一個選區內的當選名額只有一個席次、選民投票時只能圈選一位候選人，由獲得票數最多的候選人當選。由於當選人只有一位，各政黨會提名單一候選人參選。此制多由英、美等英語系國家採用。例如英國的下議院議員、美國參議院及眾議院皆屬之。

此制的實施會影響政黨的運作方式。在一區只選出一席之下，提名人選與政見採立場溫和、訴諸主流民意的政黨，通常較能獲致最大多數的中間選民支持，進而勝選。這樣的政黨在多次選戰後往往會成為勢力穩固的大型政黨；相對地，立場偏激或奉行極端意識型態的政黨因只能吸引少數選民，勝選機率低，勢力也會趨弱而成為小型政黨。此制施行的結果容易形成各獲得約二分之一選民支持的兩個主要政黨、而小黨則因勝選機率低較難生存的現象，長久下來傾向於穩定的兩黨共存。執政情形則是以兩大黨輪替為主，且兩大黨的立場會愈來愈趨於中庸、遠離極端，以吸納更多選民的利益與期盼。因此，此制有益於國家的整合，但也不免有少數意見可能會被忽視的缺失。

此制淵源於英國中世紀的下議院議員甄選，當時即有各區域推派代表的傳統，而社會結構上既沒有族群衝突嚴重而水火不容的狀況，政治環境中也沒有根本的意識型態紛爭、對立。英國殖民美國後，亦於十七、十八世紀採行此選舉制度。自英美施

行此制以來，舉凡社會結構較為單純、政治並無激烈對立形勢等與其類似的國家，皆仿照採行此制。

複席單記制

複席單記制亦將全國劃分成許多選區，但一個選區範圍內的當選席次多於兩人；而選民投票時只能圈選一位候選人，以獲得票數較多的候選人當選。此制曾獲部分亞洲國家如我國、韓國、日本等採用，我國目前的地方選舉如縣市議員仍採行此制。

此制的實施會影響大黨的提名與小黨的生存兩個層面。首先，由於當選人不只一位，實力雄厚的大型政黨往往會提名多位候選人。在大黨的提名人數不只一位之下，候選人在選戰中不但須與敵對政黨競爭，亦需與黨內同志競爭，往往會使黨內出現各組派系、各擁候選人而難以整合的狀況；若分歧擴大，甚至可能造成黨內同志出走自組新政黨的狀況。其次，由於當選區應選席次名額較多，讓訴求較為小眾或立場偏激的小型政黨有佔得議席的空間，在此之下，對於政黨制度的穩定並無助益。且由於大黨對黨內同志的整合能力不足，往往容易出現議員自我凸顯或派系林立的狀況，難以形成制度化、規則化的政黨互動，對於議事功能也有不利的影響。

選舉制度與政黨制度源於西方社會，複席單記制則是在西方的制度流傳至東方後，又融合入了選賢與能的思維與重視人際關係的傳統所產生的制度。複席單記制在亞洲國家施行下，具有名望或人際關係良好的候選人即能獲得選民青睞，對政黨的認同則相對較不受重視，因此政黨在選舉中的競爭關係不若西方來得明確。由於此制對政黨互動的穩定較為不利，近年來韓國、日本都已捨棄這種選舉方式，我國亦僅於地方性的民意代表（如縣市議員）選舉中採用。

比例代表制

不同於前兩種制度皆將全國劃分為許多選區、各區域選民以候選人做為圈選對象，比例代表制雖大多亦有選區劃分（除荷蘭、以色列等少數國家以全國為一選區），但選民圈選時的考量除候選人外，政黨也是關鍵的考量依據。常見做法為「開放式名單比例代表制」，亦即政黨在各選區提出一份有數位候選人的「政黨提名名單」；儘管選民的投票對象依舊是「人」而非「政黨」，但是決定候選人時，則是將同黨候選人的選票加總起來成為政黨總得票，再根據各政黨總得票比例來分配政黨席次。待政黨席次決定之後，再以黨籍候選人的得票高低依序遞補。在此制中，若某選區應選十席，政黨A共獲六成選票，則按比例計算獲得六席，由黨籍候選人的前六高票當選；政黨B共獲二成選票，按比例計算則獲得二席，由黨籍候選人的前二高票當選。

比例代表制是在十九世紀歐洲各國召開的選制改革會議中首度被提出，於一八九九年比利時首先運用於

全國性的選舉（下議院選舉）。實施這種制度最普遍的也是歐陸國家，像是比利時、盧森堡、瑞典、挪威、瑞士等國。其細部的計票公式雖不盡相同，但依據政黨得票比例決定候選人的用意則相同。

　　此制的運作結果有利於小型政黨的生存。由於只要達到最低門檻的政黨即可獲得席位，各政黨皆可表達其政治意見或利益，即使只吸引少部分選民、立場偏激的小黨亦有生存空間，而不必強調中間路線來吸引選民。也因此，採用此制的國家多半為多黨並存，在執政上則以理念較相近的政黨共組聯合政府為主。政府有賴於政黨協商以達成共識，才能順利推展政務；若政黨意見不能整合時，政府就可能經常變動而造成政局的不穩。

　　此制理念淵源於中世紀即有舉行「等級會議」傳統的歐洲大陸。由國王召集貴族、教士、平民等三大階層代表共商時政，因此自然形成了各階層各自代表其利益、意見相左而無法融合的情形。此外，由於歐陸的種族與語言較多，歷史上曾出現多次族群紛爭，而且意識型態的對立也較為嚴重，透過施行此制，可使得各個階層、族群、語言、意識型態的選民意見皆能轉化為一定的議會席次，獲得應有的保障，避免少數民意被忽視而激發抗爭或衝突的後果。因此，社會結構較複雜的國家會仿照採用此制。

混合制

　　單一選區多數決與比例代表制施行已久，各有其發展淵源與優缺點，有些國家為了保有選制的彈性，因而採行融合兩制的「混合制」。混合制的做法很多，常見的有「單一選區兩票並立制」，即將國會議席分為單一選區與比例代表兩部分，各政黨則同時提出一份選區候選人、一份不分區的候選人名單；每位選民投票時共投出兩票，一票圈選該選區候選人、一票則圈選政黨。在單一選區由獲得較高票數的候選人當選、在不分區則依據各政黨的得票比率分配席次，政黨總席次則為單一選區與比例代表所分配的當選人數的總和。目前有我國立法委員、南韓議會與日本眾議院等選舉採行此制。

兩輪絕對多數決制

由於相對多數決制的獲勝者所獲得的票數不盡然過半，易發生代表性不足的疑慮。在十八、十九世紀比例代表制尚未出現時，歐洲許多國家放棄原採的相對多數決制，改採「兩輪絕對多數決制」，亦即在第一輪投票後，如果有候選人已經獲得過半數的選票，則該候選人即已獲勝；如果沒有任何候選人獲得過半數選票，則在第一輪投票中獲得最高票的兩位候選人就必須再進行第二輪決選。在第二輪投票中，由於候選人只有兩位，獲勝者必然要得到半數以上的有效選票才算當選。

混合制在融合兩制之下，在單一選區的選舉結果會有利於大黨；在不分區部分則較能正確反映民意分布狀況，對小黨的生存與少數意見的保障也較為有利；保障的程度則須視比例代表部分的分配名額而定，分配名額愈多則保障程度愈高。目前常見的施行狀況以單一選區席次占較高比重、比例代表的席次較少。例如日本眾議院共四百八十席，其中三百席次由單一選區選出，一百八十席由比例代表制選出，故其選舉結果仍由大黨居多數，而傾向於兩黨制，執政則多為大黨輪替；然而，由於小黨也具有一定的席次，當大黨勢力減弱而無法獲得過半席次時，仍可能以聯合政府的方式執政，其具體情形需視每一次選舉結果而定。

四種選舉制度

		單一選區相對 多數決制	複席單記制	比例代表制 （以開放式名單比例 代表制為例）	混合制 （以單一選區兩 票並立制為例）
選舉方式	選區劃分	全國依據相近人口劃分為許多選區，每選區只產生一席議員。	全國依據相近人口劃分為許多選區，選舉區域範圍內應選名額大於兩人。	全國劃分為許多選區，選舉區域範圍內應選名額大於兩人。	混合單一選區多數決以及比例代表制兩種選舉制度；議席分為區域以及不分區兩部分。
	政黨提名方式	各政黨只會提名一人。	政黨依其實力決定提名人數，主要政黨多會提出兩名以上。	各政黨提出一份候選人名單。	政黨分別提名區域候選人以及一份不分區的候選人順序名單。
	選民投票	選民只能投一票，以候選人為圈選對象。	選民只能投一票，以候選人為圈選對象。	選民每次只能投一票，以候選人為圈選對象。	選舉時每位選民同時投出兩票：一票為區域（選人）、一票為不分區（選黨）。
	如何當選	獲得最多選票者當選。	依得票高低依序當選。	政黨所有候選人得票數加總後，依據各政黨得票比例分配席次，黨籍候選人再按其得票高低依序遞補。	單一選區的當選席次和比例代表分配的政黨席次分開計算。政黨總席次為單一選區的當選人數加上比例代表所分配的當選人數。
產生背景		●於英國選舉史中自然發展而成，在1429年下議院議員選舉正式採用。 ●英國沒有社會經濟間隙與政治環境的激烈衝突，一區所產出的一位候選人已能相當程度地傳達該區民意。	亞洲社會對政黨的認同度不如西方，且具有「選賢與能」以及重視人際關係的傳統思維。	●概念淵源於歐陸中世紀由國王召集貴族、教士、平民等不同階層所組成的「等級會議」。 ●19世紀歐陸國家召開選制改革會議時首度提出。	混合單一選區多數決以及比例代表制，以保持選制的彈性。

政黨制度	立場居中的政黨才能獲得為數最多的中間選民支持,進而勝選,逐漸成為大黨。 **+** 訴求較為小眾或立場極端的政黨只能吸引少數選民,勝選機率低,成為小黨。 ↓ **形成穩定兩黨制**	大黨候選人在選戰中須同時與敵對政黨與黨內同志競爭。 **+** 立場偏激的小黨也有勝選機會。 ↓ **對政黨制度的穩定無顯著貢獻**	立場偏激的小黨只要取得一定選票比例即可獲得席位。 ↓ **形成多黨制**	單一選區分配名額多,比例代表名額少時。 ↓ **較傾向兩黨制** 單一選區分配名額少,比例代表名額多時。 ↓ **較傾向多黨制**
執政特色	以兩大黨輪替執政為主。	無明顯特色。	以小黨共組聯合政府執政為主。	兼具單一選區多數決與比例代表制特色。
優點	有益於國家的整合。	符合東方社會傳統思維。	少數民意能獲得應有的保障,避免被忽視而激發抗爭或衝突。	兼具單一選區多數決以及比例代表制的優點。
缺點	有少數意見可能會被忽視的缺失。	因黨內派系林立,政黨之間難以形成制度化、規則化的政黨互動,對議事功能與議會制度不利。	政黨意見不能整合時,聯合政府就可能瓦解而造成政局的不穩。	兼具單一選區多數決以及比例代表制的缺點。
選制特色	最古老,西方民主國家主要選舉制度之一。	目前此制僅少數地方性選舉採用。	議會席次比例與民意分布幾乎完全一致,最為公平。	唯一既可選人、又可選黨的選舉制度。
舉例	英國、美國、印度	我國縣市議員選舉	歐陸各國(德、法除外)	我國、日本、韓國

候選人的產生

選舉揚棄了過去君王世襲壟斷統治權力的方式，改由有意願、有能力的人民自由競爭領導地位；因此，如何讓人民藉由多元、開放與公平的管道成為候選人，就選舉制度而言至關重要。一般候選人的產生來源包括了政黨提名和個人申請兩種方式。

個人申請①：一般選舉

依據民主政治的公平、公開原則，每一位公民都應有資格成為候選人，藉由選舉的管道進入政府部門。因此，民主國家的各類選舉大部分都接受具本國國籍、符合法定最低年齡、在選區內居住一定時間等條件的一般公民自行向選務單位登記參選。例如我國選罷法規定，具我國國籍且於選舉區持續居住四個月以上的二十三歲公民即可於選舉區登記為候選人。然而，為了避免參選過於容易而造成參選浮濫的失序現象，選務單位往往要求參選人繳交競選保證金，若未獲一定票數則不予退還；且選舉過程花費昂貴，對於個人而言是一項較重的負擔，因此個人申請參選的成效往往會大打折扣。

個人申請②：
重大選舉須獲公民連署

在較高層級的重大選舉如總統選舉，個人申請者除了需繳交保證金外，尚須經「公民連署」支持，意即候選人需提出一定人數的公民連署名單，才能登記投入選舉。如美國總統選舉的獨立候選人需在全國五十州蒐集符合各州規定人數的連署名單，才可參選總統。設立公民連署門檻的目的是在於確定參選人已具有一定的社會認同與支持度，更能確保重大選舉的莊嚴與神聖性。

政黨提名

現今的民主政治就是政黨政治，大部分當選人都是來自於政黨的提名。政黨是由一群具有共同政治理念的人所組成，最重要的任務就是推出候選人參與選舉、爭取執政權，藉此實踐政黨的理念；候選人在政黨的經濟資助下，也可減低自行籌措保證金的壓力。因此，想要從政的公民大部分都會選擇加入政黨取得黨籍，在選舉時爭取政黨提名，在獲得全黨支持

我國的公民連署規定

我國公民連署制度規定有意參選總統的個人，需先向中選會申請，繳交連署保證金一百萬元後才能展開連署。連署人數須達符合資格選民總數的一·五％，若連署人數不足規定的二分之一則不發還保證金。通過連署登記的總統候選人須再繳納保證金一千五百萬元。

與資源下競選。

　　政黨的公職人員人數愈多、問政表現愈占優勢，愈能維繫政黨的政治勢力，因此，慎選候選人以提高當選的機率成為政黨的第一要務。部分政黨會進行「黨內初選」以決定適當的提名人選，初選方式通常為黨員進行投票。值得一提的是，台灣的政黨通常不只是向黨內徵詢黨員意見，也經常搭配一定比例的民意調查，以探求選民屬意的人選，才能增進勝選的機率。台灣主要政黨的提名規則皆以結合民調和黨員投票，來決定重要的公職候選人。

什麼是「徵召參選」？

當在某一個選舉區內選情較艱困，致使黨員參選意願低落、無人競逐時，政黨可能不舉辦黨內初選，而採「徵召參選」方式，意即由黨中央決定適合的提名人選。

候選人產生的方式

候選人產生需符合民主原則

民主政治採取代議的形式，透過民選產生的民意代表和行政首長為人民處理公共事務。而為符合民主的多元、開放與公平價值，會由兩種管道產生候選人。

 管道1

 管道2

個人申請
參選公平、公開

只要有意參選，符合國籍規定、持續居住選舉區一定期間、達法定年齡等條件的一般公民可登記參選。

政黨提名
符合政黨政治原則

民主國家政黨的第一要務是推出候選人，並取得勝選進入政府部門，以實踐政治理念。政黨會挹注經濟、人力等一切資源助其勝選。

選務機關為防止參選浮濫造成選戰失序、資源浪費的狀況，設立了兩重門檻：

政黨藉由黨內初選過程決定出最有勝選機會的候選人，包括三種方法：

門檻❶須繳交保證金

一般選舉需交付一定數額的保證金，若選票未達一定數額則不退還保證金。

 我國立委選舉參選人需繳交二十萬元保證金。

門檻❷需公民連署

在重大選舉（如總統大選）中，個人申請者必須先獲得一定人數的公民連署名單，以證明已具社會支持基礎。

例 美國總統選舉的個人申請者需在五十州蒐集符合各州規定人數的連署名單。

方法❶黨內初選投票

由黨員投票於黨內菁英中選出合適者。

方法❷民意調查（台灣）

對外進行民意調查以獲知選民偏好的候選人，加強勝選可能。

方法❸徵召參選

在選情對該黨不利、黨員參選意願低的選區，政黨可能直接徵召黨員參選。

選民與選舉

選民投票與否、投給哪位候選人決定了一場選舉的結果。選民可藉由候選人在選舉過程中所提出的公共議題與相關討論來了解政情,進而透過投票選出合適的候選人、決定未來的政府人事及政策。一般而言,對政黨忠誠支持、對候選人的偏好、與對政見的評估,是選民抉擇選票歸屬的三大依據。

選民為什麼要參與投票?

選舉是推動民主最重要的儀式與過程。透過舉辦選舉的過程中,可以達到讓選民了解政治議題、決定未來政府組成、影響未來政策三大目的。在了解議題方面,由於平日一般民眾較少接觸政治核心、對公共議題的關注可能不高,「人民當家做主」的民主精神無法有效彰顯。但在選舉過程中,候選人藉由批評現任政府政績等來宣傳其政策與未來施政目標時,會讓大量的主要公共議題與爭議浮現、進而在傳播媒體、政見發表會、候選人公開辯論等場合被提出討論,這對選民而言無異於一場全面性的政治教育;亦即藉著選舉的過程喚起民眾對公共議題的關注、加深其對所處政治環境的了解。例如美國總統大選設有電視辯論會,共和、民主兩黨候選人針對公共議題通常會有正、反意見,在各自陳明立場及互相詰問之下,使選民加深對議題的了解進而做出抉擇。

在決定未來政府組成方面,選民透過選舉過程刺激思考、並比對自身的需求及偏好,選擇出合適的支持對象,依據投票結果決定誰將當選、主持政府。若選民對現任政府施政滿意,可以用選票加以支持使其連任;

若不盡滿意則可透過選舉,改投其敵對的候選人以做為懲罰。選民藉由選票決定政府,促使當選人應時時警醒、傾聽民意,達到人民做為最高支配者的民主精神。例如美國總統大選大多由共和、民主兩黨競爭,獲得較多選民支持的政黨即可當選,成為未來四年的領導者。但若未來政績不佳,下一次的選舉便可能失去選民的支持。

在影響未來政策走向方面,選舉中的政見往往反映出政黨及候選人對公共議題政策的取向,選民的投票便等於是選擇其所支持的政策;當選舉結果出爐,勝選者的政見將成為未來的實際施政,使得國家的政策走向可由選民的意志所決定。例如二〇〇八年美國總統大選,在貿易政策上共和黨籍候選人馬坎主張自由貿易、解除關稅障礙;歐巴馬的貿易政策較則偏保護主義,著重保護國內產業。歐巴馬也於勝選後承諾會致力於實踐其政策。

由此看來,選民在選舉中藉著參與投票的過程,實踐了其表達意見、決定公共議題的寶貴權利,因此,民主國家皆相當重視選民對選舉的參與程度。若多數選民對選情不予關心或投票意願低落,造成投票率過低,將

選民投票的三種取向

項目	政黨取向	候選人取向	政見取向
意義	選民基於長期信賴某政黨而投票給該政黨推出的候選人。	選民因支持候選人個人而投下選票。	選民基於各候選人所提出政見進行投票。
原因	政黨若發展成熟、穩健,其黨綱、所推出的候選人能吸引相同理念的選民。	選民認同候選人本身的形象、品格與能力而給予支持。	選民可藉由候選人發表的政見了解其對目前政情的看法、以及對選後施政方針的主張。
適用時機	●政黨制度完備、形象已很鮮明國家的選民特別會採此取向。 ●在高層次選舉中,政黨更能提供選民明確的選擇,採此取向的比率較高。	●在政黨發展未上軌道、或是發生重大危難的國家,選民會把選票投給具備領導力、能解決危難的候選人。 ●在低層次選舉中,候選人的人際關係也是決定性因素。	在有特殊議題出現如社會經濟等危機發生時,選民會特別關注候選人對危機的具體政見。
舉例	●美國總統選舉,選民通常會在民主、共和兩黨提名人中選擇。 ●英國眾議院議員選舉,選民通常會在保守黨、工黨提名人中擇一,約兩成選民支持自由黨。	●二次大戰後美國的艾森豪將軍因領導力強、個人形象鮮明、深獲選民支持,而被網羅為共和黨總統候選人,最後勝選。 ●我國地方民代如縣市議員選舉中,選民會依據與候選人是否熟識來選擇。	●當金融危機發生時,針對經濟議題提出最佳解決策略的候選人會受選民青睞。 ●國家遭遇戰爭危機時,選民會以候選人是否主張參戰為投票考量。

可能造成選舉結果不具代表性甚至少數決定多數的情況;相反地,如果選戰激烈、參與程度過熱,則要避免選民激情所可能造成的扭曲或對立現象。理性地參與及適度地投入才是選民的最佳態度。

選民投票的準則:
選人、選黨還是選政見?

投票可以表達選民自身的偏好,依據的判斷準則與相關因素很多。除了候選人魅力、出眾的外表、具煽動性的演說技巧、政商關係等,最重要的有政黨認同、候選人特質、政見優劣三種取向。分述於下:

●**政黨認同**:政黨聚集了一群有共同政治信念且想藉由爭取公職、取得權力來實現其理念的人。政黨無論是黨綱、所推出的候選人都力求能吸引抱持相同理念選民的認同。尤其是政黨制度完備、形象已很鮮明的英、美、加拿大等國,在政績或表現的長期累積之下,政黨提名的人選形同理念與品質的保證,選民不需花費額外時間了解龐雜的選戰資訊,即可依據各自的利益與理念選擇政黨,投票給該政黨所推出的候選人,使其利益得到表達。一般而言,在較高層次如總統、議會選舉中,政黨更能提供選民明確的選擇,因此所占比率較高。

●**候選人認同**:候選人本身的形象、品格與能力等因素,也是吸引選民認同的要素,因此有些缺乏政黨背景,但具備領袖或英雄氣質的候選人,也能因為本身突出的形象而受選民青睞。尤其是在政黨發展未上軌道的國家、或是國家有重大困難與危機發生時,選民更會以候選人本身的能力為投票的準則。例如二次大戰後,美國的艾森豪將軍身為戰爭英雄,且為人謙和、道德形象良好,正是戰後所需要的領袖人選,因此民主、共和兩黨皆積極網羅其為候選人;最後他代表共和黨勝選,成為美國第三十四任總統。另外,在低層次的地方民意代表選舉中,由於有貼身服務選民的需求,候選人也可能透過人際交誼來拉攏選民,增加當選機率。

●**政見認同**:政見是候選人對當前政治現狀的看法、以及對當選後施政方針的主張,是選舉中判斷候選人素質最具體的根據。依據政見的內容對各個候選人進行評估、比較的選民是最理性的。在平時此類選民為數較少,但在有特殊議題出現、如社會經濟等危機發生時,因政見即代表了對危機的處理方法,選民便會特別關注政見主張的優劣異同;政見若具吸引力,可能會使選民改變原有的支持對象或政黨。

罷免

選民投下選票賦予政治人物問政的權力，因此政治人物在進行職務時必須謹守民意、使人民的福利與權益得到伸張；若公職人員在任期中，問政罔顧民意或無限擴張權力，則可透過罷免使其去職，將所賦予的權力收回。藉由選舉、罷免的雙重機制，人民對政治人物的監督將更為完備。

罷免的原理與功能

民主國家依據「主權在民」的原則，透過選舉在眾多競爭公職的候選人中選擇有權代表人民進行施政或問政的人選。當選的政治人物獲得了由人民授與的政治權力，同時也必需肩負起政治責任，善盡做為代表的職責，諸如國會議員應善盡立法與監督行政官員的職責、總統應發揮行政權推動對人民有利的施政等。由於選舉定期舉行，若當屆政治人物的政績讓選民不盡滿意，選民就可能在下次任期選舉時改選其他更適任者，藉此機制讓政治人物在任內致力為人民爭取福利，不敢濫用特權徇求私利。

然而，以數年一度的改選監督政治人物仍有不足，若公職人員自選任被授與權力開始，在任內都確保其權力不受剝奪，基於人性的自利本質，難免有無限擴權自利之虞；故部分民主國家設有「罷免」制度，可使其提前去職。也就是說，若政治人物在任期當中未負起應盡的政治責任，如施政無效率、政策失當、私德敗壞、因身體及精神狀況不佳而無法行使職權等，被選民認為已不再適任而希望其能提早去職時，就可以發起罷免投票。因此，罷免是讓主權在民的精神獲得更完備落實的政治機制，確保在任者權責相符，不負選民所託，以達到完全監督控制公職人員的功能。例如奧地利、羅馬尼亞、南非、以色

我國罷免的實施情形

我國立法委員、直轄市、縣市官員及民意代表皆規定須由原選舉區選舉人總數二％以上提案、十三％以上連署，罷免案才能成立舉行罷免投票。投票人數須超過選舉區選舉人總數一半、且同意罷免票數超過選舉人總數一半以上才算成功。但這樣的標準也備受質疑，因其門檻太高，使人民幾乎無法實際行使罷免權。就在2016年4月，立法院提案將選舉人總數由原本的二％降為一％；連署人比例從十三％降到十％，並已初審通過。至於正副總統罷免的發動，為求謹慎則設有更高門檻，首先由立法院發動，需經全體立法委員四分之一提議、三分之二同意後，罷免案才宣告成案，再經全國選舉人總數過半數的投票，過半數同意時才能通過。

Chapter 9 選舉與人民的政治參與

223

列、台灣皆設有罷免公職人員的制度；美國雖無總統罷免制度，但在地方層次如許多州、市都設有罷免行政長官及議員的制度。

罷免的程序與方法

由於公職人員是由選區的選民所選出，罷免則是剝奪公職人員在選舉中被賦予的職權，因此罷免應回歸原選區，由選任該公職人員的選區選民決定其去留。為求公正，罷免亦需遵守一定程序，各國不一，但通常需要有一定比例（通常為二％至五％左右）的選民提案，經選務單位認證後再進行連署，獲得一定比例（通常為十％至十二％左右）的連署後始能舉辦罷免投票；並由獲選區過半數選民參與投票、過半數同意，罷免即可成立。如二○○三年擔任美國加州州長的戴維斯無法解決財政危機，導致州政府瀕臨破產；民怨四起之下，便有五％的選民提出罷免案，並有超過十二％的選民連署，隨後舉行的罷免投票有超過六十％的選民登記參加，五十四‧二％投下贊成票，因此成功罷免了戴維斯。

罷免的原理及做法

選舉
人民有選舉投票的權利，藉由投票選出足以代表人民進行施政或問政的人選。

← 目的

授予權力與責任
選民交付公職人員政治權力，相對地亦需負起為人民爭取利益的政治責任。

進行監督
選民需確保政治人物能善盡職責，不敢有違所託。

方法 1

方法 2

定期改選
公職一般皆有固定任期，若其政績不佳，選民可於任期屆滿、下一次選舉時改選更適任者；若政績良好則可藉由投票使其連任。

↑ 目的

以罷免剝奪職位
在任期中，若政治人物有違應盡的政治責任，被選民認為已不再適任，即可以投票的方式使其提前去職。

↑ 目的

給予連任壓力
藉由定期改選可給予欲連任的政治人物壓力，負起應進的職責。

在任內即時監督
透過在任內的罷免監督，可使公職人員時時警醒，預防濫權與腐化。

一般做法
罷免剝奪了某選區公職人員在選舉時被賦予的職權，故須回歸由原選區選民投票決定，且亦需遵守一定程序與票數比例：

| 由原選區提出選舉人總數一定比例的提議與連署才成案。 | → | 經選舉人總數半數以上參與，且半數投票同意。 | → | 通過罷免，公職人員去職。 |

公民投票

民主政治的基本做法是透過投票選舉，選出公職人員來管理公共事務。但一來為了避免所選出代表未盡其責的風險，二來在遭遇重要議題時仍需由公民親自決策，所以又另設立公民直接對某項公共政策投票表示意見的「公民投票」制度做為輔助方式。

為什麼要有公民投票？
什麼是公民投票？

現代民主政治的主要型態是由人民選出具相當資格的人做為代表，替人民管理公共事務，也稱為「代議政治」或「間接民主」。代議政治立意雖佳，卻有三項缺失：一為民意代表可能會疏忽怠惰，不能積極地為人民爭取利益；二為民意代表可能會基於私心、或是為所屬政黨的利益著想，制訂對人民權益保障不完善的惡法；三為國家發生連議會也無法解決的重大爭議時，如領土歸屬、國家前途與主權爭議等，會陷入長期的紛爭與僵局。因此，在代議政治之下會另立「公民投票（公投）」制度以彌補缺失，亦即公民不透過民意代表，直接投票針對重要議題進行決策，故又稱為「直接民主」。

公民投票大致上可分為創制、複決與自決三種類型，正可解決代議政治的三項缺失。創制是公民提議制定或廢止某項法律或政策，以彌補民意代表的失職或怠惰；例如美國許多州曾有關於減免賦稅、反墮胎、賭博或禁酒等創制案。複決則是人民對於法律或政策進行再表決以求確認，以防止民意代表訂立惡法；例如瑞士憲法明文規定修憲需經公民投票複決。自決則是決定國家需要公民參與議決的重大事項；例如二次大戰後，許多歸屬不明確的殖民地紛紛透過公投決定獨立、澳洲曾舉行改君主制為共和制的公投等。

公民投票的程序

公投可以由政府發動（如修憲複決案）、亦可由公民主動提案。方法及程序各國不一，若是由公民發動，則可能設有兩階段連署提案程序：先由一定比例的公民（如符合資格選民的千分之五左右）對選務單位進行提案，審核通過後即進入第二階段。第二階段中再獲一定比例的公民（如五％左右）連署，經選務機關認定後該公投案即成立。其後選務單位應進行公告，並於媒體邀請正反意見支持代表發表意見或進行數場辯論，使人民深入了解此案，最後才正式舉行投票。公投結果需有過半數的選民投票、且獲過半數同意才算是通過；若投票人數不足、或未獲過半同意，則該案即被否決。例如瑞典政府曾於二〇〇三年針對是否加入歐元貨幣系統發動公投，投票率超過八成，且超過半數反對加入，故此案並未通過。

公民投票的原理及做法

民主國家皆採代議制度

由人民選任的公職人員依據民意進行法案的決策。

又稱為「間接民主」

 選出 ➡ 從事 ➡ 進行決策、訂立法律

代議制度存在缺失

| 民意代表怠惰失職，不積極為人民爭取利益。 | 民意代表自私自利或為黨意著想，制訂對人民權益保障不完善的惡法。 | 國家發生重大爭議，單靠民意代表無法解決。 |

彌補方式

又稱為「直接民主」

公民投票制度

在代議制度之外設立「公民投票」，亦即公民直接針對重要議題投票，分為三種類型：

 公民投票 ➡ 進行決策、訂立法律

類型 ❶ 創制

提議制定或廢止某項法律或政策。

類型 ❷ 複決

對於議會通過的法律或政策進行再表決以求確認。

類型 ❸ 自決

投票解決領土歸屬、國家前途與主權爭議等需要公民參與議決的重大事項。

代議民主為主、公民投票為輔，民主制度更臻完備。

我國的選舉施行狀況與沿革

我國民主政治的施行狀況可由歷經改進與變革的選舉制度窺得。戒嚴時期人民政治參與受限、中央民意代表未全面改選，政權的正當性、代表性皆有所不足；至九〇年代經歷修憲、公職人員全面改選，民主也才有了大幅度的進展。

戒嚴時期

我國自一九四七年實施民主憲政，在人民的參政權包括選舉、罷免、創制、複決的權利皆受憲法保障之下，開始實施地方及中央地方層次的民意代表與行政首長選舉；地方層次諸如大至縣市長及議員、小至村里長及市民代表皆交付民選；中央層次則有立法委員、國民大會代表（職責為修憲、選舉總統，現已廢除）選舉。選舉制度看似齊備，然而這時期內選舉的公平性卻備受爭議。

原因主要有二：①**實施戒嚴：**一九四九年國共內戰時即實施戒嚴，藉由戒嚴令的頒布限制人民的言論、集會、結社等自由，因此人民無法自由提出政治主張，也不能組織反對黨公平競爭執政權。在此之下，僅有零星反對人士以無黨籍身分參選（自稱「黨外」，即「國民黨之外」），執政黨則具有絕對的選舉優勢，因此選舉無論過程和結果都不盡公平。②**並未全面改選：**政府遷台前僅舉行第一屆中央民意代表選舉，遷台後即以大陸地區淪陷以致無法舉行改選為由而延長任期，不進行全面的改選，後因人員凋零，至一九六九年才以「增補選」的方式增加台灣代表名額，欠缺政權的正當性。在總統選舉方面，憲法本文原規定總統有連任一次的限制，但國大代表於一九六〇年增訂了「動員戡亂時期臨時條款」，規定於動員戡亂時期，總統得連選連任，有違憲法以一定任期監督總統、防止強人政治的本意。長達三十八年的戒嚴期間中，選舉制度不公的情形經反對人士一再質疑與抗爭，政府遭受壓力之下終於開始逐步改革。

民主化以後

八〇年代開始，台灣民主運動風起雲湧，民主進步黨於一九八六年

什麼是「萬年國會」？

一九四九年政府遷台，第一屆立委、國代、監委也一併遷來。一九五一年第一屆立委任期屆滿，需進行改選，總統以諮請立法院議決的方式辦理延任；一九五四年六年一任的國代、監委也面臨改選，政府再透過大法官會議釋憲，認定因為國家遭逢重大變故無法定期改選，故繼續延任。直到一九六九年民代人數不足，才辦理第一屆中央民代的增補選，至九〇年代才進行全面改選，由於其任期長達四十餘年，故有「萬年國會」之譏。

成立、八七年戒嚴也宣告解除，政黨競爭之下，選舉的公平性大為提升。九一年第一屆中央民意代表退職，開始全面性改選，選舉結果終於具有代表性，標誌出真正民主時代的來臨。其後各界開始有廢除國民大會、總統開放直接民選的呼聲，歷經修憲，在一九九六年舉行首次的正副總統直選，民主進程又向前一步。二〇〇〇年第二屆民選總統的結果，執政超過半個世紀的國民黨選舉失敗後，正式和平地交出政權給獲勝的民進黨，政權首度政黨輪替；二〇〇八、二〇一六年總統大選又皆由在野黨獲勝、政權輪替。在一次次的選舉考驗中，證明統治者能確實依據民主選舉的結果而更迭，台灣的民主基礎已相當穩固。

選舉施行狀況與沿革

憲法制訂
憲法明文規定人民的參政權，包括服公職權以及選舉、罷免、創制、複決權。

> 我國首度成為民主憲政國家。

947年

舉行選舉
中華民國選出了第一屆中央民意代表，包括國民大會代表、立法委員、監察委員。

> 人民的參政權首度得到落實。

949年

頒布戒嚴
國共對峙後政府宣布戒嚴，人民的言論、出版、集會、結社等自由受限。

> 人民無法自由組織反對黨與執政黨公平競爭。

951年

民意代表不改選
第一屆立委任期屆滿，總統諮請立法院議決使其繼續延任，其後國大代表亦繼續延任。

> 政權的正當性、代表性皆有所不足。

960年

總統連選連任
國民大會修訂臨時條款，凍結憲法對於總統連任一次的限制。

> 無法以一定任期監督總統的作為。

986年

民主進步黨成立
在黨禁未解除前，無黨籍的反對人士即組織民主進步黨。

> 反對黨可以監督執政黨且與其在選舉中競爭。

987年

解除戒嚴
長達38年的戒嚴解除，人民重獲憲法所保障的自由權利。

> 選舉制度公平性提升。

991年

開始全面性改選
經抗爭後，中央民意代表終於退職，開放全面改選。

> 選舉制度代表性提升。

996年

2000年

總統直選
廢除國民大會，人民直接選舉正副總統。

> 第一次由人民選出最高首長，象徵民主的進展。

2008年

2016年

政黨輪替
總統大選結果，在任的執政黨敗選，政權由在野黨取代。

> 政權確實依據民主選舉的結果轉移。

Chapter

10

政治社會化、
政治文化與民意

　　要掌握一國或一地的政治現況，僅了
解現行政府體制、閱讀法律文獻仍過於片
面且偏向靜態；還必須理解個體是如何縱
向地經由公民教育、媒體傳播……等「政
治社會化」的過程形成對政治的態度與信
念；以及橫向地觀察該群體因抱持著共同
價值觀、態度、習慣等而型塑出的「政治
文化」；最後再透過考察「民意」，探測
人們對於政策、人物或事件等個別重點的
看法及立場，才能鉅細靡遺地掌握政治生
活的全貌。

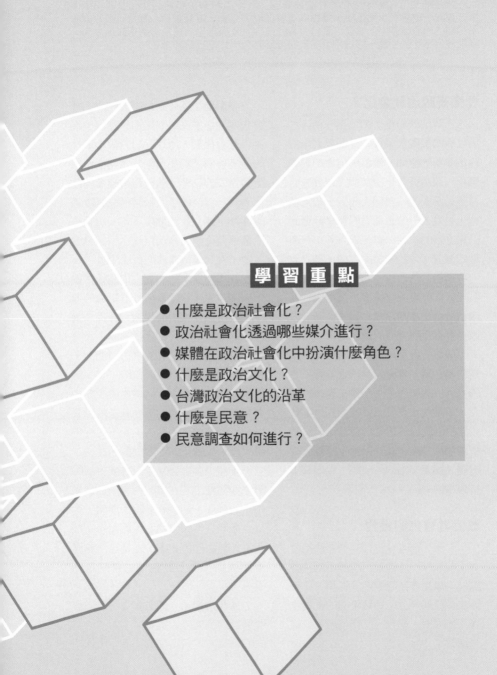

政治社會化

人一出生便生活在經政治化的社會架構裡，然而人對政治事務的認知並非與生俱來、亦非一蹴可及，而是自小經由與社會環境的互動，逐漸模仿、學習、吸收與政治相關的知識與能力，進而培養出特有的政治信念與態度，成為能適應政治生活、參與政治事務的公民。這個持續不斷的發展過程，即是政治社會化。

什麼是政治社會化？

「政治社會化」即是指一個人經由社會的薰陶與訓練，逐漸發展出對政治事務的認知、價值、信念的動態過程。政治社會化對於個人或社會而言都是必要的。對個人而言，政治社會化是成為一個有能力履行參政權的公民必經的訓練，舉凡對公共事務興趣的激發、政治知識的累積、獨立思考判斷能力的形成，乃至如傾左或傾右等政治態度的建構等，都需要透過政治社會化才能達成。對社會而言，政治社會化所傳遞的政治價值、看法等可以整合社會成員分歧的意見、型塑政治共識，進而達到維繫社會秩序的目的。諸如民主國家傳布憲政的概念，需獲致大部分成員的認同，憲政才能得到廣泛的接受與遵行；至於獨裁國家則是經由政治社會化灌輸服從現制、擁戴領袖的價值觀，以培養支持政權的人民。

政治社會化的過程

一個人窮其一生都經歷著政治社會化的歷程。此過程可根據不同年齡階段，概括分為學齡前、在學、成年等幾個時期，且是透過不同的社會化媒介如家庭、學校、工作場所等途徑來進行：

學齡前：此時期最關鍵的政治社會化媒介是家庭。學齡前兒童很少直接與社會接觸，所以父母對政治事件的態度與看法對兒童的認知與價值判斷有重要的影響。若父母積極參與政治事務，容易使子女較早形成對政治的認知、建立政治態度；若父母對政治事務持冷漠，耳濡目染之下，也會型塑子女對政治事務的負面印象。

在學時期：此時期人們開始透過學校團體生活實際參與社群組織的運作，並透過正規的公民教育課程，內容包括政府組織、公民權利等，大量接收基礎知識、建立獨立思考能力，修正、適應並強化對社群的了解、應對與認同，進而對公共事務產生向心力。此時期最重要的媒介就是提供公民教育的學校。因此各國無不高度重視學校公民課程的內容設計。此外，同儕團體也會影響學生對群體生活的觀念與態度，若在學時期有一群意氣相投的好友，則較容易融入群體，對公共事務自然較為熱心；若在學時期即不善於與同儕相處，或是無法適應團體生活，則對於政治也會較為冷漠。

成年時期：人們成年後，智力與理解能力發展已大抵完成，對政治層面的活動有了較完整的認識，所抱持

的態度也趨向定型，但仍持續受所處環境的影響。此階段最主要的社會化媒介為所處的工作場所及媒體。一般成年人會進入職場、扮演家計負擔者的角色，此時在工作場所的薪資、職位、權力等職涯發展議題通常會是勞工的關注重點。由於基本勞動條件、工資等通常由政府的勞動政策、法規所界定，政治的功能益顯重要，因此勞工的政治意識也會提升。例如為爭取更好的勞動條件而組織工會，或是支持標榜照顧勞工、提供社會福利的政黨。此外，媒體是成年人獲悉外界資訊最主要的來源，報刊、電視、廣播所報導的政治新聞或相關評論，相當程度地影響了人們的政治判斷。

重大事件發生時的政治社會化效益

在平時，政治社會化會逐步以潛移默化的方式持續進行，但特定時間點或重大事件驟然發生時，也會急遽影響個人的政治態度，甚至造成觀點丕變，可能從原本的漠然變成關心、從原本的不贊同變為贊同。如美國九一一恐怖攻擊事件後，美國人民普遍對恐怖分子抱持憎惡的態度，轉向支持對外強悍的領導人。

政治社會化的意義與歷程

政治社會化
人受社會環境所影響逐漸形成對政治的認知、價值觀的動態過程，歷程如下：

- 對個人：幫助個人成為適應政治生活的公民。
- 對社會：幫助整合社會成員、形成有共識的社會。

歷程

學齡前：家庭影響
對政治事務開始形成初步認知與印象。家庭中父母長輩對政治事件的評論會影響兒童認知。

例 小潔的父母是勞工階級，支持強調社會福利、失業救濟政策的勞動黨，小潔在耳濡目染下也形成對勞動黨的正面印象。

在學時期❶：學校影響
學生就學接受公民教育，培養對社群的認同感，且在團體生活中學習、思考、型塑對政治的認知、態度和參與程度等。

例 小潔學習公民以及歷史後，培養出愛國心，且在學校生活中體驗到人際關係，形成對群體的歸屬感及認同感。

在學時期❷：同儕影響
與同學、同儕的相處影響了學生對群體的觀念與態度。

例 小潔在學校有一群志趣相投的好友，養成了合群的個性，對於群體事務如班會、校外教學、校際比賽等都熱心投入，成為團體中的意見領袖。

成年時期❶：工作場所影響
成人進入工作場所，感受到政治運作對勞動條件、工資等權益影響之大，政治意識因而提升。

例 小潔進入電子工廠擔任作業員，為了向資方爭取更好的福利，不但與同事共組工會擔任重要幹部，更興起加入勞動黨的念頭。

成年時期❷：媒體影響
媒體是成人接收外界資訊的主要來源，所提供的政治新聞、資訊或評論影響了成人的價值觀。

例 電視新聞披露勞動黨領袖疑似貪汙索賄、道德操守不佳，雖尚未經判決，但小潔對該黨大失所望，決定不再支持，對公共事務的參與也趨向消極。

人的一生都持續著
政治社會化的歷程

大眾傳播媒體

在現今科技進步、資訊發達的社會中，大眾傳播媒體的滲透與入侵幾乎是無所不在，不斷地散播經製作剪輯、符合該媒體立場及利益的政治資訊，使民眾在反覆刺激下接受其價值觀，因此媒體堪稱是政治社會化最重要的媒介。

大眾傳播媒體所具備的政治社會化功能

在個人政治社會化過程中，外在環境所提供的訊息會刺激人們吸收學習政治知識、培養政治的基本能力以及形成政治立場。在已開發國家中，家家戶戶皆有電視、閱報率皆達六成以上，媒體成為傳遞政治資訊，進而帶動政治社會化的主要媒介。

媒體會早觀眾一步先行「把關」，即先從周遭環境接收大量且複雜的文字、影像訊息，進行過濾、簡化等處理步驟後播出一份蘊含特殊意義的訊息，使一般人能迅速理解事件梗概。而觀眾在接收政治活動、事件訊息時，不只了解事件本身，也同時接收媒體在把關製播過程中所夾帶的價值觀，而影響觀眾的認知判斷，進而改變政治態度，或是強化原本的觀點。例如，媒體播報選舉新聞時強調投票可刺激政府改革、有助政治進步等訊息，觀眾可能在反覆接收此類訊息後被說服，改變原先無意投票的態度轉為積極參與投票。

媒體中立嗎？

媒體大多宣稱其謹守客觀中立的準則，所傳播的訊息最為詳實可信；但事實上，媒體的相關人員諸如媒體組織的擁有者，媒體產製過程中的記者、文字編輯、美術編輯、攝影師等工作人員在產製過程中難免會帶有主觀意識或蘊含某種政治理念，不論在事件意義的解讀，或是拍攝角度、表現形式上皆無法達到客觀中立。

在獨裁國家的報紙、電視媒體皆為政府擁有、官方經營，其成立目的即在於宣揚官方政策或政黨主張，使人民的政治立場、想法和態度都受其影響，以利政務的推行。例如中國的報紙、雜誌、電視等媒體皆為官營，即使新興的私人或中外合資的網路媒體，亦需接受共產黨的領導、監督，違反者不是被警告就是被迫關閉。而民主國家的媒體則以民間企業經營為主；但媒體的擁有者自然有其政治理念與立場，並期望能影響大眾政治態度，且民營媒體利潤來自於廣告收入，為了贏得廣告主的支持與認同，亦需將其觀點納入考量。

例如一則抗議工廠汙染環境事件的新聞中，媒體依據各自的政治立場，可能做出效果迥異的新聞。傾向支持企業的 A 報，會強調抗議事件的衝突畫面或將抗議人士塑造為少數暴力分子，造成讀者對環保人士的不良印象，進而否定該抗議活動；支持環保的 B 報則會深究經濟發展帶來的環

境汙染問題的嚴重性，以凸顯該事件背後的政治利益衝突，進而影響讀者的觀點。

　　為了避免媒體訊息過於偏頗，民主國家對媒體採取的態度主要有二。一是加強媒體自由：避免獨大或單一媒體壟斷資訊來源，藉由更多元觀點媒體同時存在、相互競爭，供觀眾自行取捨、判斷。二為提供公共電視服務：諸如英國國家廣播公司（BBC），或是我國的公共電視台，皆為服務公眾而成立的媒體，不播送任何商業廣告；其財源分別來自政府預算、企業資助以及人民的捐贈，製播內容不受政府、政黨或利益團體所控制。公共電視強調的是提供每一個人都能閱讀的新聞訊息服務，因而在角色、立場、表現形式上都力求平實。

媒體監督機構

由於媒體對民眾的價值觀與政治態度有極大的影響力，為了避免媒體假新聞自由之名製播有違道德或不真實的內容，關切媒體生態的學者、社會人士等會組成監督媒體的民間機構，關注媒體報導方式及內容、媒體品質提升等，以做為制衡媒體的一大力量，如我國即有「公民參與媒體改造聯盟」。

媒體進行政治社會化的過程

媒體		大眾
提供一般人經其把關、篩選、製作的政治訊息。	傳播政治訊息 →	民眾反覆接收媒體訊息刺激，逐漸接受其價值觀。

產製過程 ↓

媒體獲知訊息

當一件政治事件發生時，媒體會先民眾一步得知消息。

例A、B兩電視台新聞部接獲塑化廠排放廢水汙染水源，與當地居民代表發生肢體衝突的消息，皆派員採訪。

媒體初步處理訊息

媒體初步獲取龐大文字、影像訊息。

例A電視台拍攝了激烈衝突畫面及塑化廠方代表的聲明。

例B電視台採訪了抗議人士所提出的觀點與訴求。

掌握媒體者在製作過程中不免加入主觀意識，不可能完全中立客觀。

訊息製播

媒體依據其政治理念與立場，進行編輯、剪接，提出一份有意義且令人容易理解的政治訊息。

例A電視台立場偏向廠方，將該事件簡化為少數人的暴力行為。

例B電視台偏向抗議人士，強調汙染對生活環境與自然生態的破壞。

觀眾接收訊息

觀眾主動或被動接收到政治新聞訊息，進行意義的理解並做出反應。

例甲收看A電視台新聞後，產生設廠為地方帶來開發契機，以及環保人士行為過於偏激的印象。

例乙收看B電視台新聞後，產生經濟發展不應以環境汙染為代價的印象。

觀眾接收到帶有立場的政治訊息，其認知或是價值觀可能受影響。

進行政治社會化：觀眾的政治態度改變

觀眾的政治價值與觀念得到塑造、改變或強化。

例甲認為設廠是經濟成長所必須，經濟發展才是人群的終極目標。

例乙認為汙染的現狀必須改變，決定支持環保運動。

政治文化：社會對政治的價值取向

每個社會的成員在長期共存磨合之下，都有一套相近的集體價值觀、生活方式、典章制度等，統稱為「文化」，諸如儒家文化、伊斯蘭文化等。文化中關於公共事務方面的價值、信念、制度等即為「政治文化」，可幫助了解各個政治現象產生的背景與原因。

什麼是政治文化？

人因求生存而集結成團體，為求讓團體運作更順利、有效率而有處理公共事務，也就是發展出政治行為的必要。如同社會文化是每個社會成員長期共存磨合所形成的集體特徵，政治文化亦是如此，是社會成員在處理公共事務方面的長期發展下，型塑出特有的集體政治特徵。身處同一社會的成員，在該社會既有的政治文化中生活、受教育、歷經同樣的事件，而形成了相似的政治社會化經驗和政治認知、態度，呈現出該社會獨特的政治整體意識和價值觀。而每一個人既是既有社會文化的接受者，也是型塑社會文化的參與者之一。

不同社會則可能呈現出不同的政治文化與相應的政治行為。諸如崇奉伊斯蘭教的阿拉伯地區，人民一般以伊斯蘭律法為最高原則，政治爭議通常訴諸經典或教士的裁決；相對地，在較不具宗教色彩的東亞國家，則以傳統思想如儒家的仁政、德治等觀點，做為評判政治事務的主張論點。

因此，要了解一國政治現象發生的背景和原因，就必須深入了解該國的政治文化。例如某一社會中人民普遍對政治抱持事不關己的態度，可能是因為該國長期以來權位皆由固定的家族或團體把持、政治人物的行為也未受監督，枉法濫權的情形嚴重，在此政治文化下，使得人民對政治事務漠然。另一方面，政治文化也可以做為觀察、比較不同社會成員政治態度的依據。例如有些社會成員對政治有過分激情或熱中的現象，因此野心人士便能輕易號召群眾發動政變，造成政局動盪不安。而有些社會的政治文化是對參政有意願但不過於激情，政治人物受到應有的監督，因此人民比較理性、且政局平穩。

政治文化的三大典型

在二次戰後，許多亞、非、拉丁美洲國家獨立，且仿效歐美國家制訂民主憲法，但民主政治的施行效果卻不盡相同。因此，政治學者開始針對相同的政治體制、規範之下卻產生不同效果的成因進行探究；其中，美籍學者阿蒙與佛巴採取了政治文化的研究角度。在其一九六三年著作《公民文化》中，以大規模的民意調查訪問美國、英國、德國、義大利及墨西哥五國各一千多名民眾對政治事務的態度，包括認知（即對政治具有的知識）、情感（對政治的認同或排斥），以及評價（對政治所下的判斷及意見）三層面。調查結果將政治文化分為地方、臣屬、參與三大典型，分別說明三種典型的政治文化對民主

認識政治文化

人組織群體

人為了互助合作以求得生存而集結成團體，進而發展出處理群體公共事務的政治行為。

型塑 →

政治文化

群體在長期政治互動之下，逐漸發展出特有的集體政治特徵。

影響 ↘

隨著時間的推移演進

個人的政治認知

個人在群體中生活，受政治文化濡染而形成相似的政治社會化經驗、政治認知、態度、意識等。

再型塑 →

政治文化

經個體的投入、參與下，群體的政治文化又有了更新的面貌。

經歷新的事件、經驗

特點

政治文化各有不同	了解政治現象的成因	比較政治行為的依據
不同社會有著不同的行為特色與運作原則。	許多特殊政治行為與現象肇因於政治文化。	可辨識、比較不同政治文化所孕育政治行為與態度的特徵。
例伊斯蘭文化地區人民處理政治事務以伊斯蘭律法為最高原則，政治爭議最常訴諸經典或宗教領袖。	例在成熟的公民文化孕育下，人民對政治有充分的參與熱忱、且不過度極端。	例在政治文化與氛圍激烈的社會，較常出現政治的動盪；政治文化較為平和的社會則政局相對平穩。

政治形成的利弊影響，最後指出「公民文化」是最有利於民主發展的政治文化。阿蒙與佛巴提出的三大典型分述如下。

●**地方型政治文化**：即其成員尚未建立明確的政治概念，不具有政治系統、政治角色分工等知識，也尚未察覺自己的政治能力，對政治促進公共利益的作用一無所知，即對公共事務的認知、情感與評價皆低。此類型常出現在非洲部落社會，部落社會分工程度低，領袖通常是集政治、經濟、社會大權於一身的部落長老。在此之下，一般人鮮少參與政治活動，更不可能有民主政治的形成。

●**臣屬型政治文化**：人民對政治系統及其作用已具有相當認知，但情感上卻很疏離，不認為自己有參與的能力，對政治評價則是被動的。在此之下，政府對人民有強大的控制力，但人民在情感上未必認同政府；實際上的政府運作或公共事務不熟悉，也沒有知曉的慾望。臣屬型政治文化多體現在君主專制時代人民對政治的態度上。人民基於無力感，鮮少直接參與政治活動，因此也不可能建立民主政治。

●**參與型政治文化**：人民在對政治體系、政策以及自我參與的能力上有所認知，且已有明確的情感（可能認同亦或排斥），也可對政治做出判斷或評價。在此之下，人民自認為有影響政策的能力，進而積極參與公共事務。此類型的政治文化可見於法國大革命時期，人民對政治的興趣濃厚、參與態度積極，且一再向政府提出改善施政的要求。然而，雖然人民能積極參與，抵抗政府威權主導，但過於狂熱之下卻有激進分子成為暴民、破壞民主體制。

公民文化最有利於民主發展

在成員複雜、資訊多元且新舊世代交替頻繁的現代社會中，鮮少有一個社會能單純地能被歸類為地方、臣屬、參與三大典型的政治文化之一，通常會以混合的面貌出現，只是混合比例有所不同。

阿蒙與佛巴認為，混合的比例依照參與型、臣屬型、地方型順序分別為六：三：一，才是最適合培育民主政治的政治文化，又稱為「公民文化」。在這個理想比例中兼有人民對政治過程、政治活動已有認知的參與

「公民文化」的批評與爭議

雖然阿蒙與佛巴提出的「公民文化」概念對於民主政治的解釋有所助益，但仍招致一些批評。例如該項調查雖然都各訪問了一千名樣本，但樣本的教育水平、所在地、種族、宗教等特性不夠多元，故有代表性不足的爭議；另外，由於政治文化是持續演變的，因此其所做的調查只是在某一特定時間點的記錄。例如阿蒙與佛巴於一九八〇年代的新調查中，發現德國的公民文化水平已有提升。

型及臣屬型，表示大部分人民已脫離政治無知的狀態；並且在對政治積極投入的參與型中，又混合有一定比例較消極冷漠的臣屬型、以及完全未建立政治觀念的地方型，可降低參與型過度躁進的危險。如此一來，大部分人民能了解公共事務且積極參與，並以理性的態度做出決定；但一方面也能被動地配合規範、與他人合作，並服從政府指示，呈現出一種不偏不倚、不趨向極端的狀態。而這正是民主政治能在穩定中發展的最佳基礎。據其研究，美國、英國的政治文化是最接近理想中的公民文化，民主政治發展成效優異；而時值戰後重建的德國、義大利分別偏向臣屬型、地方型，墨西哥則是缺乏參與型文化，民主政治發展未盡良好。

三大典型的政治文化與最有利於民主發展的理想比例

參與型政治文化

- 成員對政治已具有相當認知
- 成員已有明確、積極的情感
- 成員自認為有積極參與的能力

例 法國大革命時期人民對政治的興趣濃厚、參與態度積極進取。

↓

人民過於激情，可能導致政治動盪，不利於民主政治。

比例

臣屬型政治文化

- 成員對政治已具有相當認知
- 成員對政治疏離
- 成員不認為有自主參與的能力

例 君主專制時代人民對於政治有無力感，鮮少直接參與政治活動。

↓

人民過於被動消極，也不可能形成民主政治。

比例

地方型政治文化

- 成員對政治一無所知
- 成員對政治毫無認同
- 成員對政治無任何評價

例 非洲部落社會的分工程度低，沒有專門的政治角色，一般人也不參與政治活動。

↓

人民不參與之下不可能形成民主政治。

比例

6 : 3 : 1

六成民眾已對政治有一定的知識，並積極投入政治活動。

三成民眾人民對政治過程、政治活動已有認知，但未積極參與。

只有一成民眾尚未建立政治觀念、也不參與。

↓

九成民眾（參與型六成＋臣屬型三成）對政治已具足夠認知，其中六成參與型採積極行動時，又輔以四成較冷漠的民眾（三成臣屬型＋一成地方型），整體政治文化不致過於激情。

↓

呈現出一種不偏不倚、中庸之道的政治文化，有利於民主政治在穩定中發展

台灣的政治文化

台灣經歷清朝君主專制、又經割讓受日本殖民、至二戰後由國民黨威權統治、以及之後的民主化過程，政治文化歷經了多次演變。從而逐漸由被動消極的臣屬型，轉型為積極投身公共事務的參與型政治文化，並穩定邁向成熟民主國家擁有的公民文化。

明鄭及清朝時期的政治文化

明鄭及清朝統治時期，台灣社會主要是由中國移民的漢人和原住民所組成的。漢人已有明確的「皇帝即天子」的政治觀念，對清朝的統治抱持服從、聽命的態度，既不敢公開批評時政，也無積極參政的想法與意願，偏向臣屬型文化。此文化氛圍提供了清朝君主專制發展的土壤。另一方面，大部分原住民處於部落的自治社會，對於國家與政權則尚未有明確的認知，屬於地方型政治文化。

日治時期的政治文化

日治時期，日本政府建立現代國家的行政規模與法律體系，舉凡中國移民、原住民皆納入日本政府管轄，並施行現代化的初等教育；但主要目的是服務於日本殖民帝國，對於反抗者予以殘酷鎮壓。大部分的台灣人民在此時開始認知、了解現代政治事務，也懂得遵行政府政策，但對政治仍採消極的態度，屬於臣屬型政治文化。然而，也有少數受西方民主思潮薰陶的菁英提出反對日本帝國統治的訴求。例如發起短暫的議會請願運動、成立「台灣文化協會」等。這些民間活動可視為參與型政治文化的發軔，對當時民眾政治意識的覺醒具有啟迪的作用。

戒嚴時期的政治文化

二次大戰後，國民政府接收台灣，由於施政不當引發二二八流血事件，許多菁英分子對政治參與的熱忱大為減退；加上國民政府遷台後，又進行長達三十八年的戒嚴，施行一黨威權統治，因此此時是以臣屬型政治文化為主流。人民服從於政府的強勢領導，不積極參政或企圖改變現況。在這樣的背景下，政府將資源集中挹注於經濟發展之上，締造了經濟奇蹟；政治上則屬行高壓，人民不敢公開談論公共事務或批判當權者。然而，已受啟迪的參與型政治文化在戒嚴時期雖非主流，卻仍在地方自治選舉中發揮一定的作用；反對人士發表政見、爭取民意認同、當選後的問政作為等，也開啟了民主改革的契機。

解嚴後的政治文化

八〇年代以來，抗爭運動風起雲湧，參與型政治文化更為普及，推動了一九八六年解除戒嚴，以及隨後報

禁黨禁解除、國會改選、總統直選甚至政黨輪替的進程。大部分人民對於政治已有廣泛的知識、也積極參與，相信參政能確實對施政帶來改變。同時，由於媒體開放、競爭，提供更多元的論政管道，人民不再怯於批判或發表對公共事務的意見。而在參與型政治文化之下，許多人投身政治活動時過於狂熱，致使少數的示威遊行運動以暴力收場；但大多數人所支持的仍是理性表達意見的方式，使台灣逐漸穩定邁向中庸的公民文化。

政治文化的本土發展與沿革

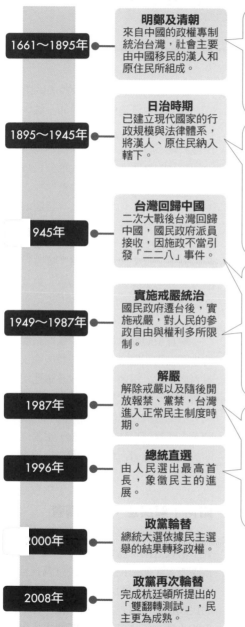

1661～1895年

明鄭及清朝
來自中國的政權專制統治台灣，社會主要由中國移民的漢人和原住民所組成。

漢人為臣屬型政治文化
●漢人對政治已有明確認知。
●對政府聽命臣服，不敢公開批評時政
●無積極參政的想法與意願。

原住民為地方型政治文化
原住民處於部落社會，對於中央政權只有模糊概念。

1895～1945年

日治時期
已建立現代國家的行政規模與法律體系，將漢人、原住民納入轄下。

臣屬型政治文化為主流
●台灣人民受現代化初等教育，對於現代政治事務有一定的知識。
●人民懂得遵行政策。
●沒有參政的企圖。

945年

台灣回歸中國
二次大戰後台灣回歸中國，國民政府派員接收，因施政不當引發「二二八」事件。

參與型政治文化啟蒙
少數受西方民主自由思想影響的菁英分子提出自主參政的訴求，發起議會請願運動。

1949～1987年

實施戒嚴統治
國民政府遷台後，實施戒嚴，對人民的參政自由與權利多所限制。

臣屬型政治文化為主流
●人民對政治以及政府作為已有認知。
●相當服從政府。
●對參政則消極被動，不敢批評時政。

部分參與型政治文化
在地方自治選舉中，仍有部分異議人士參選，藉由政見發表爭取民意。當選後對政府的監督等作為，也獲得一定的認同。

1987年

解嚴
解除戒嚴以及隨後開放報禁、黨禁，台灣進入正常民主制度時期。

參與型政治文化為主流
●人民對於政治已有充足知識。
●人民普遍關心政治意願，相信參政有助於權益的伸張與社會的進步。
●媒體開放、競爭，政治意見能藉由多元管道傳達，人民不再怯於批判或表達意見。
●有少部分較狂熱的示威遊行運動以暴力收場。

1996年

總統直選
由人民選出最高首長，象徵民主的進展。

2000年

政黨輪替
總統大選依據民主選舉的結果轉移政權。

2008年

政黨再次輪替
完成杭廷頓所提出的「雙翻轉測試」，民主更為成熟。

逐步轉型為成熟民主國家的公民文化

民意：人民對政治議題的看法

在經由政治社會化的過程、以及政治文化的薰陶後，人民逐漸形成對政治的概念與態度，進而對某項公眾事務議題能提出自己的立場或看法，並匯集為一股「民意」。了解民意，才能掌握人民對某議題的偏好，是政府施政、政治人物爭取認同時不能忽視的重點。

民意的內涵

「民意」意指多數人對某項眾所關心的公共事務共有的看法或立場，像是對教育政策表達支持、或是對開發環境保護區提出反對等。民意的形成主要是當一項公共議題被提出時，像是政治人物與政黨的表現、政府某項作為的好壞判斷、對政府施政方向的期望……等，經由政治菁英如政治人物、有聲望的人士或意見領袖對該議題提出看法或呼籲，透過大眾媒體宣傳、或是在街談巷議時互相交換意見等方式，喚起大眾對於該議題的關注，並影響群眾的看法，進而形成集體的共同意見，藉此影響政治決策的結果。

然而，民意通常不是單一的，必然會有對立意見的出現。例如部分贊成、部分反對，部分並不關心或無意見；且支持或反對的強烈程度也不同。另外，民意也會隨時間改變；例如本來抱支持態度的人，可能因該項政策施行所帶來的負面效果而改持反對立場。

民意的三種型態

由於對一項議題可能會出現不同的立場與意見，民意大致可能出現 J 型、U 型及鐘型三種曲線分布：

●J型曲線：亦即大多數人的看法一致，集中於贊成或反對的一端，只有少數人趨向另一端。這種類型會出現於較不具爭議性、民眾很容易有一致偏好的議題上。例如大部分民眾都會同意政府應有效查賄肅貪。

●U型曲線：人們對某一議題的看法對立，且平均分布於贊成或反對兩端。此種曲線會出現於深具爭議性的議題上；且人們沒有共識，社會可能分裂為兩個陣營。例如加拿大魁北克是否獨立建國的民意分布呈現U型曲線，顯示民意的分歧對立。

●鐘型曲線：民眾對於某個議題持中間溫和的態度，持強烈贊成或反對者居少數。這表示人民對該議題已具有共識，通常此類社會的穩定度較高。例如台灣民眾對於兩岸關係的議題，主張維持現狀者占多數，主張立即統一或獨立者占少數，即呈現鐘型曲線。

如何了解民意：民意調查

現在社會人口眾多、成分複雜，要了解民意向背需要透過專業的「民意調查」（簡稱民調）。民意調查是了解民意最常用的方式，亦即由專業的民調機構採用一系列科學化、標準化的步驟來探測民意。一開始先找出

民意的內涵與形成過程

一項公共議題
當一項公眾關心的議題出現，例如政治人物近來的表現、公共政策的好壞、對政府施政方向的期望……等。

政治菁英號召
政治領袖、有聲望的人士、意見領袖等有影響力的政治菁英對該議題提出看法或呼籲。

向大眾傳播
透過大眾傳播媒體、或是街談巷議等方式向大眾宣傳該項議題。

影響大眾的意見
大眾開始關注該議題，並受菁英看法的影響。

形成

民意
一群人對某項公共事務或議題共有的看法或立場，具有下列二項特徵：

民意不是單一的
民意通常會有部分支持、部分反對的對立出現；且支持或反對的強烈程度也不同。

民意是經常變動的
民意可能會隨時間改變，支持者可能在一段時間後改持反對立場。

三種分布型態

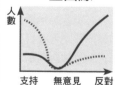

J 型曲線

型態：大多數人的看法一致，集中於贊成或反對的一端，只有少數人趨向另一端。

議題：通常出現於不具爭議性議題。

例如：台灣戒嚴時期反共政策受到大部分民眾支持。

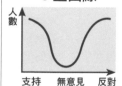

U 型曲線

型態：對某一議題的看法平均分布於贊成或反對兩端。

議題：出現於深具爭議性的議題，且人們沒有共識，社會可能分裂為兩大陣營。

例如：美國南北戰爭時期對黑奴解放的看法呈現兩極化。

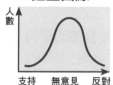

鐘型曲線

型態：對於某個議題持中間溫和的態度；持強烈贊成或反對者居少數。

議題：人民對該議題已具有共識，通常社會的穩定度較高。

例如：台灣民眾對於兩岸關係，主張維持現狀者占多數，主張立即統一或獨立者占少數。

研究對象即「母體」，再由科學方法自母體中依其人口結構如性別、年齡、社經地位、所在地區等，抽出具代表性的樣本，才能用以推估母體的意見分布。並藉由一份經過反覆使用分析、測試後形成的問卷做為訪問內容。

在進行訪問前，需招募、訓練訪員，要求訪員按照標準化程序進行訪問，不參雜個人意見、盡量保持客觀中立的態度。而後，將訪談蒐集而來的問卷資料經過複查、編碼、輸入與檢誤等程序，以確保資料品質。最後，利用統計工具，分析並解釋得出的數據、資料，從中了解民意趨向，分析背後形成的原因並做出推論。例如，各政府在推行一項政策的前、中、後期皆會進行民調做為參考。如行政院為因應經濟不景氣、失業率陡升的問題而推出的短期促進就業措施，即由政府提供失業民眾許多臨時就業機會。而根據實施後進行的民調，有高達七六‧三％受訪者支持，因此決定持續推行短期就業措施。

民意調查的爭議

然而，民調雖採用科學化方法，但其是否能正確反映民意也經常受到質疑。例如不乏民調失準的例子，如一九四八年美國總統大選杜魯門對上杜威，民調機構皆預測杜魯門會落選，事實不然。

調查結果偏差的主要原因在於民調技術的兩種失誤。一為樣本代表性不足：抽樣時樣本必須能符合母體的人口結構，才能反映民意。以該次美國總統大選民調為例，其樣本主要來自汽車雜誌的訂閱戶，而這批樣本是社經地位較高、傾向支持共和黨杜威的選民，因此民調結果當然有所偏頗，無法反映支持民主黨杜魯門選民的意見。二為問卷設計失當：問卷常見的「引導性問題」，意即在問題前面先塑造有利（或不利）的前提或情境效應，進而引導受訪者回答方向，譬如「為了政局的安定，您會在大選中投給執政黨嗎？」或是「為了促進經濟發展，您贊成設立核能發電廠嗎？」。「政局的安定」或「促進經濟發展」的前提隱含有受訪者所欲的價值，因此填答結果就會有所偏差。

為了減低誤差與爭議，除了強化民調技術以排除偏差值之外，提出民意調查結果時，也必須公開執行民調的機構、樣本來源以及問卷題目等基本資訊，供閱讀民調時做為判斷的參考。

民意調查的程序

進行民意調查
專業的民調機構依據一系列科學化、標準化的步驟來進行。

例 A民調中心受政府委託調查民眾近三個月來對政府施政的滿意度。

定義母體
定義該調查所欲研究的對象。

例 所欲研究對象為本國二十歲以上成年人。

科學抽樣
自母體中抽出具代表性的樣本。

例 A民調中心由住宅電話簿隨機抽出1000名有效樣本，並依據受訪者性別、年齡、教育程度及居住地區等結構進行加權計算。

樣本需相當程度地代表母體的人口結構，民調結果才能推估母體的意見分布。

問卷設計
經過反覆分析、測試後形成問卷，做為訪問時的測量工具。

例 將政府施政各重點如對元首與行政團隊的個別表現，以及針對如兩岸關係、社會福利、交通建設、社會治安等各施政重點設計「民眾對政府施政滿意度」問卷。

避免在問題前面先塑造有利（不利）情境效應，不當引導受訪者回答。

執行訪問
事前需招募、訓練訪員，要求其按照標準化程序進行訪問。

例 A民調中心招募訪員且經專業訓練，在督導下進行訪問。

訪問時不參雜個人意見，盡可能保持客觀中立的態度。

問卷資料整理
訪談所蒐集的資料需經複查、編碼、輸入與檢誤等程序。

例 民調中心將蒐集到的「民眾對政府施政滿意度」問卷資料加以精密地整理，確保資料品質良好。

除了民調數字，應公布進行民調的各項抽樣方法、題目設計、調查進行程序等基本資訊。

分析並解釋
利用統計工具分析並解釋得出的數據，並用做決策參考。

例 透過 SPSS 或 STATA 分析數據，發現民眾對政府施政滿意度大多在五成以上，較三個月前的四成有所提升，尤其是社會治安方面更有明顯提升。

Chapter
11
政治變遷

　　各國的政治狀況，諸如社會環境、經濟水平以及政治制度都是處於變遷的動態過程中。「政治變遷」即是探討在變遷過程中，人民的生活秩序與公共福祉的變化，包括政治發展、政治停滯、政治暴力或革命、以及政治衰敗等議題。其中，政治發展指的是西方國家所經歷由封建社會發展至工業社會的過程；而某些第三世界國家發展陷入困境的經驗，則是政治發展停滯所要探討的重點；暴力革命是指部分國家因無法以體制內的憲法修正等方式循序漸進改革，而訴諸體制外的手段；政治衰敗則是指領導群體貪汙腐化、利用公權力或職務之便謀取私利，這也是政治運作過程中難以掃除卻必須防杜的重大弊端。

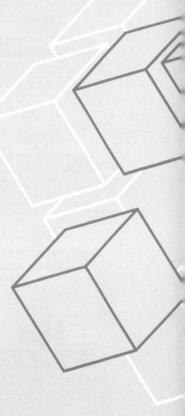

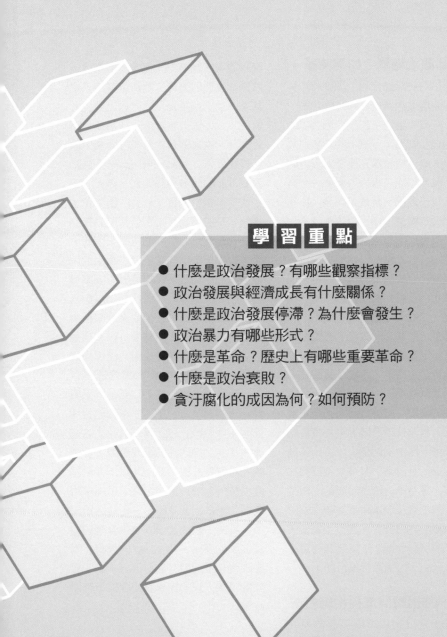

學習重點

- 什麼是政治發展？有哪些觀察指標？
- 政治發展與經濟成長有什麼關係？
- 什麼是政治發展停滯？為什麼會發生？
- 政治暴力有哪些形式？
- 什麼是革命？歷史上有哪些重要革命？
- 什麼是政治衰敗？
- 貪汙腐化的成因為何？如何預防？

什麼是政治發展？

西方各國由傳統發展到經濟繁榮、生活水準提高的現代社會，政治功能的增強及經濟實力的提升可說是促動政治發展的樞紐，對亟欲現代化的後進國家而言，審察現在情勢並參考先進國家的發展經驗，可做為擬定未來方向的重要參考。

什麼是政治發展？如何判斷？

政治的功能是分配、調度社會資源以達到增進社會成員福祉的目的，因此，「政治發展」即是政治功能的展現過程和結果。若政治的功能與效果不良，政治便會落入停滯或衰退的狀況。政治功能是否得以彰顯、發展良好，可以政治、社會、經濟、法制等面向做為觀察指標。能順應時代演變、正向發展的政治體系在政治方面會有明確有效的體制；諸如有行使專門功能的政府機關及官員、能積極因應公共生活各層面需要而調整的政策方向等，使社會即便歷經時代更迭、結構調整、發展方向改變，亦能維持秩序、不至激起過度的矛盾衝突。社會方面則是由原始、傳統、重視私人感情，逐漸轉換至現代、都市化及講求理性的階段；經濟方面會朝向生產力增加、科學技術發展等更為富裕的方向前進；法制上則是人民需已具備法治觀念、且已有一套有效施行的法律制度，做為維持秩序的規範。總體來看，政治發展即是政治系統必須由貧窮落後的封建社會，進步至繁榮民主的工商業社會型態，以達到穩定、繁榮、民主、自治等合理目標。

政治發展與經濟成長相輔相成

從十六世紀以來歐美政治發展過程看來，經濟力的提升是推動政治發展最重要的力量。經濟是維持人民基本生活與欲求滿足的憑藉，貧困社會的人民因忙於生計，對政治不會產生興趣、也無暇藉由集體行動來對政府提出要求。如此一來，政府不會接收到改革的刺激與急迫性；再者，若一國經濟過於困難、社會的衝突矛盾頻生，政府可能無力應付甚至動輒崩解，也沒有正向發展的可能。因此，能否提振經濟就成了發展中國家能否轉型順利的關鍵。例如發展中國家可透過已開發國家的經濟援助，以投入資本和技術等方式，促成產業結構由原始的農牧與手工業轉變為以工商業為主，進而提升其產值與資源運用的能力、提高國民生產毛額等經濟實力，使社會階層結構得以鬆動，出現具一定經濟收入、生活水準和社會地位的中產階級社群；再藉其較高的知識水準和參與政治的濃厚興趣，促動政府機制提升政治效能，以增進對其財產權的保障。例如台灣即是由經濟發展帶動政治改革與民主化的例子。

此外，政治發展同時也會形成經濟發展的要件。功能良好的政府會因應社經環境調整其施政方針；例如有效地吸納人民的需求及建議提出經濟政策。

政治發展的反思

政治發展概念的提出是在二十世紀的五、六〇年代。當時因許多剛結束殖民統治、謀求政治發展的新興發展中國家出現政府功能低落、社會脫序、經濟成長停滯、或法治不彰等發展困難的情形，於是許多學者投入研究西方國家政治發展經驗及模式，做為這些發展中國家未來發展的參考。然而，政治發展固然使發展中國家經濟成長、社會步入現代化，但近年來也有許多反思之聲。例如西方國家的發展模式未必適用於各地，一味仿效反而有損民族尊嚴；快速經濟成長所衍生的分配不均、貧富差距等問題也製造社會問題與亂源；工業化造成的嚴重汙染也可能危及人民的健康與福祉。因此，在發展中如何保有固有文化、降低所附帶的不良作用，則是各國所面臨的問題。

政治發展的觀察指標

政治發展

政治功能的強化，即提高、社會資源分配效率提升社會成員福祉的過程。

觀察指標

①政治 已具有明確有效的體制。

角色未分工	無法滿足公共需求	未建立一定秩序
⬇	⬇	⬇
有明確角色分工	可處理需求問題	能維護社會秩序

②社會 進入現代化發展。

原始人群組織	傳統鄉村	重視私人關係
⬇	⬇	⬇
現代化的社會	都市化	講求理性

③經濟 整體經濟更為富裕。

農牧業為主	生產力有限	手工作業
⬇	⬇	⬇
工商業比重增加	生產力大幅提升	採用先進科學技術

④法制 已有完備的法律制度。

領導者人治	只規範部分行為事物	法律並非一體施行
⬇	⬇	⬇
政府依法統治	法制完備不斷補充	法律之前人人平等

	經濟需求的滿足	對政治產生興趣	做出政治行動	政治改革
功能彰顯	人民的生計是最基本需滿足的要求。	人民可脫離只忙於生計的處境，進而關心公眾事務。	藉由集體行動來對政府提出要求、施展壓力。	政府接受外在要求，進行相應的改革。
	經濟需求不滿足	社會動亂	政府無力負荷	政府崩解
功能不彰	人民處於維生困難的窘況。	為求生計，社會的衝突矛盾頻生。	政府接受過多的壓力，一時難以解決。	萌生暴亂、使政府為之崩解

政治及經濟發展的停滯

許多亞、非、拉丁美洲國家縱然有追求政治發展的意圖,但實際上政治停滯、經濟貧困,和已開發國家之間的差距日益擴大。因此,有些學者以迥異於政治發展觀點的依賴理論、世界體系理論做為解釋其發展不進反退的有力論據。

第三世界國家的發展困境

已開發國家以金援、技術提供等方式幫助開發中國家加速經濟成長與政治發展的論點在五、六〇年代備受重視;然而,儘管有些國家確有改進,但仍有許多分布在亞、非和拉丁美洲的第三世界國家在政治、經濟、社會、環境等多方面發展仍然停滯,遠遠落後於科技日新月異、生活富庶的已開發國家。

對此,馬克思主義學派沿襲其從階級分析的角度、不同的階級之間會為了利益而互相鬥爭的觀念,指出第三世界國家的發展困境乃是肇因於過去受西方列強殖民統治的結果。由於母國於殖民時期控制了當地的經濟,依據自己的經濟利益指導殖民地發展特定的產業,如糧食或礦產,做為母國的原料供給來源,且利用其低廉的勞動力賺取可觀利潤,使得殖民地的經濟發展單一化;縱使在二次大戰後殖民地在政治上脫離了母國,但經濟上卻仍無法擺脫母國控制而完全獨立。此外,母國離開殖民地後政治上出現了權力及職位空缺,導致政權爭奪、社會動盪頻仍等亂象,使人民深陷在貧窮、飢餓、疾病的處境而無法脫離。依賴理論、世界體系論即是在批判殖民的關照角度之下所提出的重要理論。

依賴理論:
核心國家 vs. 邊陲國家

依賴理論由拉丁美洲學者倡導,其將觀察政治經濟發展的視野由一國內部擴展至國際關係,由歐美已開發國家與亞、非和拉丁美洲開發中國家間的經濟依賴關係出發,探究政治實力懸殊的原因。拉美學者將已開發國家和開發中的第三世界國家比擬為世界經濟體系中的「核心國家」與「邊陲國家」:核心國家獨占生產最為關鍵的資本、生產技術;邊陲國家則是原料的提供者、低廉勞力的來源與銷售高價成品的市場,其生計依賴核心國家的控制與指揮,形成了不平等的國際貿易。在此之下,核心國家的經濟實力不斷擴張,成為支撐其政治效能佳、穩定度高、在國際經貿組織上握有發言權等優越實力的原因;邊陲國家則在經濟上無力自主,在政治或社會議題上的權力相對弱勢;長久以來,兩者的差距始終無法縮減。

因此,依賴理論一改向西方國家學習、接受西方援助的觀點,主張各國政府應該自主發展,節制外資、根據國內需求調整產業結構以脫離西方影響;並且聯合邊陲國家之力改變原有的國際經濟貿易秩序。

世界體系論

世界體系論由美籍社會學家華勒斯坦等人提出,其與依賴理論相同的是將全世界視為一個龐大的經濟體系,歐美等核心國家掌握資本、技術,進而獲取利潤、累積更多財富,亞非等邊陲國家則受其支配。不同的是,部分原邊陲國家在工業化後逐步獲得一定的製造、生產與研發能力;

配合國家產業政策的調整,成為核心國家的代工委託國,再到勞力更低廉的邊陲國家建立生產基地;成為介於核心與邊陲之間的「半邊陲國家」,如亞洲四小龍。世界體系論凸顯出各國的位置並非全然不變,隨著生產技術的發展、輔以國家經濟政策的調整,邊陲國家可以變成半邊陲國家、半邊陲地區也可以變成邊陲地區。

南北對抗

由於工商發達、政治強勢的已開發國家大多集中於北半球,相對貧窮落後、政治動盪的國家(澳洲、紐西蘭除外)則集中於南半球,兩者之間的經濟利益、政治權力的衝突與競爭被稱為「南北對抗」。近來則在氣候環境變遷的議題上有所爭論。北半球國家主張控制全球碳排放量、南半球國家則認為氣候變遷是北半球國家工業開發的惡果,造成南北立場拉鋸。

第三世界國家發展停滯原因

政治發展停滯

亞、非和拉丁美洲的第三世界國家雖已訂定政治、經濟發展目標，但實質上並未進步，與已開發國家的差距日增。

▼ 挖掘原因

被殖民
殖民地受強國侵略與占領。

做為原料供給
依據母國經濟利益指導殖民地發展所需產業。

＋

做為勞力來源
母國利用殖民地低廉勞動力賺取可觀利潤。

經濟受制
殖民地完全受制於母國。

▼ 提出理論

依賴理論

指出已開發與開發中國家間發展程度的差距是基於經濟上的依賴關係。

核心國家
指已開發國家、前殖民母國。具有豐富的資金與先進的技術。

剝削

依賴

邊陲國家
指第三世界國家、前殖民地，做為原料、低廉勞力與市場的提供者。

導致

導致

經濟實力提升，政治的地位與發展程度皆高。

＞

經濟上仰賴強國，政治地位衰弱、民族自尊低。

解決

第三世界國家的政治自主發展
- 節制外資投入以減低他國影響。
- 根據國內需求調整產業結構。
- 邊陲國家相互合作以改變既有的國際經濟貿易秩序。

世界體系論

將世界視為核心國家、半邊陲國家、邊陲國家所組成的體系，處於不平等關係。

提供原料與勞動力的弱勢國家。

掌握資本、技術的強國，獲取超額利潤。

邊陲國家　半邊陲國家　核心國家

有一定技術，做為核心國家的代工委託國，設廠於邊陲國家。

各國的相對位置可能變動
透過生產技術的發展與國家經濟政策的配合，邊陲國家可以往核心國家的位置移動。

政治暴力

政治發展的過程中，若人民或反對勢力對政權或政治制度的不滿無法透過體制的調整得到妥善解決，就有可能以激烈的暴力手段來尋求改變。而若一國的政治暴力頻生，即顯示出該國政府已失去基本功能，法治秩序也岌岌可危。

什麼是政治暴力？為何發生政治暴力？

　　政治暴力是指為特定的政治目的所進行對人身侵犯、傷害的暴力行為；例如為改變現有的政權或政治制度而暗殺政治人物、透過暴力手段推翻政權等。由於現任政權是統籌全國人力、物力資源、進行分配與管理的權威機構，握有指揮調度等統治權力；若要得到一般人民的服從，除了擁有執政的正當性，如以民主制度的公正選舉取得執政權、獲取人民的支持與認同之外，也需要獨占強制力的使用權，如建制有軍備嚴密的軍隊以鎮壓內外動亂、荷槍實彈的警察以維持公共秩序等強制性力量，驅使人民以體制內的管道參與政治，同時也嚇阻部分偏激人士或野心分子使用暴力手段破壞正常政治過程。然而，縱然已壟斷強制力，但若該政權的運作功能不彰，例如行政部門決策無法回應民意需求；或是本身即以非正規的鬥爭方式奪權，則相對會激起一般民眾或其他政治人物的不滿。在無法進行體制內改革如以選舉更替執政者，或是和平的遊行示威未得到正視甚至遭受禁止之下，可能會使人民的激憤情緒蔓延，甚至自行發展武力設備以對抗政府所持的軍隊力量，進而伺機奪取政權。

政治暴力的種類

　　政治暴力可依據發動目的及策略的不同，主要分為政變、叛亂、恐怖主義等幾種型式，分述如下：

　　①**政變**：亦即藉由武裝力量威脅、推翻國家執政權力。政變通常由重要政治人物謀劃、在掌握重兵或取得軍隊支持後發動，迅速剷除現任的掌權者，建立新政權。暴力的程度通常僅限在統治階層之內，較少擴及一般的民眾。例如二〇〇九年宏都拉斯軍方發動政變，罷免為求連任而計劃舉行修憲公投的總統塞拉亞，並由國會議長米凱萊蒂就任臨時總統。

　　②**叛亂**：即反對黨或反對人士組成武裝團體，以暴力的方式反抗當局，又稱為「民變」或「起義」，如組織游擊隊攻擊政府軍隊。一九五九年西藏人民就曾因不滿中國政權統治而武裝起義，但隨即遭到鎮壓，政教領袖達賴喇嘛被迫前往印度成立流亡政府至今。

　　③**恐怖主義**：恐怖主義是由少數團體或組織發動的有計畫暴力行動，由於其握有的武力及資源有限，不足以發動政變或叛亂等大型活動，故以攻擊一般平民、公共設施的恐怖活動激起駭人聽聞的重大傷亡、製造民眾普遍的混亂與恐懼，以引起對其主張的關注。常見的方式是暗殺政治人

物、劫機、汽車炸彈或扣押人質等。 爾蘭共和軍（現已停火）曾促動多次
例如主張北愛爾蘭脫離英國獨立的愛 炸彈襲擊和槍戰發生。

政治暴力的產生與型態

體制內的政治運作
政府擁有統籌管理全國人力與資源的絕對權力，有兩大要件：

要件1 具有執政的正當性
需獲取一般人心理的支持與認同，如透過選舉機制上台。

要件2 擁有獨占強制武力
備有軍隊、警察等武力以管制秩序、嚇阻野心人士。

↓ 發生

體制內政治運作不良時
如行政部門決策無法回應民意需求，民怨四起。

政權不穩時
對現任政權取得正當性的方式有疑義，無法服眾。

（無法進行體制內改革）↓ 產生

政治暴力
為改變現有的政權或政治制度所進行對人身侵犯、傷害的暴力行為，包括三大類：

政變
由政府人物謀劃策動，以武力造成國家權力非法更替。
例 1964年巴西發生政變，總統古拉特下台，由軍方建立軍事獨裁政權。

叛亂
由反對黨或平民組成武裝團體，以武力奪取政權。
例 中國歷史上，秦末陳勝、吳廣因反對嚴刑峻法而揭竿起義，自立為王。

恐怖主義
由少數團體所謀劃的暴力行動，對象為一般大眾或在公眾設施，企圖製造大眾的恐慌，以凸顯其訴求。
例 2001年蓋達組織以消滅入侵伊斯蘭世界的西方國家為目的發動九一一恐怖攻擊。

政治革命

相較於以推翻政權為目的、牽涉層面較小的政治暴力，革命所尋求的是藉由摧毀現有政治體制以達到社會、經濟的全面性變革，包括全新國家、制度等建立。現今政治世界的版圖即是由十八至二十世紀以來一波波革命所劃定。

什麼是革命？
為何要進行革命？

革命是發動者以某種鼓動人心思變的意識型態（如自由主義、馬克思主義等）做為主導，採用激烈的武力方式顛覆舊有的政治體制、社會結構或是經濟制度，以剝奪舊體制菁英的一切權力地位，達到全面性政治變革的目的，例如重建政府制度、更新社會價值觀等。法國大革命即是以自由主義為中心思想，推翻修正了過去君主專制、階級不平等的舊有社會結構，更主張新的「自由、平等、博愛」的社會價值。

革命的出現，主要有兩大背景因素：

①**社會失衡**：當社會上有一定比例的人自認為在政治、經濟或文化上受到不公正待遇，例如在政治上缺乏參與管道、在經濟上無法保有基本的生活品質、或是遭受種族歧視等，都可能引發不滿，進而要求由政治體系的更替來改變失衡狀態；若無法得到回應，則可能透過革命修改政治體系。例如中國清末孫中山見滿清腐敗專制，上書李鴻章闡述改革主張，未得重視之下，遂倡導革命，終於推翻滿清、建立共和。

②**相對剝奪感**：亦即當社會對政權的期望程度升高、卻無法得到相對的滿足時，將產生更大的失落與不滿，積怨日增之下即可能訴諸革命。例如一九五〇年代親西方的伊朗國王巴勒維雖然在追求現代化，工業發展、經濟發達之下，讓人民的生活品質大為提升，連帶提高人民對巴勒維政府的期待，但政府卻無法解決相繼而來、經濟急速發展所造成的貧富差距，使得人民因失落感大增而萌生反政府的情緒。此時，伊斯蘭基本教義派趁機號召信徒推翻君主政體，建立伊斯蘭共和國，並迎回宗教領袖柯梅尼擔任政教領袖。

革命的狂潮

在各時代主流的意識型態倡導之下，自十八世紀以來不斷湧現一波波革命熱潮，而其所著重的核心問題不同、熱潮消退的原因也不一。十八世紀末自由主義興起，許多國家開始尋求一個講求自由及人權保障的政治制度，發動了包括一七七六年脫離殖民的美國獨立革命、一七八九年推翻專制君主的法國大革命、一八一六年阿根廷脫離西班牙獨立革命等；其成功也使得人民對於以武力推翻既有結構有了更大的信心。接著，由於法國大革命引發歐洲聯軍入侵法國，激起了全法團結一致、抵抗外侮的民族主義思潮，且隨著拿破崙率法軍遠征歐

259

洲席捲各國，帶起許多原本分散小邦國起而尋求統一的熱潮；包括一八三〇年義大利統一、一八四八年德國統一。

到了二十世紀初，企圖實踐共產制度以摧毀社會不公的馬克思主義興起，引發二十世紀的革命熱潮；包括一九一七年，俄國共產革命建立共黨專制的蘇聯，並進而扶植東歐共產政權，影響也及於其他地區如中國、古巴的共產革命。然而，在一九八九年，蘇聯及東歐因經濟困難而被迫改革開放、反對勢力大增之下，透過和平的選舉放棄共產專制、最終建立一新的民主政權，雖然是採非暴力手段，但因其徹底變革既定政治經濟秩序，也被稱為「東歐大革命」。自東歐和平演變之後，中亞一帶，一系列推翻獨裁政權、尋求自由民主的「顏色革命」，皆以和平手段尋求政權變更；也由於人民更能透過多元的示威、抗議、選舉手段表達意見，因此訴諸暴力的革命已不常見。

顏色革命

相較於採暴力、流血手段改變體制的革命，二十世紀末興起的「顏色革命」是以和平非暴力的選舉或示威抗議等手段進行的革命運動。由於經常採用某種顏色或花朵做為革命的象徵而被稱為「顏色革命」。目前顏色革命已經在中亞、東歐、獨立國協等地成功推翻舊政權與領導人。

政治革命的原因與發展

社會失衡
有相當比例的人處在遭受政治、經濟或文化上不公正對待的處境。

相對剝奪感
當社會對政權的期望無法得到滿足時,將相對產生更大的失落感。

不僅要求政權的更易、更企圖全面性改變現狀。

進行

革命
以某種意識型態為思想基礎,顛覆舊有的政治、社會、經濟的結構及推翻現有菁英階級,建立全新的理想社會。

革命風潮

18世紀末	19世紀初	20世紀初、中	20世紀末
民主革命 自由主義興起,人們更講求能保障自由及人權的政治制度。	**民族統一** 民族主義延燒,革命者尋求集合同一民族以建立成單一國家。	**共產革命** 馬克思主義興起,加上第一次世界大戰政治經濟情勢的混亂,助長革命之勢。	**東歐大革命** 東歐改革開放後透過和平的選舉更替共產獨裁政權、建立民主政權。
●1776年美國獨立革命 ●1789年法國大革命 ●1816年阿根廷獨立革命	●1830年義大利統一 ●1848年德國統一	●1917年俄國共產革命 ●1949年中國共產革命 ●1959年古巴革命	●1989年起波蘭、東德、捷克斯洛伐克、匈牙利、保加利亞、羅馬尼亞等國家紛紛推翻共產政權,最後以1991年蘇聯解體告終。

政治衰敗：貪汙腐化

一個社會的政治會有正面發展，也可能走向貪汙腐化的衰敗情形。其發生關鍵還是在於領導者貪圖私利的本質與無窮的權力慾。若缺乏外在政治制度的預防或是公民的積極監督，就很容易萌生衰敗的禍端，甚至形成惡性循環。

貪汙腐化的產生

　　貪汙腐化即是政府官員利用職權進行違法行為，以謀取自身或特定集團的經濟或政治利益。經濟方面有收取賄款、回扣、洗錢、販毒等；政治方面則有選舉作票、誣告、發送黑函構陷政敵等。貪汙腐化的源頭來自政治的本質，政治是眾人將公共事務的管理權交付給一小群人所組織的統治階級（即政府）負責。統治階級握有發號施令以及壟斷武力等權力，被統治階級則受其指揮。在此之下，統治階級做為權貴顯要之士，但基於私心自利的人性傾向，原為眾人管理公共事務的初衷可能會變質，轉向以確保既得利益、擴張自己的權力、資產為目的，形成貪汙腐化的結果。

防止貪汙腐化：① 制度設計

　　基於貪汙腐化的必然性，政治制度會設有防止機制，主要為權力分立、選舉制度、專門立法三種：①權力分立：即是將執政權力一分為數等份，且設計彼此牽制的機制，形成權力制衡而非獨享的制度。這樣的設計即是假設執政權力過度集中於單一決策者手中時，不但會傾向擴權、也給予其他人賄賂的誘因。如美國憲法即是為了防杜政府擴權而侵害人權，將執政權力劃分為行政、立法、司法三權。②選舉制度：人民可以透過選舉投票更換主政者，使其在任內不敢任意妄為，且下一次選舉時需提出政績做為連任基礎，使人民有進行監督的依據。③專門立法：國家為了防範貪汙賄賂或利益交換等行為，而訂立明確的法律規範。例如規範利益團體的「遊說法」、規範政府官員於退休後至私人企業任職的「旋轉門條款」、或政治獻金收受額度的「政治獻金法」等，防止官員與民眾墮落。

防止貪汙腐化：② 社會條件

　　除了制度的設計外，社會條件的配合也不可或缺。可以從社會文化、資訊的流通、公民意識三者來看。①

國際透明組織

為了推動政府透明與廉潔，名為「國際透明組織」的非政府組織每年皆會針對各國進行調查並公布清廉指數（各國商人、學者與國情分析師對貪汙的認知）、行賄指數（針對工業化國家的公司在外國行賄的意願度）及全球貪腐趨勢指數（透過調查獲得受訪者對各國腐敗情況的態度與經歷）。

社會文化：在普遍以金錢做為利益交換或回饋政治人物的社會中，通常貪汙腐化會蔚為風氣；社會文化的革新則有賴於學校與社會教育對於政府廉潔的推廣與倡導。②資訊流通：資訊的公開透明化也是杜絕政治腐敗的一大利器，因此，媒體對於言論自由、新聞自由的堅持也是民眾獲知政府決策過程相關資訊、進而監督政府的依據。諸如國際透明組織等倡導反腐敗的團體所公布的調查資料，也是監督政府的利器。③公民意識：公民應有參與公共事務的意識，才能有效地行使政治權利、監督政府；若對政治漠不關心，也會讓政治人物因缺乏監督而遂行私利。

貪汙腐化的成因及監督方式

政治的階層化本質	統治階級握有大權	人的自利傾向
眾人將公共事務的管理權力交付一小部分統治階級專責，大部分的人則受統治階級指揮。	統治階級握有發號施令以及壟斷武力等大權，成為顯要之士。	基於人性的自私自利，統治階級會傾向確保既得利益、擴張自己的權力、奪取資源。

產生

貪汙腐化

政治人物濫用職權進行違法行為，以謀取自身經濟或政治利益。
● 經濟方面：收賄、回扣、洗錢、販毒等。
● 政治方面：作票、誣告、發送黑函構陷政敵等。

防杜方法

制度設計

權力分立
將執政權力分為數等份，且彼此牽制，形成權力制衡的機制，以防權力集中無法監督。
例 美國三權憲法的設計。

選舉制度
人民可以透過選舉投票更換主政者，使其警醒，且為求連任不敢妄為。
例 美國總統每四年一任，由人民選出。

專門立法
訂立明確的防範貪汙賄賂或與利益交換的法律規範。
例 美國《聯邦選舉競選法》規定選舉政治獻金的申報與查核。

社會條件

社會文化
改善以金錢做為利益交換或回饋政治人物方式的社會風氣。
例 我國近年來以學校與社會教育大力倡導反賄選的觀念。

資訊流通
政治決策過程的資訊需公開透明化，於媒體供大眾了解。
例 倡導反腐敗的國際透明組織公布各國的清廉指數等調查資料。

公民意識
公民應有參與管理公共事務的意識與熱忱，才能有效地監督政府。
例 具良好公民意識者對於政治人物是否不負其期待與託付、負起政治責任，將會密切監督。

專有名詞

人名

國家圖書館出版品預行編目資料

圖解政治學 / 賴映潔等著. -- 修訂初版. -- 臺北市：易博士文化, 城邦
文化出版：家庭傳媒城邦分公司發行, 2016.09
　　面；　公分. -- (Knowledge base ; 67)
　　ISBN 978-986-480-005-6(平裝)
　　1.政治學
　　570　　　　　　　　　　　　　　　　　　　　　105016425

DK0067

圖解政治學【修訂版】

作　　　　　者	賴映潔、曾采薇、王世傑、蕭堯、許韋婷、黃崇祐、韓必忠、柯緯倫、易博士編輯部
企 畫 提 案	林雲、蕭麗媛
執 行 編 輯	林雲、莊弘楷
企 畫 監 製	蕭麗媛
業 務 經 理	羅越華
總 編 輯	蕭麗媛
視 覺 總 監	陳栩椿
發 行 人	何飛鵬
出 版	易博士文化
	城邦文化事業股份有限公司
	台北市中山區民生東路二段141號8樓
	電話：(02) 2500-7008　　傳真：(02) 2502-7676
	E-mail: ct_easybooks@hmg.com.tw
發 行	英屬蓋曼群島商家庭傳媒股份有限公司城邦分公司
	台北市中山區民生東路二段141號2樓
	書虫客服服務專線：(02) 2500-7718、2500-7719
	服務時間：週一至週五上午09:30-12:00；下午13:30-17:00
	24小時傳真服務：(02) 2500-1990、2500-1991
	讀者服務信箱：service@readingclub.com.tw
	劃撥帳號：19863813
	戶名：書虫股份有限公司
香 港 發 行 所	城邦（香港）出版集團有限公司
	香港灣仔駱克道193號東超商業中心1樓
	電話：(852) 2508-6231　　傳真：(852) 2578-9337
	E-mail：hkcite@biznetvigator.com
馬 新 發 行 所	城邦（馬新）出版集團【Cite(M) Sdn. Bhd】
	41, Jalan Radin Anum, Bandar Baru Sri Petaling,
	57000 Kuala Lumpur, Malaysia.
	電話：(603) 9057-8822　　傳真：(603) 9057-6622
	E-mail：cite@cite.com.my
美 術 編 輯	簡至成
內 頁 插 畫	815
封 面 構 成	陳姿秀
製 版 印 刷	卡樂彩色製版印刷有限公司

■2010年11月02日初版
■2016年09月20日修訂初版1刷
■2023年11月07日修訂初版4刷

ISBN 978-986-480-005-6

城邦讀書花園
www.cite.com.tw

定價350元　HK$ 117